U0865115

21世纪高职高专规划教材

高等职业教育规划教材编委会专家审定

邮政商函市场开发与策划

主　编　靳艳峰
副主编　张利敏　王永平

北京邮电大学出版社
www.buptpress.com

内 容 简 介

本书本着从实际出发、理论联系实际的基本原则，根据高等职业教育和邮政业务的特点，结合本行业发展的最新动态，以掌握职业技能为目标，全面讨论了邮政商函业务的基础知识和商函市场开发的基本方法与策略。全书分为12章，内容包括：邮政商函概述；数据库商函业务市场开发与策划；邮政账单业务市场开发与策划；邮政贺卡业务市场开发与策划；邮政国际商函业务市场开发与策划；无名址函件业务市场开发与策划；国内小包业务市场开发与策划；商函设计与制作；商函售后服务与管理；商函业务中的计算机技术；商函设备；法律法规在邮政商函业务中的应用。每章后面有相应的思考题，方便学生与教师使用。

本书可作为邮政专业大中专院校学生学习的教材和参考书，也适合邮政企业职工的自学和新员工的培训。

图书在版编目(CIP)数据

邮政商函市场开发与策划 / 靳艳峰主编. --北京：北京邮电大学出版社，2014.1

ISBN 978-7-5635-3791-4

Ⅰ. ①邮… Ⅱ. ①靳… Ⅲ. ①商务—信函—邮政业务—高等职业教育—教材②商务—信函—市场营销学—高等职业教育—教材 Ⅳ. ①F618.1

中国版本图书馆 CIP 数据核字(2013)第 292333 号

书　　名：邮政商函市场开发与策划
主　　编：靳艳峰
责任编辑：马晓仟
出版发行：北京邮电大学出版社
社　　址：北京市海淀区西土城路 10 号(邮编：100876)
发 行 部：电话：010-62282185　传真：010-62283578
E-mail：publish@bupt.edu.cn
经　　销：各地新华书店
印　　刷：北京源海印刷有限责任公司
开　　本：787 mm×1 092 mm　1/16
印　　张：14.75
字　　数：384 千字
版　　次：2014 年 1 月第 1 版　2014 年 1 月第 1 次印刷

ISBN 978-7-5635-3791-4　　　　定　价：29.50 元

·如有印装质量问题，请与北京邮电大学出版社发行部联系·

前　言

尽管从全球整体发展趋势看，因为替代技术的强劲普及，邮政的信函业务已经不会再有长时间、大幅度的增长前景；但在中国，市场经济的发展和社会经济的高速增长，对信函业务中的商业广告以及账单类信函业务产生了极大的促进作用。只要中国邮政抓住机遇，采取正确的营销战略，就能使信函业务得到较快的增长。在发展中国家，信函发展的潜力依然存在，其主要原因是发展中的经济活动带动了对包括传统信函在内的通信的需求。但是需要指出的是，即使在经济发展速度很快的发展中国家，通信需求的增长也将主要由新技术（如传真、EDI、因特网、短信等）来实现，邮政信函的增长将远低于这些以新技术为依托的通信方式。因此，企盼中国人均信函量达到欧美国家的水平是不现实的。但在相当长的一段时间内，信函业务仍将是中国邮政的一项核心业务。为此，自2007年以来，石家庄邮电职业技术学院首次开设了“邮政商函市场开发与策划”课程，并且自编了讲义，随着邮政商函业务的不断发展，本教材也是在不断修订完善的基础上形成的。本教材不仅可以作为邮政专业学生学习的教材，也可以作为邮政企业基层一线生产和服务岗位广大职工自学的教材，还可以作为邮政新员工岗前培训教材。

本教材共分为12章。第1章、第2章、第9章、第11章和第12章由靳艳峰老师编写，第3章由王力娟老师编写，第4章由王永平老师编写，第5章由张海燕老师编写，第6章由张利敏老师编写，第7章由耿燕礼老师编写，第8章由任怡老师编写，第10章由耿科明老师编写。在此，向他们表示衷心的感谢。全书由靳艳峰老师统稿。

由于编者水平有限，加之时间仓促，不足之处，恳请批评指正。

编　者

目　录

第1章　邮政商函概述

尽管从全球整体发展趋势看，因为替代技术的强劲普及，邮政的信函业务已经不会再有长时间、大幅度的增长前景；但在中国，市场经济的发展和社会经济的高速增长，对信函业务中的商业广告以及账单类信函业务产生了极大的促进作用。只要中国邮政抓住机遇，采取正确的营销战略，就能使信函业务得到较快的增长。

在发展中国家，信函发展的潜力依然存在，其主要原因是发展中的经济活动带动了对包括传统信函在内的通信的需求。但是需要指出的是，即使在经济发展速度很快的发展中国家，通信需求的增长也将主要由新技术（如传真、EDI、因特网、短信等）来实现，邮政信函的增长将远低于这些以新技术为依托的通信方式。因此，企盼中国人均信函量达到欧美国家的水平是不现实的。但在相当长的一段时间内，信函业务仍将是中国邮政的一项核心业务。

从发展趋势看，个人到个人的信函业务量将进一步萎缩，而企业到个人的信函业务量则会增大。在中国，这个趋势尤为明显。其原因主要是在过去相当长的一段时间内，中国实行计划经济体制，且技术十分落后，因此，信函的使用主要是传统的个人或单位的一般性通信。改革开放以来，一方面经济快速发展；另一方面整个经济体制向着市场经济转型，除了产生大量的通信需求外，还因竞争的引入，众多服务性行业纷纷提高服务水平，逐步开始向用户提供对账单、电话费账单等。此外，为了推销产品或服务，大小商家和各色机构纷纷使用广告促销。这些广告需求的一部分，将流向直销邮件（也就是商业广告信函业务）。上述两种动向仍处于启动阶段，远未饱和。正是这种需求前景，构成了信函业务在中国整体向上发展的趋势。

尽管信函业务的发展受到了新技术的极大挑战，尽管业务规模无法达到发达国家已有的水平，但在中国当前的特定环境下，信函业务仍有相当大的发展空间——潜力巨大的商业信函。

1.1　邮政商函简介

1.1.1　邮政商函的定义

商业信函是以信函为载体，选择有针对性的目标客户群名址打印封装，以期达到促进商品销售的目的，通过邮政渠道邮发的一种函件。其功能特点是成本低、针对性强、寄发面广、时效性强、个性化突出、内容丰富、灵活方便、效果明显。商业信函（以下简称商函）是邮政通信众多业务中的一种，目前已经成为邮政邮务类业务中的基础业务和核心业务，也是邮政通信适应社会经济发展特别是商业发展而产生的新兴业务。商函的发展水平是一个国家邮政发展水平的重要标志。

1.1.2 邮政商函的特点

(1) 成本低廉。直邮广告,可以通过客户反馈信息表了解客户的需求,对广告介绍的产品没有需求的客户,即可排除在此次所发广告之列,这样便可降低大量广告成本。公司可以通过直邮广告把产品信息直接发送到感兴趣的潜在客户群手中,用最小的花费得到最有效的信息。

(2) 效率的可测试性。直邮广告的另一大作用是测试所做工作的反馈,分析其有效性,计算投资的总回报。这些测试能力可以帮助计算吸引新客户所需的准确花费,从前期的工作中吸取经验确保下次投资的成功率。

(3) 灵活性强。直邮广告的特殊性在于灵活性强。你想说的想做的都能立即被呈现,以此在激烈的市场竞争中提高企业的知名度,增加销售额,提升客户的忠诚度。毕竟,顾客是上帝,让客户满意是最重要的。

(4) 搜集信息能力强。直邮广告可以方便地做成问卷形式,在信件上询问客户不同的问题,当客户寄回信件的回执时,便轻松地得到了客户从年龄、购物习惯到他们所需要的商品和服务的所有信息。当然问卷可以以促销的方法寄出,诸如优惠券、有奖竞猜等,吸引客户回执。这些客户回执能帮助企业在下一次的产品推广中准确地定位目标群。

(5) 帮助提高客户的忠诚度。通过消费记录,您可以了解到哪些客户的消费能力较强。掌握了这些客户的基本资料之后,可以通过直邮广告的形式把企业的新产品、新活动,最快最准确地传递到这些客户手中,从而不断建立与其之间的消费往来。切记!建立一个新客户要比维护一个老客户多5倍的精力和支出。

1.1.3 邮政商函的分类

商业信函可以分为数据库商函、贺卡、账单、无名址函件、其他五类,每个类别又有不同的品牌产品,下面详细介绍一下商函的分类情况。

1. 数据库商函

数据库商函是先进的数据库营销理念与传统函件的结合,在发达国家,以数据库为基础的商业函件市场比较成熟,仍呈强劲的发展势头,我国商业函件与发达国家相比,市场潜力巨大。

2. 贺卡

为利于品牌推广,中国邮政集团公司将中国邮政贺年(有奖)明信片、企业贺卡、企业金卡等名称统一规范为中国邮政贺卡。中国邮政贺卡(简称邮政贺卡或贺卡)是由中国邮政集团公司统一发行,为各政府机关、企事业单位量身定制的个性化明信片。

邮政贺卡集祝福、抽奖、宣传、集邮鉴赏和收藏为一体,除节日期间相互祝福之外,对企事业单位具有良好的宣传作用,是扩大知名度、树立社会形象、密切员工和客户关系的得力助手。

3. 账单

传统观念把账单束缚在消费凭证、对账途径的范围内,忽视了对账单资源的深度开发。账单新理念就是要挖掘账单所蕴含的各种资源,利用账单这一独特的媒体,开展针对性、个性化、差异性营销,充分挖掘账单除传递消费信息之外的附加价值,将账单建设成为企业独有的宣传媒介平台,通过这一平台宣传企业文化、经营理念,发布账单企业的产品、服务和活动的宣传广告。邮寄账单企业可以利用账单这一平台,实施“异业联盟”战略,开发联盟商家,利用账单这一平台发布联盟商家的产品、服务和促销信息,为用户提供更多的增值服务,提高用户的满意度和忠诚度，进而巩固和提高市场占有率，使账单制作由单纯的成本付出转化为利润增长点。

1.2　国内外 DM 市场状况

DM 是英文 Direct Mail 的简称，还曾被叫作“邮送广告”、“直邮广告”、“小报广告”等，即通过邮寄、赠送等形式，将宣传品送到消费者手中、家里或公司所在地。DM 起源于几千年以前的古埃及。公元前 1000 年，在古埃及首都散发的用芦苇纤维制作，内容为一个织布匠悬赏捉拿一个逃跑奴隶的“广告传单”，可以说是 DM 的雏形。16 世纪末，随着造纸术、印刷术的发明和发展，蒸汽机工业革命的推动，大量的工厂出现了不同于个人信件的商业信函，用于产品推广，这是现代 DM 的起源，以 Direct-mail 为主。

DM 大规模的发展，以美国为代表，兴起于 20 世纪三四十年代；第二次世界大战大量活跃了美国的经济，DM 伴随着收音机媒体的风行，取得大发展，当时美国人均年收到的商业信函达 300 份，约每天一份。

DM 俗称直邮广告，符合美国、英国、德国等经济发达、人口密度相对低、公司主张开放文化、报纸以分众而小发行量为主的国家市场特点，有人称之为第五媒体。DM 可以经过良好的本地化，以新生事物的面貌出现，成为中国进入 WTO 初期最醒目的传媒力量之一。

1.2.1　商函的国际发展情况简介

DM 广告在欧美国家发展十分迅速，是仅次于报纸、电视的第三大媒体，占美国广告总量的 20%左右，而目前 DM 广告在中国广告市场中所占的份额还处在忽略不计的阶段。

美国为世界广告第一大国，DM 广告投资额约占全国广告投资额的 16.2%，DM 媒体地位排名第二。德国 DM 广告投资额约占全国广告投资额的 8%，DM 广告费用支出列第三位。奥地利 DM 广告投资额约占全国广告投资额的 23%，列各类媒体之首。

以美国为例，2011 年，美国邮政一类邮件收入 321.8 亿美元，其中标准邮件收入 178.3 亿美元。美国邮政大多数寄递类业务下滑。但标准邮件和包裹服务与上一年相比，却处于上涨态势。

而美国商业活动依赖于函件与消费者进行沟通。B2C 市场，包括账单和通知，都通过一类邮件发送给受众，同时广告和其他商业信息都使用标准邮件传递给消费者，这也是美国邮政最主要的收入来源。由此可见，未来美国邮政函件市场的主力军将会是商业类信函。

在发展广告商函等业务上，美国邮政积极开展广泛深入的营销工作。美国邮政进行全员营销，美国邮政全体员工，从投递员到邮政人员，从局长到各部门经理，采取走出去的方式，利用一切机会，宣传邮政广告媒介的价值，让全社会都来了解邮政的作用。包括与直邮协会共同举办培训班、研讨会以及开展一些特殊的活动来吸引企业参加。美国邮政还致力于服务中小企业，中小企业已经成为其商函收入的主要来源之一。

1.2.2　我国商函的发展现状

我国开始恢复广告业以来，强势媒体（报纸、杂志、电视）占据了广告市场绝大部分份额。而因 DM 发布环节的可信度低，DM 媒体多年停滞，没有良好的基础，企业意识没有到位，提供此项服务的专业机构欠缺等因素，使 DM 多年来一直处于待开发阶段。目前能主动使用 DM 发展业务的企业大多为一些三资企业。

我国正在逐步规范广告市场，并加强对 DM 的管理。作为同 DM 有密切联系的邮政部门，也正在全国组织积极发展 DM 业务，并推出"中邮专送广告"媒体，为 DM 媒体地位的提升做出了积极的努力。虽然从目前来看，DM 发展还处于初期，但 DM 广告在我国成长速度是很快的。目前，全国有近 80%的企业采用 DM 做过广告，江浙地区的大中小企业也几乎 100%运用商函来推销产品。而且都取到了明显的促销作用。因而，其投入产出比较令企业满意，中小型企业对比尤具好感和使用欲望。

因此，DM 已被大部分企业作为商务活动的首选措施，其低廉的成本及极强的针对性、亲切感和真实性，受到企业经营者的青睐。

2004 年中国邮政大力开展函件业务，由此带动了中国直邮产业的迅猛发展，截至 2012 年，中国直邮产业产值从 64 亿元增长到 192 亿元。纵观中国直邮产业近十年的发展，具有如下特点。

1. 中国直邮的发展以先进的直复营销、数据库营销的理念传播为基础

中国邮政作为中国直邮产业的倡导者和实践者，引领了中国直邮产业的发展。中国邮政对直邮的贡献，是不能用其收入来简单衡量的，它对中国社会整体营销理念的转变都是一个巨大的推动，改变着企业营销方法，影响着社会新的营销思想。在中国邮政的强力推动下，数据库营销、直复营销的理念得到了广泛传播，中国直邮理念水平进一步提高。

2. 中国直邮是在逆境中成长的"孩子"，具备强大适应变化的"韧性"

一些发达国家的直邮在新型媒体没有出现时就已"长大成人"，而中国直邮刚刚发展起来，就面临着数字媒体的挑战。2004—2011 年，随着通信技术水平和经济水平的整体提升，人们对固定电话的使用量出现下降趋势，而手机和互联网的使用则大幅上升，互联网的普及率由 2004 年的 7.3%上升至 2011 年的 38.3%，网络广告和手机广告也大幅增长。另外人们对数据和个人隐私的过度保护，以及国家相关政策还未形成直邮发展的良好环境。这些都是直邮发展面临的严峻挑战，要求中国直邮必然以创新的方式发展。

3. 中国直邮客户已趋于理性消费，更关注直邮的效果和直邮的质量

随着直邮的发展和直邮理念的普及，越来越多的直邮客户在使用直邮的过程中，掌握了直邮的规律和特点，消费日趋理性。另外在直邮发展过程中形成了一批铁杆直邮客户，他们对直邮的质量和水平有了更高的要求。

4. 参与直邮活动的企业在不断增多，行业在扩大

2008 年，中国邮政为了推广直邮，采取了打造直邮产业链的策略，中国邮政开始和一些广告公司、数据公司、市场策划公司、通信公司、印刷企业、投递公司等合作开展直邮活动。在江苏、浙江等发达地区，已形成了稳定的直邮合作企业。

5. 直邮收入增长明显，但在媒体市场占比有所下降

2004—2012 年，由于网络广告的快速发展，直邮在广告市场的份额出现了先升后降的趋势；从增长速度来看，直邮的增速在 2009 年之前超过了广告市场的整体发展速度，但是从 2010 年开始，直邮的增速远远落后于广告市场的整体发展速度，同时也落后于 GDP 的增长速度。

当然，我国 DM 在发展过程中也遇到了一些困难如经济发展速度放缓和相应经济政策的调整对直邮发展带来不利影响；直邮市场尚未成熟，而媒体格局发生了变化，新媒体需求旺盛，传统媒体经营面临巨大压力；国家对环保的重视也给直邮的发展带来一定的冲击。

尽管面临着诸多的挑战和不确定性，但是直邮的发展也不是没有机会。首先，中国直邮理念、运作方法的提升以及直邮客户与合作伙伴的关系的积累为直邮在新形势下的创新发展打下了基础。其次，企业日益注重精准营销，而这是直邮相比于其他媒体的主要优势，为直邮提供了有利的发展环境。此外，电子商务的迅猛发展、网络购物市场呈几何级数的增长，使得与之相应寄递市场呈现井喷式发展。直邮作为一种以寄递为核心的服务，在网购快速发展的状态下，一定能找到自己的发展之路。

思考题

1. 邮政商函的特点是什么？
2. 国内邮政商函的发展情况如何？
3. 国际商函的发展情况如何？

第2章 数据库商函业务市场开发与策划

2.1 邮政数据库商函业务

2.1.1 数据库商函业务概念与特点

数据库商函是先进的数据库营销理念与传统函件的结合，在发达国家，以数据库为基础的商业函件市场比较成熟，仍呈强劲的发展势头，我国商业函件与发达国家相比，市场潜力巨大。

1. 数据库商函的含义

数据库商函是以名址数据为核心的精准媒介。它通过对邮政海量数据的分析、挖掘，筛选出针对性强的名址数据，并通过信函形式将信息传递给目标客户，实现一对一的沟通。具有针对性强、保密性好、效果持久、成本低廉等特点，是企业拓展市场的一种有效方式。数据库商函包含国内商函业务和国际商函业务。数据库商函主要有四种形式：信函形式、邮简形式、封片卡形式、印刷品形式。

2. 数据库商函的特点

数据库商函与传统的商函相比较，主要有以下几个方面的特点。

(1) 针对性强：广告主可以根据产品、客户的特性，在数据库中自由选择目标受众、确定投放范围和投放数量。

(2) 个性化强：个性化的信息传递给需要的目标受众，使目标受众有与销售者“亲密接触”的感觉。

(3) 保密性好：广告信息不容易被竞争对手发现，目标受众不会受到其他广告的影响，提高阅读率。

(4) 形式灵活：内容、尺寸和形式都是由广告主决定，设计最贴近产品，最能吸引目标受众的眼球。

(5) 作用时间长：设计印刷精美的商业信函，人们通常会保留一段时间或者收藏，广告宣传效果持久。

(6) 回复率高：商业信函的个性化、可选择性、灵活性和不受其他竞争广告影响的特点，使它的回复拆封率、回复率都比其他媒体高。

(7) 效果易于测定：目标受众数量、回复信函数量全部掌握，广告主对整个广告活动的效果一清二楚，便于为开展科学的营销战役作准备。

2.1.2　数据库商函的服务过程

根据客户的个性化需求(如行业、地区、行为特征、兴趣特征等),从中国邮政名址信息中心的数据中筛选出合适的数据,提供名址筛选、商函设计、信封打印、封装、运输、投递等一条龙服务,商函内容可以是优惠券、打折卡、产品目录册、宣传手册、邀请函、调查函、会刊等,帮助客户实现新品推广、促销、销售机会获取、销售等日标。

服务流程如下。

1. 方案策划

好的营销方案是数据库营销成功的前提,中国邮政拥有专业的营销策划队伍,可为客户量身定制市场营销推广方案,帮助客户分析市场需求、目标客户、营销渠道、费用预算、投资回报等。

2. 提供名址

通过名址查询系统,可以精确地找到目标客户,进而租用邮政的名址信息进行商函的发寄,从而节约广告费用,提高营销效果。

3. 数据服务

利用邮政的基础数据资源优势,帮助企业规范其收集的各种客户数据,使其数据能够更准确地邮寄,实现企业与客户的良好沟通;同时使企业的客户数据增值,真正成为企业核心竞争力的一部分。

我们能够提供的数据服务包括以下几种:

- 数据清洗——对数据中的繁体字、标点符号、不规范用字进行标准化;
- 数据规范化处理——将地址切分为省、市、区县、街道乡镇、村、门牌;
- 数据的查重和关联——将不同渠道、时间收集的数据,去掉重复数据,进行整合;
- 地址邮政编码匹配——与标准地址匹配;
- 单位名称匹配地址、邮政编码。

4. 策划、设计、制作

中国邮政拥有一流的策划、设计人员,先进的硬件设备和场地,能够提供数据库商函策划,信函的内件设计及印刷,信封及内件打印、封装制作服务。

5. 邮寄

中国邮政投递网络遍布全国城乡,联系千家万户,可以及时地将商函投递到目标人群手中,并可利用先进的投递系统对商函进行跟踪与投递确认。

6. 数据库建立与维护

中国邮政可以帮助企业建立数据库,协助企业管理数据库,提供录入、分析等服务;帮助企业维护数据库,提供咨询、技术支持等服务。

2.2　邮政数据商函业务的市场开发

2.2.1　数据商函业务的市场调查

所谓市场调查,就是运用科学的方法,系统地收集、记录、整理和分析有关市场信息,从而了解市场发展变化的现状和趋势，为市场预测和经营决策提供科学依据的过程。

1. 市场调查的作用

一个企业，之所以能够取得较好的经济效益及盈利，说明它的经营活动及商品满足了消费者的需求。要使企业的产品满足消费者的需求取得盈利，必须首先要了解消费者需求什么。通过市场调研，确定消费者的需求，才能生产消费者需要的产品，保证企业获得满意的利润。市场调查研究是企业取得良好经济效益的保证。

市场是不断变化的，顾客的需求各不相同。通过市场调研，可以发现一些新的机会和需求。引进新的商品去满足这些需求。通过市场调研可以发现企业的不足及经营中的缺点，及时地加以纠正，修改企业的经营策略，使企业在竞争中保持清醒的头脑，永远立于不败之地。

通过市场调研还可以及时掌握企业竞争者的动态，掌握企业产品在市场上所占份额的大小。针对竞争者的策略，对自己的工作进行调整和改进，知己知彼，才能百战百胜。

通过市场调研，可以了解整个经济环境对企业发展的影响，了解国家的政策法规变化，预测未来市场可能发生的变化。抓住一些新的发展机会，并对可能发生的不利情况及时地采取应变措施，以减少企业的损失。

2. 市场调查的形式

市场调查的形式有两种：市场普查和抽样调查。

市场普查就是对市场有关母体（又称为总体，即所要认识的研究对象全体）进行逐一的、普遍的、全面的调查。市场普查可以获得完整的、系统的信息资料；但是因为时间上的、地域上的、人员水平上的、财力上的限制，一般只用于商业网点普查、某种商品库存量普查、试销新产品对全体消费者购买新产品质量反映的跟踪调查等。

抽样调查是指从母体中抽取一部分子体作为样本，对样本进行调查，然后根据样本信息，推算市场总体情况的方法。抽样调查的特点是用样本调查结果推断整体结果，会产生抽样调查误差，即抽样资料能否较为可靠地、精确地描述抽样样本所代表的总体。抽样的误差产生于两个方面——抽样误差和资料收集误差。

抽样的方法如图 2-1 所示。

3. 市场调查的内容

消费品市场调查主要包括以下内容。

(1) 市场容量调查

市场可能拥有的最大消费数量与本企业可能拥有的消费数量的比例。

(2) 消费者需求特点调查

商品：质量要求、商品特性、规格种类、包装要求、商品结构等。

价格：消费者可能接受的价格。

促销：购买者的购买信息来源，影响其购买的方式及可能使用的促销手段。

销售：商品的主要销售渠道、销售方式，消费者购买方式、购买地点、购买场合。

(3) 主要竞争对手及潜在竞争者调查

主要竞争对手的商品结构、商品价格、卖场情况、市场占有率；竞争企业的实力；可能的潜在竞争者；将要进入本行业的企业，可能的竞争对手。

(4) 目标顾客调查

调查确定本企业商品的目标顾客，哪类消费者最可能接受和购买本企业的商品。

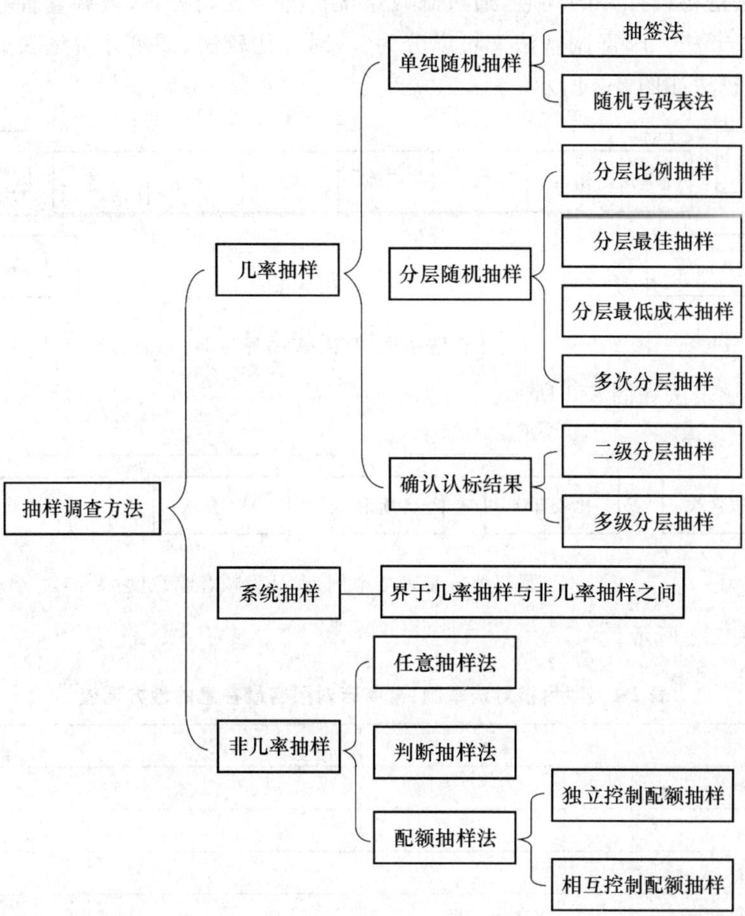

图 2-1　抽样方法

(5) 未来市场发展预测调查

对未来市场的发展趋势进行预测，找出影响市场发展的主要因素，分析可能的市场机会及不利情况。

4. 市场调查的方法

市场调查的方法主要有间接资料调查法、访问法、观察法、实验法、态度测量表法。

(1) 间接资料调查法是指从文献档案中收集的资料来完成调查工作的方法。间接资料调查法的资料分为外部资料和内部资料。

外部资料来源有政府机构及经济管理部门公布的有关资料，各种统计公司及市场调查公司、行业协会公布的市场信息。查阅各种书籍也是获得资料的好方法。

内部资料来源包括企业业务资料、统计资料、财务资料以及各种调研报告、经验总结、顾客建议等。

(2) 访问法是指以询问的方式向被调查者了解市场情况的一种方法。

访问法又可细分为面谈调查、邮寄调查、电话调查和留置访问调查。

面谈调查是调查人员同被调查者直接面谈，当面听取意见，收集市场反应，询问有关问题的方法。它分为个人面谈、小组面谈、集体座谈；询问的方式有自由问答、倾向偏差询问、强制性选择。

邮寄调查法是将设计好的问卷，通过邮政系统传递给被调查者，被调查者填写完以后再寄回来的一种调查方法。邮寄调查法又可以分为：一对一比较法、图解评价量表法、项目核对法。其中，一对一比较法如图 2-2 所示。

图 2-2 一对一比较法举例：对比 A 品牌与 B 品牌质量

其中，图解评价量表法如图 2-3 所示。

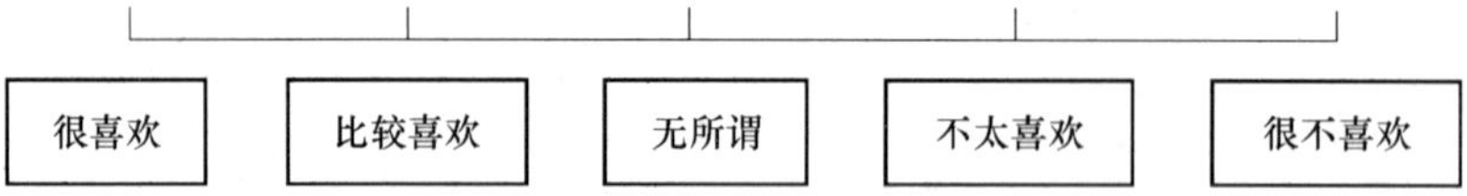

图 2-3 图解评价量表法举例：A 品牌顾客满意度

项目核对法如表 2-1 所示。

表 2-1 项目核对法举例：某商店对顾客最在意的地方调查

特征	重要	不重要	无所谓
品种齐全			
环境舒适			
价格合理			
服务态度好			
…			

电话调查法是调查者通过电话与被调查者进行询问的一种方法。询问时多采用两项选择法。

留置访问调查法是将问卷当面交给被调查者，说明填写的要求，并留下问卷，让被调查者自行填写，并由调查者定期回收的一种市场调查方法。

问卷设计步骤：第一步，根据调查目的和要求，确定所需的信息资料；第二步，进行问题的设计和选择；第三步，确定问题的顺序，一般容易的问题放前面；第四步，问卷的测试和修改。一个调查问卷通常由前言、主体内容和结束语三个部分组成。

(3) 观察法是指研究者根据一定的研究目的、研究提纲或观察表，用自己的感观和辅助工具去直接观察被研究对象，从而获得资料的一种方法。观察法可采用眼看、耳听或者借助于照相机、录音机、摄像机等设备。观察法主要用于顾客观察、竞争对手观察等。

(4) 实验法是指通过实验对比来取得市场情况第一手资料的调查方法。改变商品品质、变换商品包装、调整商品价格、推广新产品、商品陈列变动都可以采用该方法进行调查、测试效果。

(5) 态度测量表法。消费者在市场上选购什么商品，不选购什么商品，不是随意决定的，而是在内心有一定的尺度，这个尺度在心理学上称为量表。运用量表调查测量消费者对商品的需求心理评价尺度，就是态度测量表法。它分为类别量表、顺序量表、差距量表和等比量表。类别量表是测量消费者对不同性质问题的分类，如满意、不满意，是、否，等等；顺序量表是测量消费者对类别之间的次序关系，如 5、4、3、2、1，对所调查商品很喜欢的给 5 分，较喜欢的给 4 分，无所谓的给 3 分，不喜欢的给 2 分，很不喜欢的给 1 分；差距量表是用于测量消费者对于喜欢或在喜欢商品次序之间的差距距离的，如 4 分同 3 分差距等于 3 分同 2 分的差距；等比量表是表明次序关系中数量比率关系的，如 4 分为 2 分的 2 倍。

5. 市场调查的步骤

(1) 明确调查目的。为什么要作这次调查？通过这次调查了解哪些情况？调查结果有什么具体用途？

(2) 制定调查计划，选择与安排调查项目、调查方法、调查形式、调查人员、调查费用等。

(3) 实施调查计划。

(4) 整理资料并提出报告。

2.2.2　数据库商函业务的市场开发基础

商函业务的市场开发，实质上是目标客户的开发。它既是在市场上寻找商函业务对象的过程，也是满足客户需求，实现商函通信的过程。本章主要通过一般论述介绍商函业务市场开发的主要特点、开发优势、基本要素和支撑保障，目的是使学生对商函业务开发有一个整体的了解。

1. 商函业务市场开发的主要特点

商函是适应商业发展的需求，从信函中派生的邮政服务"产品"。商函业务市场开发，是由商函业务的市场地位、作用和商函通信的特点决定的。了解商函业务市场开发特点，对于邮政更好地开发商函业务，实现商函发展的目标具有重要意义。

(1) 开发程度差异性大

商函业务市场开发大致分三种情况：一种是仅为客户提供商函投递服务，即通过市场营销，介绍邮政商函业务服务"品种"，使用户接受，并达成投递协议。这是比较简单的市场开发。另一种不仅要为客户提供商函的投递服务，还要为客户提供商函的设计制作等一条龙服务。这是比较复杂的市场开发。还有一种市场开发是在提供投递服务、制作服务的基础上，凭借邮政掌握的市场资源和数据库信息，遵循双赢的理念，帮助客户策划、细分市场、找准定位，更好地使用商业信函，以达成密切合作、深度开发、实现双赢的目的。这是高层次的市场开发。这三种形式反映了商函业务开发的不同程度，也反映着商函业务市场开发的不同水平和能力。

(2) 开发目标指向性强

商函业务市场开发与其他市场主体不同，它开发的对象是厂家、商家等经济组织和公共事业单位，而不是个人。它提供的服务产品包括广告商函、对账单、票务文本等内容。因此，商函业务开发对象是明确的，不同的单位使用不同的服务产品也是明确的。同时，客户使用商函业务一般是按名址打印交寄的，与广而告之不同，它的服务对象和目标客户也是明确的。明确商函业务开发的对象和服务产品的对象，对于确定商函业务的市场定位和开发重点很有帮助。

(3) 开发难度相对高

与邮政的其他业务不同，商函业务是一种新兴的邮政业务，在我国起步晚，历史短，社会知晓度、知名度不高。许多厂家、商家推销产品或商品，首先想到的是使用媒体广告。因此，商函业务开发具有相对的难度，一项大的业务洽谈成功，往往需要多次沟通交往，反复的宣传介绍；

加上商函的制作打印有规格标准和封装要求，技术含量高，开发周期长。这就决定了商函业务开发不是一般的业务开发，而是一项高智能、高技术、高品位的业务开发。

(4) 开发时效相对严

对商函来讲，时间就是商机，时间就是金钱。商家选择商函做广告，不仅有明确的目标客户，而且十分重视广告投送的时机。商家开业之前与开业之后，重大节日之前与节日之后，广告的效果就完全不一样。一些会展、商展等时间性很强的商业活动，对商函的时限要求更高。即使公用事业单位选择商函投送对账单、催缴单，包括插送广告，也具有很强的时限要求。掌握这一特点，对于我们抓住有利时机去开发商函业务十分重要。

2. 商函业务开发的优势

商函业务的开发优势是指商函业务发展的外部环境和自身功能、特点所构成的竞争优势，也是商函业务开发不可缺少的条件。分析商函业务开发的优势，对于增强邮政商函业务人员、营销人员业务发展信心，在市场营销中扬长避短、利用优势，顺利地与客户达成商函业务“交易”，促进商函业务的大发展，具有重要意义。

(1) 市场优势

如今媒体广告泛滥成灾，人们对铺天盖地的广告产生厌烦。有些商家投入产出不成比例，得不偿失；电子信息由于技术犯罪层出不穷和信息干扰无孔不入，也使人们产生了不信任感。与其他媒体广告相比，商函广告虽然受众面小，但对既希望保住商业机密，又能把自己的商业信息传递给目标客户和用户的商家来讲，就是一个很好的选择。随着市场经济体系的不断完善，公共事业的发展和商函的不断繁荣，使用商函业务传递商业信息的行业会越来越多。而邮政利用自身掌握的数据库资源，为商家量身定做信息“产品”，帮助客户寻找目标客户，介绍商品或服务，传播商业信息，已经得到更多客户的青睐和认可。商函业务市场开发利用的前景十分广阔。

(2) 政策优势

商函是信函的一种，是邮政的专营业务，是其他行业不能替代、不能染指的专营业务，受法律保护。这就为商函业务的市场开发提供了得天独厚的有利条件。邮政商函业务开发人员，完全可以充分利用这一政策优势，大有作为。同时，商函业务的发展，又受到了邮政高层领导的高度重视，把商函业务作为企业发展的重点，在物质上给予支援，在政策上给予倾斜。拿出一亿元来建立和完善数据库信息系统，投入资金建设各地的商函制作中心，并对大客户给予优惠政策和提供特殊服务。这些都为商函业务的开发利用和发展创造了良好的条件。

(3) 自身优势

商函是经济发展的产物，更是商业需求的产物。商业信函业务之所以能够存在和发展，是由商函自身的功能和特点所决定的。比如，商函与信函一样，具有保密可靠的特点，它既可以用作广告，又可以用作通信；既可以传递文字信息，又可以传递图片、信息；既可以一般告知，又可以详细说明。这就为商家选择商函作为信息传递的载体提供了安全可靠的保证。同时，它指向性、针对性强，可以按自身的需要向客户或用户发送信息，有利于商家节约成本。另外，商函具有信函一样的亲切感、亲近感，人们对某些纸版广告可以弃之不理，但对一封商函一定要取出观看。对信的好感和偏爱，也必然惠及商函。因此，商函业务能够成为商家选择的传播商业信息载体，从而架起企业与企业之间、企业与消费者之间的桥梁，使商函真正成为商业发展、经济发展的催化剂。

3. 商函业务市场开发基本要素

商函业务市场开发是一个系统工程，从决策层、管理层面来讲，它包括对本区域内商函业务市场的发展布局、市场预测、整体规划、目标确定、资源整合、政策制定等一系列的运筹谋划活动。从执行层面来讲，它包括市场营销、商函制作、运输投递和售后服务等一系列的工作。本节所讲的商函业务市场开展的基本要素主要是以执行层面来讲的。

(1) 市场营销

商函业务市场营销是指采取正确的方法，寻找商函业务目标客户，并与之达成“交易”的活动。它包括商函业务开发的市场调查、市场分析、目标客户的选择、业务营销、达成协议等内容。市场调查是市场营销的基础，正确的营销方法是市场营销成功的关键。因此，了解商函业务市场营销的基本过程，掌握商函业务市场营销的技能技巧，对商函业务市场开发起着至关重要的作用。

(2) 商函制作

商函制作是商函业务开发的附加工作，是商函业务深度开发的重要标志。客户选择商函业务，希望邮政能帮助其制作商函。邮政能为用户制作商函，不仅能够增加商函业务的附加值，而且能够使业务洽谈获得成功。商函制作包括信封(内件)设计、材料选购、制作、打印、封发及信息处理等诸多内容。掌握商函制作方法和流程，生产出精品，对于树立邮政的服务品牌，促进商函业务开发具有重要意义。

(3) 运输投递

邮政通信始于交寄，终于投递。运输投递是邮政通信的最后一个环节，也是实现寄件人通信目的，检验邮政服务质量的一个重要环节。因此，商函的投递质量及安全，不仅关系到邮政信誉，而且直接关系到与客户的合作关系，关系到商函业务的长远发展。要克服重营销、轻投递质量管理的倾向，切实加强投递队伍建设，努力提高投递人员的职业道德和业务水平，以良好的投递服务赢得客户、赢得市场。

(4) 售后服务

售后服务是指邮政在与客户建立业务关系之后，要认真履行承诺，通过加强沟通联系，及时处理客户提出的合理要求，妥善解决在通信过程中存在的各种问题，使邮政与客户业务关系得到维持和发展的一项工作。做好售后服务工作，并不是邮政提供无利的劳动，而是商函业务开发的后续工作，是打开商函业务市场的重要策略。海尔集团创出家电行业的品牌，良好的售后服务是其取胜的重要法宝。我们应该十分重视售后服务工作，使其成为维护邮政信誉，密切与客户业务关系并进一步合作开发的纽带。

2.2.3　数据库商函业务的市场开发流程

介绍数据库商函营销流程 6 步作业法。图 2-4 所示为建议的 6 个数据库商函营销活动作业闭环的流程，数据库商函营销流程主要包括营销创意、名址分析、营销策划、营销测试、营销执行、评估优化 6 个主要环节，针对每一个环节的下面都有其相对应的细项执行步骤，供作业参考。为了不引起歧义，以下流程描述中对商函客户，统称为“客户”；对商函客户的目标客户，统称为“顾客”。

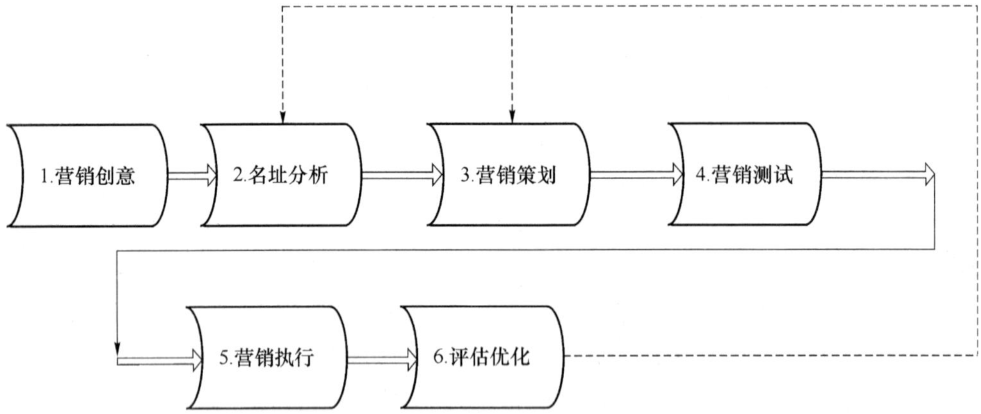

图 2-4　数据库商函营销流程 6 步作业法

1. 营销创意子流程

- 创意产生
- 理解客户
- 识别目标顾客/目标市场
- 预测可能的结果
- 初步定义成功的标准和效益
- 活动预算
- 营销创意审批

图 2-5 所示为营销创意子流程。

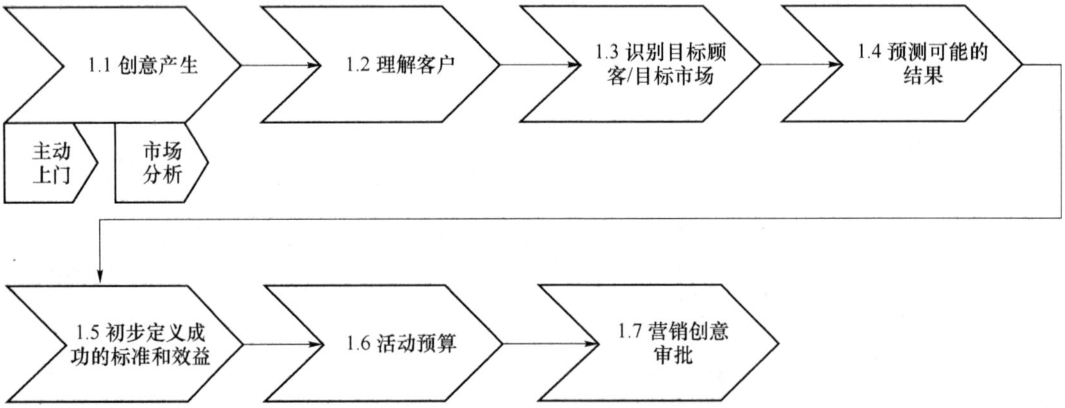

图 2-5　营销创意子流程

2. 名址分析子流程

- 理解数据
- 初选数据
- 精选数据
- 提供样本数据
- 确认响应数据的采集方式
- 更新营销设计摘要

• 营销设计摘要审批

图 2-6 所示为名址分析子流程。

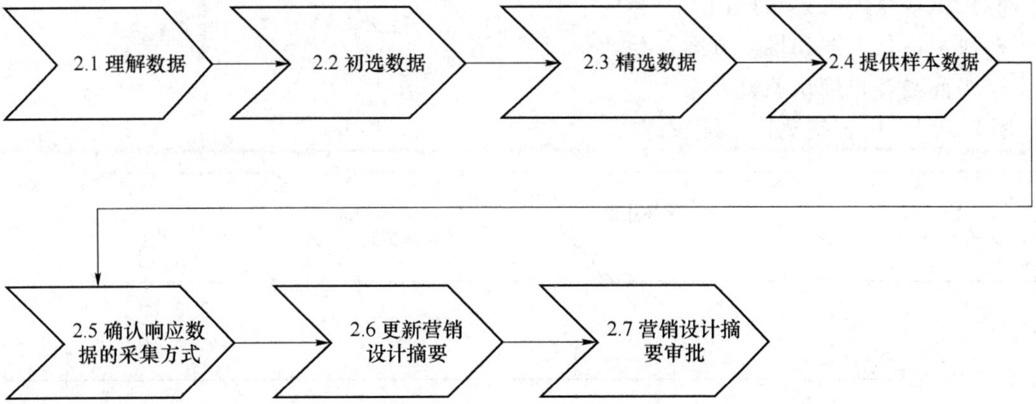

图 2-6　名址分析子流程

3. 营销策划子流程

• 任命营销活动经理
• 设计营销活动执行流程
• 商函产品设计
• 定义成功标准
• 定义成功数据采集方式
• 制作营销策划建议书
• 内部审批建议书
• 商函客户确认建议书
• 签署制作协议

图 2-7 所示为营销策划子流程。

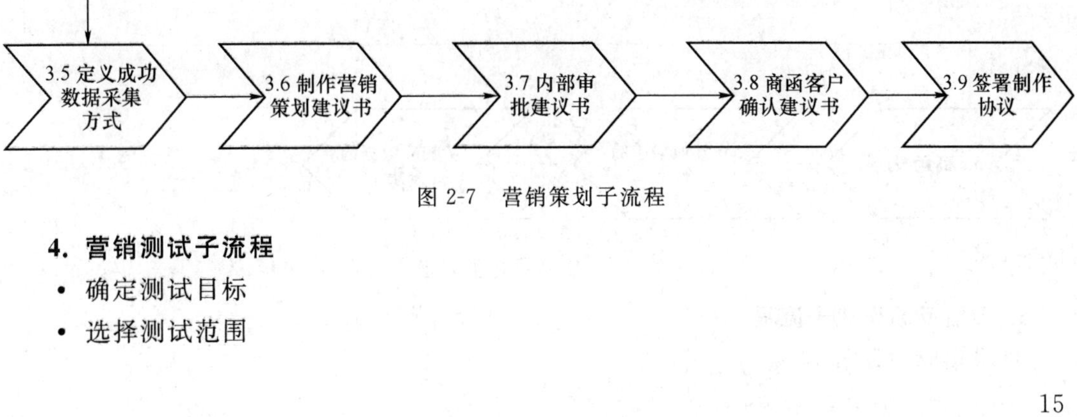

图 2-7　营销策划子流程

4. 营销测试子流程

• 确定测试目标
• 选择测试范围

- 定义不同的营销测试组合
- 执行测试
- 测试效果的收集和评估
- 决定优化方案和推广方案
- 与商函客户确认调整方案

图 2-8 所示为营销测试子流程。

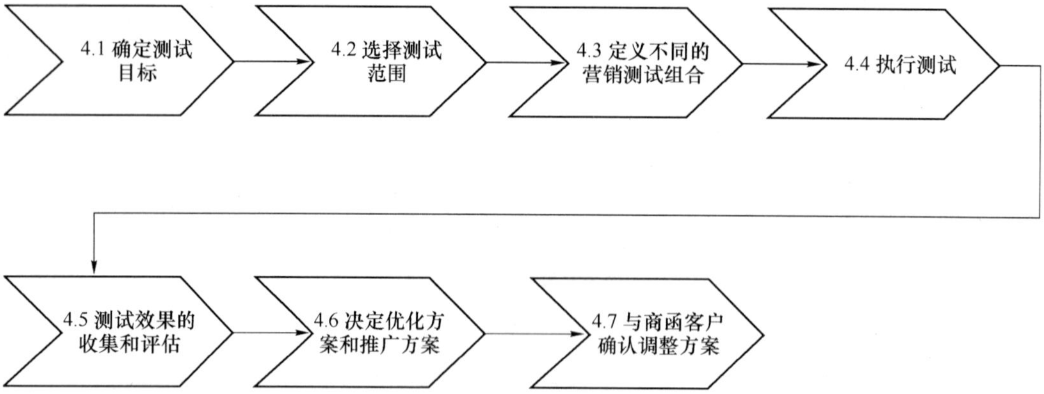

图 2-8 营销测试子流程

5. 营销执行子流程

- 营销活动记录
- 商函印刷
- 名单生成和下载分发
- 商函打印制作
- 商函投递
- 其他渠道的配合
- 响应数据的采集

图 2-9 所示为营销执行子流程。

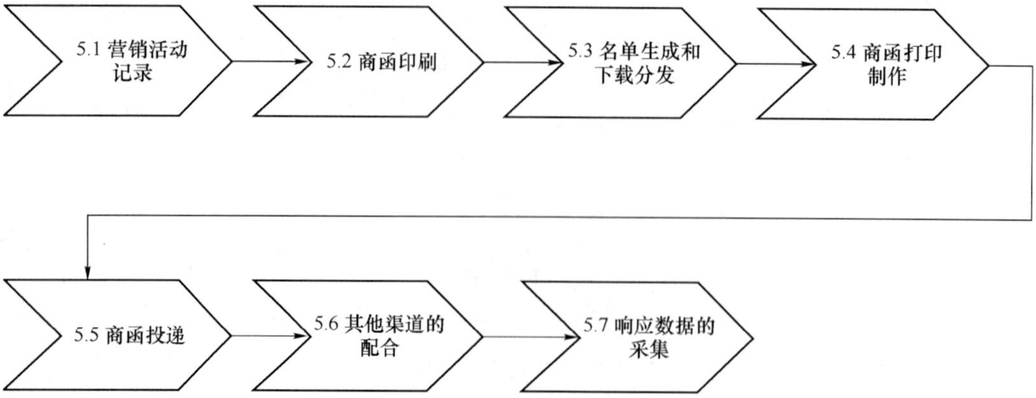

图 2-9 营销执行子流程

6. 评估反馈作业子流程

- 采集成功数据

- 分析退件
- 分析顾客响应
- 分析产品和服务的有效性
- 收集商函客户意见反馈
- 活动成效综合性评估报告
- 活动优化和调整建议
- 商函客户回访

图 2-10 所示为评估反馈作业子流程。

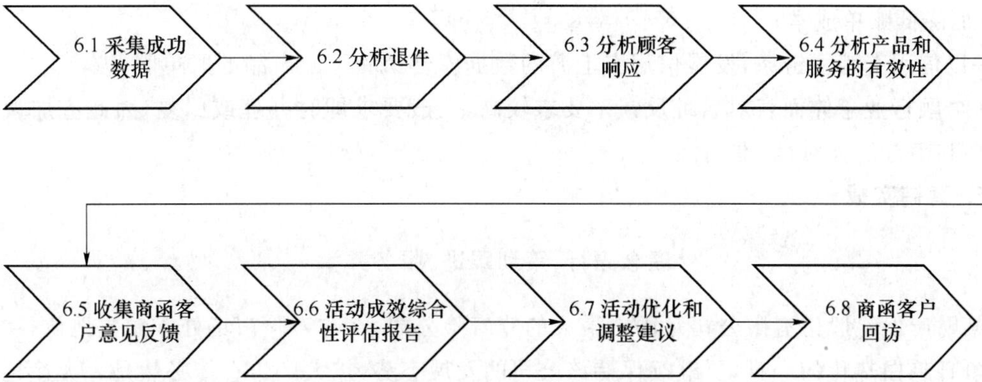

图 2-10　评估反馈作业子流程

2.3　邮政数据库商函业务的市场分析

2.3.1　金融保险行业市场分析

1. 市场特点

--行业内部竞争激烈，同质化产品及服务现象严重；

--重视提供优质服务及客户维护；

--经济实力雄厚，重视自身形象及新产品宣传；

--对客户实行分级开发和管理；

--有相对固定的目标客户；

--客户对服务质量要求相对较高。

2. 市场细分

--商业银行；

--证券公司；

--保险公司。

3. 行业需求

--新业务的推广：如银行推广新业务和保险公司推广新的险种等；

--提供增值服务：如银行给用户寄送对账单，提高服务竞争力；

--宣传促销：如银行与商家联合举办的宣传促销活动，发布理财、投资信息，促进代理基金和其他中间业务的发展；

--客户关系维护：如银行在客户生日时，向客户寄发生日卡，维护客户关系；

--发展新客户：各地区新进入或新成立的保险、证券公司等使用数据库商函宣传。

4. 营销提示

--为商业银行、保险公司提供进行地址数据维护、市场调查、服务质量跟踪等增值服务；

--建议客户在账单上搭载新业务介绍等内容，如建议客户在保险账单或催缴单上宣传更多保险品种，扩大保险业务。可搭载信息反馈卡，反馈投保意向、投保咨询以及高端消费品信息，从而降低账单成本；

--以信用卡为主链条，发展信用卡上游的数据库营销和下游产品的账单服务；

--金融行业总体而言对名址反馈率要求较高，一般要求即时办理或回复，因此应加大对名址选择和筛选的针对性、准确性。

5. 营销实战

理念先行，策划跟进，服务并举

某财产保险股份有限公司是国内最大的非寿险公司，在非寿险市场处于领先地位，在保险业竞争日趋白热化的今日，要继续保持该公司的发展态势，扩大广告宣传必然是一大途径。某邮政局在对该公司在市场的广告投放现状作了一次精细详尽的市场调查后，制作了一份附带精致样稿的完整邮政广告策划建议书，得到了客户的认可，特别是提供的数据名址大大解决了一直困扰他们的难题，为他们寻找到了新的市场空间。邮政通过数据库营销方式切实地为客户的新险种打开市场，带来了经济效益。

2.3.2 批发零售行业市场分析

1. 市场特点

--普遍采用会员制；

--利用各种媒体发布促销信息是其营销的重要手段；

--“媒体示范效应”好；

--广告非常注意及时性、隐蔽性。

2. 市场细分

--各类批发市场；

--百货商店、超级市场 、各类专卖店；

--酒店、宾馆、饭店、洗浴中心、休闲按摩中心、美容保健场所；

--婚纱摄影、儿童摄影、家居饰品小店。

3. 行业需求

--新商品的常规促销；

--针对不同节日、不同消费者的市场营销活动；

--维护高端会员；

--维系老客户：通过购物积分维护老客户；

--发展新客户：通过发展会员等形式发展新客户；

--大超市、专卖店进行名址核对、邮编添加等数据维护工作；

--市场调查、事后活动分析、服务质量跟踪。

4. 营销提示

--分析目标群的日常活动半径(有车族的活动半径 20～30 千米)，结合商场的停车场地和自身的交通条件，沿方便的交通主干线为商场发展新客户；

--首选会员名址数据；

--推荐中高收入家庭信息；

--根据不同节日选择相应名址，例如，教师节商品促销可选择教师、学生名址，儿童节选择幼儿父母名址等；

--是商函上量的关键行业。

5. 营销实战

针对团购市场的节日营销

某公司是天津经营巧克力的著名企业，其产品在市场上占有一定的份额。为进一步提高企业市场占有率，该公司在天津市大胆尝试了月饼的销售开发。邮政考虑该公司目标，首先根据天津历年中秋月饼的市场情况和团购业务的基本情况，制作数据库商函综合营销方案：根据产品的特点和消费意向，筛选了 13 000 个天津市企事业单位名址作为寄递的对象，在中秋节月饼大战之前发送。商函发出后，该公司的 4 部电话开始忙个不停，公司主管高兴地说："没想到仅仅两天就有 15 万元的订单。"同时表示将再发 15 000 件商函。

2.3.3　房产家装行业市场分析

1. 市场特点

--广告总体投放量大；

--人们对房地产的消费非常慎重，消费群体对房地产市场需要较全面的深入了解；

--房地产以本地及近郊为主要传播区域；

--楼盘定位与广告诉求对象清楚；

--楼盘档次越高，对商函营销方式兴趣越大。

2. 市场细分

--房地产开发商、房地产代理公司；

--装饰装潢公司、建材供应商；

--家具、家电、窗帘饰品、灯具、空气清新设备商家。

3. 行业需求

--房地产商传播企业形象；

--楼盘销售目标客户的筛选；

--房地产与银行房贷业务、装饰装修等公司举行交叉营销；

--与业主进行信息沟通，如会员会刊邮寄。

4. 营销提示

--在不掌握住房情况及需求的情况下，推荐高收入人群名址数据；

--可选用房地产局、规划局资料库、住房公积金名址库、私家车库、白领库、组织机构库中企业领导名址库、高薪行业名址库等；

--帮助房地产商收集、建立已购房及有意向购房等不同类型用户名单，节假日、生日时寄发贺卡、慰问函；

--向装饰装修公司、家具、家电等商家推荐新购房名址；

--在商函中一定要在醒目的位置提供回复方式。

5. 案例:房产中介公司

英国皇家邮政集团有限责任公司是英国皇家邮政、邮政局和环球包裹邮递公司的母公司。

(1) 背景

新进到市场的某房地产中介公司，规模很小，策略不明确是很难打开市场的，需要以一种新颖的、能够引起轰动效应的方式向潜在客户介绍自己。

(2) 其他重要目标

该公司制作了一种弹出式函件，并利用从皇家邮政购买的名单，将函件寄送到了售楼处周围半英里以内的5 000个家庭；所有希望投资房产的买主到店面里浏览房屋的动画网页；该公司决定与英国皇家邮政合作。

(3) 皇家邮政做了些什么

为函件信封选择一个具有活力的颜色，打印在厚重的异型立体卡片上，而不是用原来的纸张；将函件寄送至5 000个地址，生产和邮寄的总费用为3 500英镑。

(4) 结果

产生了价值40 000英镑的收入；2～4名员工业务比上年同期增长50%；制定进一步计划来发展出租屋，目标是那些试图在市场上获得更多的出资资产的业主。

(5) 如何创造成功

1) 视觉冲击力:使信封显眼从而可以直接吸引受众。

2) 了解受众:了解谁是目标顾客，可以使企业的信息直接发布到受众群。

3) 有力的信息:不要冒险使受众失去兴趣，要以一种简洁而直接的方式告诉受众你是谁，提供什么产品，你的联系方式、电话号码应该是页面中最显著的内容。

4) 诱导反应:每个人都喜欢免费赠品，鼓励受众做出响应的方法是提供一种“限时”产品，可以是免费产品和服务或大幅折扣。

5) 资源:企业有人力处理顾客的响应吗？企业需要通过及时专业的回答来确保给潜在的顾客留下好的印象。

6. 营销实战

小商函撬动大市场

某集团有限公司主要从事高端房地产开发和销售业务。前期，该公司尽管通过各种形式开展宣传，但由于其宣传针对性不强，目标客户选择失误，效果一直不明显。与邮政商函局合作后，利用邮政拥有的名址资源进行邮寄广告宣传，并建立了公司专用名址库，邮政商函局全方位地提供商函专业指导和打印封装等一条龙服务。公司寄递了16万件商函，取得了满意的效果，如阳光大学城(小户型)售出3 000余套，流水浣花(花园洋房别墅)售出99套，浣花山庄独立别墅售出100套，为该公司带来了5 000多万元的销售收入。通过与邮政商函的良好合作，公司以10万元的投入取得了5 000万元的销售回报。

2.3.4　旅游餐饮行业市场分析

1. 市场特点

--旅游产业拉动地方经济效果明显，有旅游资源的各级政府在旅游产业上投入加大；

--旅游产品同质性强，对旅游者的吸引力相近，旅游景点寻求更有效的推介方式。

2. 市场细分

--景点类：风景区、旅游地土特产、宾馆、餐饮、旅行线路、旅行社介绍等；

--特色旅游：观光游、休闲游、红色旅游、夕阳红旅游、自助游、自驾游。

3. 行业需求

--需大量图片展示景点风光；

--相关的价格、服务和承诺等信息需要详细告知游客；

--多次旅游的人数增多，有进行客户关系维护的必要；

--地接旅行社有地址数据核对维护、市场调查、服务质量跟踪等增值服务需求。

4. 营销提示

--自驾游可选择私车库名址；

--夕阳红旅游可选择订阅中老年类报刊的名址；

--根据客户自备名址，推荐新旅游线路，成功率较高；

--可在旅游淡季发寄促销函；

--可从报刊等的专题广告中寻找商函目标客户；

--注意商函的发寄时机，确保收件人能赶上行程；

--餐饮类可选用高消费群体名址、年轻人名址库和新婚夫妇名址信息；

--餐饮类可利用折扣券或抵扣券作为诱因。

5. 营销实战

数据库商函帮泉州牛姆林景区“找”游客

牛姆林是国家 AAAA 级旅游区，被誉为“闽南西双版纳”。牛姆林与邮政的初次合作是通过中邮专送广告实现的，但随着竞争的需要，根据景区宣传的独特需求，该景区认识到邮政数据库商函是一种精准、高效、可衡量、双向的沟通媒介，使用邮政名址数据库，可做到有的放矢，节约成本。通过深入分析需求，准确定位，邮政局为客户量身定制数据库商函营销方案，解决了客户营销手段单一的问题。数据库商函营销配合其他营销手段，使该景区年接待游客一二十万人次，创收达 800 多万元。

2.3.5　教育培训行业市场分析

1. 市场特点

--招生市场竞争激烈，广告投放量逐年增加；

--院校宣传需求强烈，特别是民办院校；

--通常采用深入各地初、高中学校等方式招收学生，也在报刊等大众媒体作宣传；

--办学理念、就业承诺和优惠措施等信息最忌同行抄袭模仿；

--需大量文字表格传达详细信息；

--宣传形式在同行业间往往形成联动效应；

--学生市场是被众多商家看好的新增长点。

2. 市场细分

--学校类：大中专院校、职业中专、艺术学校等；

--成人培训类；

--少儿教育类；

--学生产品促销类：休闲用品、服饰、旅游用品、MP3、电脑。

3. 行业需求

--招生信函；

--录取通知书；

--高考大礼包；

--学生成绩通知单；

--毕业生推荐函。

4. 营销提示

--应届初、高中毕业生家庭信息极受欢迎；

--学校类的名址选择：中学校长、教师、村委会负责人等名址和针对县郊乡村的应届毕业生家庭名址；

--成人培训类的名址选择：政府机构、金融、保险、证券、通信、房地产公司、电力部门、教师、医生等的名址；

--幼儿教育类名址选择：订阅幼儿杂志的家庭名址、可根据身份证的年龄选择女性名址；

--学生类产品可选用：在校生名址或在校生家长名址；

--一旦使用商函起到较好的宣传效果，会成为稳定客户。

5. 营销实战

招生商函改写邮政函件业务发展的历史

某市是一个教育强市，特别是近年来成人职业技术培训学校如雨后春笋般崛起，形成了极具特色的地方教育产业。

该市邮政针对职业技术培训学校所做的一系列市场策划、培育、营销、管理、服务等工作，改写了当地邮政函件业务发展的历史！

该市邮政于1999年开始大力培育及发展招生商函业务，经过努力，到2004年，该地区89间培训学校中，有55间通过邮政成规模批量交寄招生商函，交寄量达2 050万件，达到近年来最高水平。某技术学校的傅校长由衷地说："我们的成功，邮政功不可没！"

2.3.6 网络通信行业市场分析

1. 市场特点

--实力雄厚，重视企业品牌维护；

--同质性高，竞争对手强但数量少；

--促销频繁；

--品牌形象推广和新服务宣传交替进行；

--开始注重开拓县域、农村市场；

--客户自有数据比较齐全、丰富，具有发寄数据库商函的便利条件。

2. 市场细分

--通信运营商：电信，移动，联通等；

--通信器材生产商；

--通信器材销售商。

3. 行业需求

--为新业务推广进行名址筛选的需求；

--客户名址维护需求；

--电信客户关系维护需求。

4. 营销提示

--建议电信运营商对自有数据库进行深入挖掘。根据每月用户的话费量，区分不同层次的用户，有针对性地提供新业务服务；

--节假日市场业务。为厂商提供以节日销售为题材的业务推广、广告宣传等商函服务；

--通过相关名址数据的筛选为通信运营商选定目标群，如新楼盘数据、新入学学生数据等；

--账单数据及其数据分析。通过对用户账单信息的平均月通话费、数据费、漫游费等分析，提取高价值数据，运营商通过商函维护高端用户。

5. 营销实战

老搭档的新合作——邮政返乡潮里寻契机

某市有不少于 150 万人长年在外打工，因此形成了特有的打工经济特征。随着元旦、春节返乡潮的临近，各电信商都在策划针对节日市场的营销方案。当地邮政获悉，移动公司拟开发适合农村消费的移动业务，并将话费优惠券赠送到农村。

当地邮政建议移动公司利用邮政名址向该市在外打工人员寄递一封欢迎游子的返乡信，并附上“入网话费优惠券”，为市场进行前期的“预热”造势。邮政从进口汇票中成功采集整理了 30.8 万条有效名址信息，并精心制定了一套营销策划方案，得到了移动公司的认可。在邮政的建议下，移动公司精心地策划了《移动客户报》(打工专版)，内容包括一封热情洋溢的欢迎信、列车时刻表、航班表(标注邮政代为办理、送票上门等)、优惠券、营业网点以及彩色宣传图片等，还有“凡该市籍打工人员看到此报后，可以再索要报纸，移动免费邮寄”等内容。最后，《移动客户报》印制了 40 万份，一部分邮寄，一部分春节期间散发。

从当年 11 月 28 日开始寄发此批商函后，自 12 月 1 日起，1860、11185 台就电话不断，话务员记录本登记了一页又一页此活动的参与者，数据库商函的反馈效果极佳。

2.3.7　医药卫生行业市场分析

1. 市场特点

--据全国企业电视宣传广告投放的数字信息显示，制药行业排名首位，医疗保健行业排名第三；

--民营性质的医疗机构增长加快，广告投放量逐年增加；

--特色医药专科的广告需求大，疑难慢性病尤甚；

--美容、保健品行业具有高利润、高回报的特点，保健品目标人群为家庭、企事业单位的行政部门等。

2. 市场细分

--公立医院、私立医院、特色专科医院、卫生院等；

--制药企业、医疗器械生产企业、医药批发站、药店等；

--美容产品、保健产品等。

3. 行业需求

--制药和医疗器械生产企业传播企业文化，与经销商、医院之间进行信息沟通反馈；

--医院特色专科、新项目、新设备功能等的宣传；

--医院与患者之间信息沟通反馈；

--医院树立自身良好形象；

--保健品宣传；

--保健品会员服务。

4. 营销提示

--制药企业在采购、经销商、终端用户的推销过程中，都可以使用数据库商函；

--一般做数据库商函广告的药品更多使用在非处方药品上；

--邮政难以提供精确的患者名址数据，以客户自备为最佳；

--选取高发病地区村委会名址数据，或相应年龄段、性别人群；

--利用报刊名址选取中老年和女性名址推荐保健品和美容产品；

--建议医院根据病历资料等建立名址信息库、体检资料库；

--利用医保账单名址信息投送广告；

--在数据库商函中增加医药、美容、化妆品常识与效果等，以吸引消费者；

--突出强调数据库商函是特殊媒介，不要强调商函的广告定位，利用邮政的品牌优势进行药品的推广和促销；遵守行业法律法规，杜绝假冒伪劣药品。

5. 营销实战

妇幼保健院借商函跳出传播同质化僵局

某地区较大型的医疗单位有县医院、中医院、妇幼保健院三家，三者间竞争非常激烈。最初，三家医院都通过电视台投放广告，但是泛滥的医疗广告却引起了公众的反感。

针对这种情况和该行业特点，当地邮政局提出了利用商函实现“妇产院与孕产妇之间一对一”的宣传模式，制定了个性化的营销方案，向该妇幼保健院提供了策划、设计、制作、投送、名址信息更新等一条龙式的服务。妇幼保健院每月的商函量在 2 000 封左右，通过商函宣传，孕产妇对妇幼保健院有了全面的了解，该院咨询电话不断，病房几乎没有空床。

2.3.8 会展行业市场分析

1. 市场特点

--政府十分重视通过会展经济促进本地经贸发展，吸引投资；

--目前，专业展览公司为寻求更多合作伙伴参展、吸引更多人观展，竞争加剧；

--机关行业单位和老百姓热衷从各种会展中有所收获；

--会展开展前十分注重广告宣传，主要是吸引单位和个人参观、参与展览。

2. 市场细分

--会展组委会(政府部门);

--会展公司、会展中心;

--相关参展企业。

3. 行业需求

--会展前期的市场调查;

--招商引资;

--会展公司广告;

--参会单位的邀请;

--会展活动的纪念;

--会展中打折、促销广告。

4. 营销提示

--为拓展会展参展客源,可选用最适合的相关行业企业名址及公司法人名址寄发商函;

--根据会展参观对象、特性,选择组织机构数据库,本地适合的或周边地区的各类精品数据库、基础地址库;

--通过各种媒体了解展会的消息预报。

5. 营销实战

中国义乌国际小商品博览会邀请函国际明信片

邮政局以 2006 中国义乌国际小商品博览会为契机,为组委会收集、提供名址库,重点开发、设计了国际招商邀请函、会展宣传明信片、展后答谢客户暨圣诞国际贺卡。

在 2006 年中国义乌国际小商品博览会即将召开之际,当地邮政局首先选择数据库营销作为突破口,提供给商城展览公司客商部 10 000 多条国际名址库,由其选择 200 多条港澳商会名址信息进行全球优先信函的试寄递。经过监测,该数据十分有效,200 多封信中只有 1 封退信,取得了中国小商品城展览公司的信任。

随后,项目小组进行会展邀请函国际明信片的策划,相关领导审阅后,立即认可了会展邀请函国际明信片的形式。主语言使用中文的方案被否定后,项目小组立即邀请外语专家,用最简短的英文对义博会的特点进行说明,并到相关部门取得义乌国际商贸城的最新图片,重新设计。最终,义乌局与该公司签订协议,一次性制作会展邀请函国际明信片 2 万张,积极促进了国际小商品博览会的成功举办。

2.3.9　文化出版行业市场分析

1. 市场特点

--出版社在发展过程中逐渐积累起来的相对稳定的客户群体是出版社发展的核心因素之一;

--目前大部分期刊特别是专业期刊具有受众窄的特征,也就是说目标读者比较集中或自成组织;

--学术图书目标读者明确,可以建立数据库,绕开经销商直接营销,不完全依赖书店渠道,比一般出版利润高且稳定;

--数据库商函广告效果比较好,数据库商函广告转化成报刊订单的比率较大。

2. 市场细分

--文化出版管理部门；

--图书出版社；

--报纸、杂志发行社；

--音像、视频光盘出版、发行公司；

--书店、音像租赁店。

3. 行业需求

--出版商的报纸和杂志收订、收款、促销、提醒续订、发行推广等工作；

--出版社分类目录和定期出版的新书目录(含电子版)的发送；

--音像、视频光盘征订、销售；

--书店、音像租赁店新品推广、宣传。

4. 营销提示

--利用同类报刊的名址信息为相关报纸、杂志寻找目标读者；

--本市区读者可将数据库商函与分销物流配送业务结合，为读者提供上门服务(根据回函或电话)，外埠采用读者汇款后邮寄方式提供服务；

--区分不同书报刊读者群，利用商函广告媒体向读者邮寄包含推介书籍、报刊的简明目录和内容简介，并提供回复方式，结合网站宣传效果更佳；

--为报刊、图书出版社建立、维护数据库；

--利用学校库、教师库、学生库进行教辅书籍的宣传、销售。

5. 营销实战

利用邮政数据库扩大杂志发行量

邮政商函局通过细致的走访，捕捉到一条信息，该局的老客户某协会每年到10月份都要为自己的杂志邮寄一批征订函，但原来只是在邮局单纯地封装和发寄，名址的筛选、信封的打印都是由该单位自行运作，从没使用过邮政的数据库。经过进一步的了解，该单位每次的退信率都在10%左右，征订反馈率不足40%。

该商函局特别为用户量身制定了一条龙的数据营销策划方案，在选用名址、信封打印、封装、拉运、邮件交寄、退信处理等每个环节上都进行了细致的安排。专门对协会的单位按省份、专业、部门对数据进行了更进一步的编辑。协会发函35.5万件，客户反馈率比以往征订提高约25%，并出现了单笔成功征订最高量——深圳某单位一次性征订110本。

2.3.10 机械化工行业市场分析

1. 市场特点

--由于本类企业的产品使用者多为企业，对产品技术指标、规格参数信息必须清楚，这就要求广告必须能够传递大量的信息；

--产品针对性强；

--销售区域广泛，电视、报纸等公众媒体传播效果不显著；

--大量外派业务员，营销成本较高；

--生产厂家需要及时与客户沟通，并与客户建立长期的合作关系；

--集团采购为主，单笔交易额高。

2. 市场细分

--各类机械企业；

--轻工业、纺织工业和日用品的制造企业；

--石油化工、橡胶、非金属、金属冶炼企业。

3. 行业需求

--新产品推广；

--发展新客户；

--企业建立、维护客户信息数据库；

--对客户信息分析及反馈效果的评估。

4. 营销提示

--对反馈率的期望值一般不会过高；

---一旦有回报，倾向于定期定量发寄，从而形成稳定长期的客户关系；

--对成规模的行业，可为其收集相关特色名址；

--内页设计上除提供回复方式外，要侧重于对产品的选购、维修、保养等知识的介绍。

5. 营销实战

数据库商函服务中小企业成效显著

某地民营经济发展迅速，机械制造是该地区的一个主导产业。这些机械制造企业大多为私有企业，规模小、资金少、人员少，所生产的机械设备技术含量低，销售范围窄，主要针对农村及一些不发达地区，利用公众媒体费用高，效果不明显，产品销路难。当地邮政局针对这种现象，迅速把商函业务融入中小企业发展，结合行业优势，建立了具有本地特色的行业数据库，以服务这些中小企业为主，主推中小企业数据库商函，召开了大型商函推介会，并组织专业专职队伍进行上门服务，方案营销，使商函规模越做越大。截至 2009 年 12 月，使用商函的企业已达 100 多家，连年来，累计为企业发寄商函 610 万枚，为企业累计创造产值 2.25 亿元。商函业务为邮政带来了 480 多万元的函件收入，实现了邮政与地方企业的和谐发展，受到了中小企业和地方政府的高度赞扬。

通过近几年的推介，商函已成为中小企业的主要销售手段。以当地某机械厂为例，该厂主要生产砖厂用配套设备，2004 年建厂，当时 8 名职工，管理人员 2 人(老板主管生产，老板娘管财务和仓库)，没有业务人员，完全依靠商函来推销产品，当年产值是 50 万元。通过近两年使用商函，产品销路越来越广，产品供不应求，企业规模越来越大。目前人员由建厂初期的 8 人增加到 38 人，2006 年产值已达到 350 万元，比 2004 年建厂初期增加了 7 倍，年盈利 100 多万元。该厂通过商函营销，减少了开支，简化了管理环节。同时，业主还可以直接掌控客户资源，为此该厂厂长对使用商函充满了信心。

2.3.11　三农行业市场分析

1. 市场特点

--企业规模较小，宣传费用有限；

--产品针对性强，缺乏有效营销手段；

--信息沟通不畅；

--农副产品难以打开销路；

--农村剩余劳动力难以转移,劳务中介不受信任。

2. 市场细分

--农村的种植和养殖企业;

--乡镇企业;

--农资、农具生产和销售企业。

3. 行业需求

--农村名优土特产、农副产品的推广宣传;

--乡镇企业的宣传;

--农业生产资料的推广宣传;

--农业科技信息的推广宣传;

--农村劳务中介;

--求医问药、特殊商品宣传。

4. 营销提示

--农副产品的推广可选用城市超市、连锁社区等名址;

--粮棉等农产品可选用组织机构库中的农产品加工企业名址;

--农村绿色食品、高附加值的产品可选用组织机构库中效益好的企业工会、后勤部门等名址;

--以政府名义开发《务工指南》手册,手册可联合相关机构刊登劳务信息、企业招工信息、《劳动法》、如何保障农民工权益等内容;

--联合医院、诊所、医疗机构、药品生产企业、药店等,定期发布"求医问药"数据库商函;

--开发特色产品促销商函,如节假日期间蔬菜、水果团购信息;

--将农村生态景区的信息传递给潜在客户;

--可将优质农产品和假冒伪劣农产品的区别及辨别方式注明,这样做易引起收件人好感并便于保存。

5. 营销实战

数据库商函助智能型电动喷雾器服务农民

某市某器械有限公司是一家民营科技企业,专业研制生产农用植保器械。该公司新研制成功了一种模块化智能型电动喷雾器,该机工作效率高且节能节农药。如何将该种专业性较强的新产品推广出去是该公司面临的一大难题,派营销员到农村向农民朋友一一推广也不太现实。

当地邮政局了解此事后,围绕该产品如何能有针对性而又低成本地推广作了分析,向该公司推荐了邮政的数据库营销。考虑到该种产品是专用于农田,而许多农民朋友可能对这种新产品的书面介绍接受性不强,且广大农民朋友居住相对分散,该局建议公司选取接受性较强且有义务向农民推广先进农用器械的单位。于是公司决定选取本省及周边省份的村委会、农科站、镇政府及周边县市的茶场,尝试寄发了几千件商函。商函发出去不久,A省某专业队来电订购近100台,B省某镇的一个村委组织团购60台,带动了周边乡村,已形成了购买热。该公司还为团购的客户提供上门培训、指导等优质服务。

2.4　邮政数据库商函产品

2.4.1　产品的含义

广义的产品是指人们通过购买而获得的能够满足某种需求和欲望的物品的总和，它既包括具有物质形态的产品实体，又包括非物质形态的利益。这就是“产品的整体概念”。

产品整体概念的内容分为以下几类。

1. 核心产品

核心产品也称实质产品，指产品能够提供给购买者的基本效用或益处，是购买者所追求的中心内容。如买自行车是为了代步，买汉堡是为了充饥，买化妆品是希望美丽、体现气质、增加魅力等。因此，企业在开发产品、宣传产品时应明确地确定产品能提供的利益，才能使产品具有吸引力。

2. 有形产品

有形产品是产品在市场上出现时的具体物质外形，它是产品的形体、外壳，核心产品只有通过有形产品才能体现出来。产品的有形特征主要指质量、款式、特色、包装。如电冰箱，有形特征不仅仅指电冰箱的制冷功能，还包括它的质量、造型、颜色、容量等。

3. 附加产品

附加产品指顾客购买产品所得到的各种附加利益的总和。它包括安装、使用指导、质量保证、维修等售前售后服务。由于产品的消费是一个连续的过程，既需要售前宣传产品，又需要售后持久、稳定地发挥效用，因此，服务是不能少的。可以预见，随着市场竞争的激烈展开和用户要求的不断提高，附加产品越来越成为竞争获胜的重要手段。

4. 心理产品

心理产品指产品的品牌和形象提供给顾客心理上的满足。产品的消费往往是生理消费和心理消费相结合的过程，随着人们生活水平的提高，人们对产品的品牌和形象看得越来越重，因而它也是产品整体概念的重要组成部分。

2.4.2　数据库商函产品体系

1. 直邮产品

直邮产品的推出一定要建立在解决客户需求的基础上，而不仅仅只是提供产品或服务，要为客户变化的需求提供变化的产品，目前邮政的直邮产品主要分为三部分。

(1) 定制型，如针对新浪网这样一个商函客户，可以为其进行个性化定制，如命名“新浪客”直邮产品。

(2) 按行业，如财富达、楼讯通、美食家、旅游乐等产品。

(3) 按主题，如大礼包、欢乐购、资讯达还有会员商函、招生商函等产品。

实际上，各种产品分类之间存在交叉，产品分类不同，可融入各个不同的行业，可能实现交叉销售的情况，如下乡工程包括家电下乡、旅游下乡、农机下乡、汽车下乡，就是集合了不同的行业，有可能延展出其他相关行业的客户。

2. 产品的设计及维护

(1) 新产品的创新设计

通常来说,产品的部分创新、改良都属于新产品的范围,包括质量的改良,功能特性的改良或者式样的改良。无论如何设计,都需要经过三个步骤:客户认知、评估及提供售后服务。

目前大多数的直邮产品,只是处于一个开拓市场的阶段,让大家知道直邮产品的内容是什么,可以从结构上、式样上有所创新,帮助客户传达信息。

当直邮产品发展到需要客户评估的阶段,那么就涉及产品管理的环节。产品管理体系应包括产品管理的流程、组织、工具以及考核与激励机制等,要让客户意识到直邮的优势及对他们的价值,从而巩固这个市场。产品管理虽然在一些企业遇到很多挑战,但是其价值却越来越重要,如宝洁、IBM、华为等知名企业每年都会投入大量的精力在产品管理上进行改进。接下来再通过邮政提供的优良服务和产品的改良,来延展直邮产品的生命周期,扩大市场份额,如图 2-11 所示。

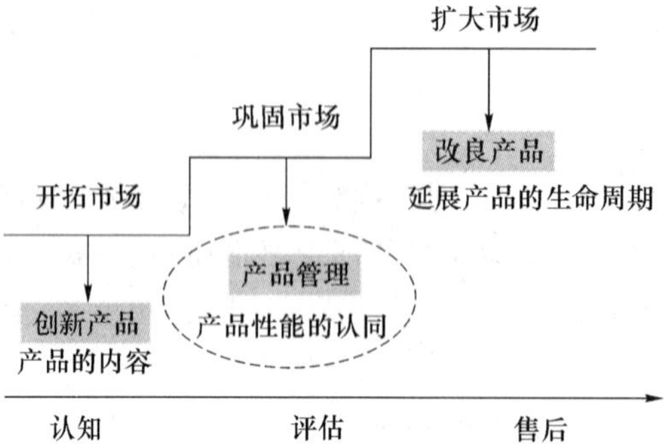

图 2-11 直邮产品发展阶段

注:创新产品即新发明的产品。

1) 质量改良:新的原料代替旧的原料,或利用更好的工程设计和较精密的工艺。

2) 功能特性改良:增加使用者实质上或心理上的利益,包括产品功能及配件的重新设计,使之具有更方便、更安全、更有效率或更多用途的效果。例如,把普通雨伞改为折叠伞;黑白电视机改为彩色电视机,再改为遥控彩电等。

3) 式样的改良:不改变质量,只改变式样,目的在于美化产品的外观,以适应时尚的需要。例如,汽车、冰箱、电视机等,每年均有若干的改变就属于式样改良的竞争。

目前全国各地以客户的需求为中心,结合本地情况,也推出了许多改良产品,如北京的学知苑、政讯通等,福建的博览会、群英荟等,江苏的金榜题名,安徽的情系远乡人。

(2) 产品设计需要的几个元素

产品的设计一般要考虑 7 个要素,即产品的定位、功能、服务、特点、价格、品质承诺和视觉体现。数据库商函的 12 个产品的设计同样是涉及了这些要素,其中的推介手册和方案策划书都清楚地解决了客户的需求,并附有商函的合同、产品设计模板等内容。

(3) 产品的开发维护

产品的开发和维护从根本上来讲是一致的,在产品开发的过程中,要不断了解客户需求,收集反馈信息,从而完善商函产品,这也是一个维护的过程。我们的 12 个商函产品 DM 营销手册的第三部分介绍的就是各个行业的解决方案,即通过分析营销人员在执行营销活动的时候出现的 5 个问题(5W):找谁卖(Who)、卖什么(What)、怎么卖(How)、卖给谁(Where)、何时卖(When)提出一个合理解决方案,帮助营销人员有效地拓展商函市场,并在这一过程中不断发现新的机会和新的思路,进而完善和维护商函产品。

可以看出,针对不同的产品,可以找到不同的客户,同时能很清楚地告诉营销人员这个客户的关键人是哪些,什么时候进行公关最容易成功,要推荐什么样的产品形式,要把商函产品发送给哪些目标群体。有了这样一个解决方案,营销人员可以很方便地利用这个工具开展营销活动。

2.4.3　数据库商函的 12 个产品

1. “楼讯通”直邮产品

(1) 市场概述

在消费者消费心理日趋成熟的今天,消费者大多持币观望,房产家装行业竞争的焦点已经从以往的等客上门、大范围广告、卖场展示等上升为主动出击、精准投放方面的角力,谁能提供更准确更优质的服务,谁就能迅速抓住消费者的心。

“楼讯通”是中国邮政为房产家装产品与服务提供商量身定制的直邮产品。“楼讯通”=“数据服务+直邮产品”。

(2) 产品介绍

1)“楼讯通”

“楼讯通”是邮政以信函为载体,运用数据库资源和邮件投递网络,专为房产建材销售商、开发商、中介机构、装修装饰企业、房产评估机构、空气质量检测机构等设计、开发的个性化直邮产品。

2)“楼讯通”功能

* 展示您的产品和服务:楼盘目录手册、房型异形邮件;
* 协助您开展促销活动:家装优惠券、家具打折卡;
* 实施会员服务:小区俱乐部专刊;
* 收集市场情报:购房调查函;
* 参与您的整合营销:优惠券、打折卡、宣传手册、邀请函、调查函、会刊、楼盘目录册、房型异形邮件等。

3)“楼讯通”形式

“楼讯通”有信函式、邮简式、明信片式、异形、邮资封等多种形式可供选择。

在此,为您推荐异形邮件来宣传您的产品和服务。异形邮件有如下优势。

① 形式新颖,美观大方:异形卡板造型新颖,形象逼真。

② 功能实用,广告时间长:异形卡板可做鼠标垫,广告留存时间长。

(3) 目标受众

有置业、安居、投资、租赁、装修需求的消费人群。这部分人群集中在 30～42 岁;未婚比例大于已婚比例;文化程度主要集中在大专、大学本科。知识化、年轻化越来越成为购房者的趋势,其职业类型以外企、私企、民企的白领为主。

(4) 数据服务

中国邮政现拥有超过 3 亿条各类名址数据,其中全国组织机构信息库 900 多万条,基础地址信息库 1.4 亿条,各类个性化库 20 多种,共计约 2 亿条各类名址信息;和国际商业信息公司协作,可共享1亿条国际名址数据。

"楼讯通"建议使用如下数据。

1) 客户拥有的会员或顾客信息。

2) 邮政推荐的针对性数据:白领女性、各级党政机关干部、企事业单位中高层管理人员、私家车主、中高档小区住户、医务工作者、外企工作人员、外来务工人员。

(5) 产品报价(略)

(6) 案例介绍

某集团主要从事高端房地产开发和销售业务。前期,该公司楼盘尽管通过各种形式开展宣传,但由于其宣传针对性不强,目标客户模糊,效果一直不明显。与当地邮政函件局合作后,利用邮政拥有的国际用邮户和中高收入名址库,设计精美的宣传邮简3万份用于寄递,并建立了专用名址库。通过与邮政的合作,其楼盘销售业绩不断攀升,取得了满意的效果。

2."车讯通"直邮产品

(1) 市场概述

当前,汽车行业竞争激烈,这不仅体现在销售和售后市场上,而且也存在于汽车广告宣传市场上。然而,汽车行业传统广告投入大、受众模糊、效果不明显。

"车讯通"是中国邮政为汽车产品与服务提供商量身定制的直邮产品。"车讯通"="数据服务+直邮产品"。

(2) 产品介绍

1)"车讯通"

"车讯通"是邮政以信函为载体,运用数据库资源和邮件投递网络,专为汽车生产商、经销商、修理店、配件店、装饰美容店、4S店、驾校等设计、开发的个性化直邮产品。

2)"车讯通"功能

* 展示您的产品和服务:新车目录手册、车型异形邮件;
* 协助您开展促销活动:洗车优惠券、车饰打折卡;
* 实施会员服务:车友会刊;
* 参与您的整合营销:优惠券、打折卡、产品目录册、宣传手册、邀请函、调查函、会刊等。

3)"车讯通"形式

"车讯通"有信函式、邮简式、明信片式、异形、邮资封等多种形式可供选择。

在此,为您推荐邮简式,针对本地区私家车主宣传您的产品和服务。您可选择专版或组合邮简,专版为整版宣传;组合邮简即认购个别广告位,与其他非竞争性企业组合成整版,营销效果相得益彰。邮简式有如下优势。

① 方便拆阅,使用便捷:直接打开,内容一目了然。

② 性价比高,节约成本:无须使用信封,最大程度节约经费。

③ 便于保存,广告时间长:方便读者长期阅读,留存时间长。

(3) 目标受众

1) 已有汽车的私家车主和企事业单位,有保养汽车的需求。

2) 潜在汽车消费,在学历、收入和职位都高的所谓"三高"人群中,这部分消费人群收入高,注重生活品质。

(4) 数据服务

中国邮政现拥有超过3亿条各类名址数据,其中全国组织机构信息库900多万条,基础地址信息库 1.4 亿条，各类个性化库 20 多种，共计约 2 亿条各类名址信息；和国际商业信息公司协作，可共享 1 亿条国际名址数据。

“车讯通”建议使用如下数据。

1）客户拥有的会员或顾客信息。

2）邮政推荐的针对性数据。

* 个人——白领女性、企事业单位中高层管理人员、私家车主、中高档小区住户、医务工作者、外企工作人员等；

* 单位——运输、物流、汽车租赁等企业。

(5) 产品报价（略）

(6) 案例介绍

某地福特汽车 4S 店在教师节与当地邮政函件局合作，利用邮政数据库商业信函的优势，开发了可折叠式“打开有礼”邮简。邮简图文并茂，将该公司的新车和优惠措施重点宣传，采用数据库中教师名址和华骏福特自有名址相结合的方式发布，在“教师节”之前投递，取得了很好的市场反应。在邮寄之后，吸引了大量的教师到福特店观摩参观，有的甚至当场就订购了汽车。

3. “财富通”直邮产品

(1) 市场概述

当前，各金融企业产品及服务同质化，竞争激烈，普遍存在找客难的问题。各企业都希望通过营销创新，提高对现有客户业绩捆绑，挖掘潜在客户，寻找业务增长点。

“财富通”是中国邮政为金融产品与服务提供商量身定制的直邮产品。“财富通”＝“数据服务＋直邮产品”。

(2) 产品介绍

1）“财富通”

“财富通”是邮政以信函为载体，运用数据库资源和邮件投递网络，专为商业银行、证券基金公司、投资信托公司等设计、开发的个性化直邮产品。

2）“财富通”功能

* 展示您的产品和服务：理财手册、银行卡型异形邮件；

* 协助您开展促销活动：理财服务优惠券、打折卡；

* 实施会员服务：贵宾专刊；

* 收集市场情报：调查函；

* 公益活动推广：公益宣传邮简；

* 参与您的整合营销：优惠券、打折卡、宣传手册、邀请函、调查函、会刊、理财手册、异形邮件等。

3）“财富通”形式

“财富通”有信函式、邮简式、明信片式、异形、邮资封等多种形式可供选择。

在此，为您推荐邮简式，针对高收入人群宣传您的产品和服务。您可选择专版或组合邮简，专版为整版宣传；组合邮简即认购个别广告位，与其他非竞争性企业组合成整版，营销效果相得益彰。

配合您的业务宣传，以“持邮简到××银行开办业务有礼”的策略，让收信人较长时间保存宣传邮简，印制在上面的广告也会被无意识地反复观看，宣传效果好。

（3）目标受众

1）本地区及周边地市的高收入人群。

2）有投资理财倾向的人群。

（4）数据服务

中国邮政现拥有超过3亿条各类名址数据，其中全国组织机构信息库900多万条，基础地址信息库1.4亿条，各类个性化库20多种，共计约2亿条各类名址信息；和国际商业信息公司协作，可共享1亿条国际名址数据。

"财富通"建议使用如下数据。

1）客户拥有的会员或顾客信息。

2）邮政推荐的针对性数据：白领女性、企事业单位中高层管理人员、私家车主、中高档小区住户、外企工作人员。

（5）产品报价（略）

4."资讯达"直邮产品

（1）市场概述

在资讯十分发达的社会，各类通信、房地产等企业甚至政府部门对信息的有效传达、企业与客户、政府与群众相互沟通的要求越来越高；然而，这些企业、政府部门在传统广告上投入大，但受众模糊、效果不明显。

"资讯达"是中国邮政为政府、通信、房产等商家量身定制的直邮产品。"资讯达"＝"数据服务＋直邮产品"。

（2）产品介绍

1）"资讯达"

"资讯达"是邮政以信函为载体，运用数据库资源和邮件投递网络，专为政府行业、通信行业、房地产行业等设计、开发的个性化直邮产品。

2）"资讯达"功能

* 展示您的产品和服务：邮简式回函、CD（光盘）信函；
* 协助您开展促销活动：卡片式回函、打折卡；
* 实施会员服务：直复回函式调查函、企业会刊；
* 参与您的整合营销：优惠券、打折卡、产品目录册、宣传手册、邀请函、调查函、会刊等。

3）"资讯达"形式

"资讯达"有信函式、邮简式、明信片式、异形、邮资封等多种形式可供选择。

在此，为您推荐调查函式信函和CD信函，针对锁定的目标客户宣传您的产品和服务。您可选择直复回函式调查函或邮简式调查函，整版宣传或者认购个别广告位，与其他非竞争性企业组合成整版，营销效果相得益彰；您还可选择卡片式调查函或CD信函，可在为新产品推广作大规模宣传促销时使用。

调查函式有如下优势。

① 回函功能，增强互动性：受众目标参与到企业活动中，提高忠诚度。

② 方便回寄，使用便捷：一个信封即可实现邮送、回寄两项功能，提高受众目标的参与积极性。

③ 性价比高，节约成本：无须使用信封，最大程度节约经费。

④ 便于保存，广告时间长：方便读者长期阅读，留存时间长。

CD 信函有如下优势。

① 宣传信息容积大：可以全面、完善地介绍产品信息。

② 图文并茂，吸引目光：提升受众目标的好感，增强认可度。

③ 便于保存，广告时间长：方便读者长期阅读，留存时间长。

(3) 目标受众

1) 政府调查函形式：针对调查函所圈定的目标人群（如老年人群、学生人群、教师人群等）。

2) CD 信函：通信行业针对 VIP 客户及潜在客户；房地产行业针对有购房意向的人群。

(4) 数据服务

中国邮政现拥有超过 3 亿条各类名址数据，其中全国组织机构信息库 900 多万条，基础地址信息库 1.4 亿条，各类个性化库 20 多种，共计约 2 亿条各类名址信息；和国际商业信息公司协作，可共享 1 亿条国际名址数据。

“资讯达”建议使用如下数据。

1) 客户拥有的会员或顾客信息。

2) 邮政推荐的针对性数据。

* 个人——白领女性、企事业单位中高层管理人员、私家车主、中高档小区住户、医务工作者、外企工作人员等；

* 单位——各类大、中、小型企业。

(5) 产品报价（略）

(6) 案例介绍

结合 2009 年 4 月中旬市政府召开“打造生活品质之城”全市动员大会，由市消协主办“打造生活品质之城，您最期待改变的生活服务大调查”公益性的社会调查活动正式启动。在全市范围内向 10 万名消费者邮寄了直复回函式调查函，了解他们对如何打造生活品质的看法、如何理解品质生活这个概念以及对日常消费中有哪些意见和建议。市民对政府这一贴近市民生活的调查活动表示认可，参与的积极性很高，市消协取得了大量的真实数据，为下一步开展“打造生活品质之城”工作打下了坚实的基础。

5. “旅游乐”直邮产品

(1) 市场概述

自 2008 年 1 月新出台的法定假期政策执行以来，原来的密集型黄金周转变为传统节日穿插的节假日休息方式，使得旅游热点全年持续升温。近年，随着中国经济快速发展，个人生活消费水平逐步提高，旅游市场逐渐增大。地大物博，丰厚的旅游历史文化资源，促进旅行社、旅游景点等旅游业的发展。

“旅游乐”是中国邮政为旅游产品与服务提供商量身定制的直邮产品。“旅游乐”=“数据服务+直邮产品”。

(2) 产品介绍

1) “旅游乐”

“旅游乐”是邮政以信函为载体，运用数据库资源和邮件投递网络，专为旅行社、旅游活动组织单位、旅游部门等设计、开发的个性化直邮产品。

2) “旅游乐”功能

* 展示您的产品和服务：旅游手册、地图式异形邮件；

* 协助您开展促销活动：旅游服务优惠券、打折卡；

* 实施会员服务：贵宾专刊；

* 收集市场情报：调查函；

* 公益活动推广：公益宣传邮简；

* 参与您的整合营销：优惠券、打折卡、宣传手册、邀请函、调查函、会刊、旅游手册、异形邮件等。

3）“旅游乐”形式

“旅游乐”有信函式、邮简式、明信片式、异形、邮资封等多种形式可供选择。

在此，为您推荐旅游计划、地图式邮件、旅游手册。

“旅游计划”是内件信封合二为一的邮件表现形式，内外封都带有旅游景点介绍、景点地址联系方式、景点特色、旅游活动主题口号等内容，集回执调查；景点导航、优惠抵价等功能于一身。“地图式邮件”信封＋多折页内件的产品组合形式，内件主要是带有景点地点及周边道路交通导引与停车就餐、银行等便民状况的详细标注的地图，穿插有宾馆餐饮等赞助企业广告的多折页内件；其特点是广告信息量大、保存时间长。“旅游手册”作为一个手册邮件，为旅游者出游带去详尽的介绍，了解并帮助解决一些旅游时遇到的问题。作为一种信息传播的载体，多数受众会把有使用价值的信息和内容，作为资源加以保存，以备所需，而不像街头传单广告与己无关就随手弃之。手册形式携带方便，保存期长。

（3）目标受众

1）本地区及周边地市的高收入人群。

2）有提高生活品质、热爱旅游倾向的人群。

（4）数据服务

中国邮政现拥有超过3亿条各类名址数据，其中全国组织机构信息库900多万条，基础地址信息库1.4亿条，各类个性化库20多种，共计约2亿条各类名址信息；和国际商业信息公司协作，可共享1亿条国际名址数据。

“旅游乐”建议使用如下数据。

1）客户拥有的会员或顾客信息。

2）邮政推荐的针对性数据：教师学生、老年人、新婚家庭、企事业单位中高层管理人员、私家车主、中高档小区住户、外企工作人员、旅游活动组织者及单位。

（5）产品报价（略）

（6）案例介绍

某地旅游管理部门与中国邮政合作，利用邮政拥有的沪杭两地的私家车主人群数据库，运用“旅游乐”直邮产品对目标受众跨地区发布旅游广告信息，有效传递产品信息。结合国家旅游局提出的“中国和谐城乡游”口号，将旅游产业更加精细化。广告发布完后，效果明显，受众回复热情高，积极组织成形多次自驾旅游线路。该旅游局对此次宣传尝试非常满意，在其年度总结和城乡导报上都发文对“旅游乐”予以高度评价。

6. “农惠通”直邮产品

（1）市场概述

三农类相关企业规模小，宣传费用有限，限制了产品的拓展。由于与三农相关的产品缺乏有效营销手段，导致相关市场发展缓慢。外部传播媒介有限，信息传递无法到达三农市场，也是三农相关产品难以打开销路的原因之一。同时农村劳务市场，农村通信、保险等生活辅助类市场也需要发展，这是建设社会主义新农村的必备条件。

"农惠通"是中国邮政为三农产品与服务提供商量身定制的直邮产品。"农惠通"＝"数据服务＋直邮产品"。

（2）产品介绍

1）"农惠通"

以信函为广告媒体、以中国邮政百年品牌为依托、以特定名址数据库资源为基础、以邮政投递网为支撑，服务三农经济，搭建三农产品的信息沟通平台，为建设社会主义新农村服务。

2）"农惠通"功能

* 提高农资产品知名度，更好地拓展农村市场；
* 向农村推介保证质量的日常生活消费产品；
* 向外推介农村特色旅游及三农产品。

3）"农惠通"形式

① 企业"农惠通"

* 推介信＋单张＋回函＋优惠卡(异形)；
* 以政府、行业协会的名义，寄发的推介信具有权威性；订购回函，方便受众进行信息反馈；优惠卡，刺激消费者马上采取行动。

② 农民"农惠通"

* 信函＋单张或邮简；
* 面向超市、便利店、行政部、旅行社邮寄宣传资料，促进三农产品向城市的销售。

③ 展会"农惠通"

* 异形卡＋信封＋回函；
* 以农产品博览会的形式开展，寄发农产品推介信息；设置回函，方便采购商参加。

（3）目标受众

1）针对农资产品企业

* 村干部——农村最小群体单位的负责人，具有统一调配，统一传达的号召力，农资产品信息传递到村干部就能迅速扩散到全村村民；
* 种养殖大户——长期对特定农资产品有需求；
* 乡镇企业等——乡镇企业也是一个长期需要农资产品的单位。

2）针对三农产品生产者

* 超市——三农产品的主要零售渠道；
* 连锁店——三农产品的另一个零售渠道；
* 农产品加工企业——对三农产品进行收购加工，长期需要供应三农产品原料等；
* 行业协会——针对农业类或相关行业的协会，协调并且开展行业产品的推介与展会，促进三农产品的销售；
* 旅行社——能有效促进农家特色旅游的发展规模的扩大。

（4）数据服务

中国邮政现拥有超过 3 亿条各类名址数据，其中全国组织机构信息库 900 多万条，基础地址信息库 1.4 亿条，各类个性化库 20 多种，共计约 2 亿条各类名址信息；和国际商业信息公司合作，可共享 1 亿条国际名址数据。

（5）产品报价（略）

（6）案例介绍

某县有位姓张的业户1997年从事小尾寒羊调拨业务，前几年没少走弯路，山西、内蒙古、新疆、东北各地都跑过，但收效甚微，用他的话说是多花钱、找罪受；后来招了不少业务员出去跑，效果也不好。当地邮政局营销人员了解到这个情况，重点分析外地小尾寒羊养殖户多在农村且目标分散，不适合传统媒体宣传，费用较高；介绍商函业务针对性强、铺盖面广、省钱、省力、省时的特点，向其推介使用商函。客户试寄了1 000封商函，半个月后，内蒙古一位用羊户带着商函上门联系业务，这笔业务为他带来近20万元的收益。现在该客户每年寄发量均在10万件以上，他的企业规模也越做越大，年收益近百万元，同时带动了附近10多家小尾寒羊调拨户的发展、壮大。目前，全县小尾寒羊客户多达40余户，其中年发函量超过5万件的有13户。

7．“健康福”直邮产品

（1）市场概述

当前，许多医疗保健机构把市场竞争转向品牌、服务竞争。而通过“健康福”商函产品，医疗保健相关企业能圈定有效人群进行精准投递，将广告信息有效传达。

“健康福”是中国邮政为医院及保健品行业提供商量身定制的直邮产品。“健康福”＝“数据服务＋直邮产品”。

（2）产品介绍

1）“健康福”

“健康福”是以信函为载体，以中国邮政百年品牌为依托，以特定名址数据库资源为基础，以邮政投递网络为支撑，中国邮政为医疗保健行业量身定制的向目标受众有效传达广告讯息的直邮产品。

2）“健康福”功能

* 维护与客户、病人之间的关系；
* 传达企业的优惠活动、促销信息；
* 达到口碑相传的效果，树立企业形象；
* 收集客户信息。

3）“健康福”形式

“健康福”有普通式、扇子式、卡片式、异形、邮资封等多种形式可供选择。

在此，为您推荐普通式，针对高收入人群宣传您的产品和服务。普通式的特点是信封上设计有公司形象logo，创意标语，形象突出；内页可给公司作广告宣传，并有促销活动等信息，图文并茂。

配合您的业务宣传，以“持信函购买××保健品有礼”的策略，让收信人较长时间保存宣传信函，印制在上面的广告也会被无意识地反复观看，宣传效果好。

（3）目标受众

1）老年人人群。

2）婴幼儿人群。

3）都市白领人群。

（4）数据服务

中国邮政现拥有超过3亿条各类名址数据，其中全国组织机构信息库900多万条，基础地址信息库 1.4 亿条，各类个性化库 20 多种，共计约 2 亿条各类名址信息；和国际商业信息公司协作，可共享 1 亿条国际名址数据。

“健康福”建议使用如下数据。

1）客户拥有的会员或顾客信息。

2）邮政推荐的针对性数据：都市白领、公务员、私家车主、老年人、婴幼儿人群。

（5）产品报价（略）

（6）案例介绍

某医院是一家综合性大型医院，前期媒体选择主要以电视、报纸、户外广告等媒体形式。电视、报纸上的广告虽然对塑造企业品牌形象非常有用，但由于针对性不强，在维护客户关系，深度挖掘目标顾客需求等方面作用不明显。“三八妇女节”来临，医院想针对女性朋友作一次特别的活动推广，因此选择有效精准的推广渠道是他们所需要的。

与中国邮政合作，利用邮政拥有的女性白领数据库，“三八妇女节”前，运用“健康福”直邮产品对目标受众有效传递活动促销信息，邮寄“健康福”直邮 10 万份。

活动效果比较明显，“健康福”直邮产品成为该医院节假日主题活动媒体推广的有效渠道。

8. “美食家”直邮产品

（1）市场概述

民以食为天，餐饮市场竞争日益激烈，消费者不仅讲究吃得健康，吃出个性，对餐饮的需求也更加多样化，因此，餐饮企业不仅要立足于本身的餐饮特色开展宣传，更需要针对不同的消费者深入推广，实行个性化的宣传，通过有效的促销措施、服务手段吸引回头客，抓住团体消费者，为其提供个性、尊贵、贴心的服务，赢得良好的口碑。

“美食家”是中国邮政为餐饮业量身定制的直邮产品。“美食家”=“数据服务+直邮产品”。

（2）产品介绍

1）“美食家”

以信函为广告媒体、以中国邮政百年品牌为依托、以特定名址数据库资源为基础、以邮政投递网为支撑，有效锁定美食行家，为餐饮类企业提供服务介绍、优惠资讯发布的有效渠道。

2）“美食家”功能

* 提升餐饮企业的知名度和美誉度，建立良好的口碑；
* 拓展企业、会员等团体类消费市场，通过互动宣传树立品牌服务；
* 新店开张以及节庆类餐饮的促销活动推广；
* 推介新品菜肴，抓住节日庆典等时机重点宣传；
* 维系老客户，提供特别优惠措施，稳固客户群。

3）“美食家”形式

① 美食酒家专刊——“特色信封”+“小本册专刊”

针对团体客户，综合性地介绍餐饮企业的细节服务，如酒店的车位、房间、招牌菜式等，让收信人在第一时间了解到本区域的招牌餐饮名店，并作为会晤交流、接待的首要选择。

② 美食特色贺卡——“特色贺卡”或“打开有礼”+“优惠券”

针对个人消费者以“特色贺卡”为特色餐饮店推广；或在邮件内夹寄或印制优惠折扣券，以“打开有礼”的形式吸引精明的消费者光顾；也可作为礼券，由收信人赠送他人使用。

③ 美食游乐地图——“邮简地图”

以“邮简地图”的形式标注美食餐饮店，介绍本区域或区域旅游沿线的美食，并对餐饮企业、酒店作详细介绍，美食地图收藏性强、宣传信息丰富，可引导自助游、私家车主等目标人群前来消费。

(3) 目标受众

1) 针对接待、聚餐等团体类市场

* 企业办公室负责人——经常负责公司活动聚餐、客户接待等工作；

* 政府机关对外接待负责人——负责会晤、机关团体活动等酒店餐饮安排；

* 民营企业主——经常借助商务会餐的形式接待大客户，与合作伙伴洽谈生意；

* 婚寿宴主办者——专门经营婚寿宴等系列服务，需要拥有更多详尽的餐饮、酒店类资讯。

2) 针对美食行家、个人市场

* 企业家——消费能力强，经常出入高级酒店、餐厅等，对餐饮、酒店的系列服务要求较高；

* 高级管理人员——商务关系较多，经常应酬，需更多实惠、高档的餐饮资讯；

* 俱乐部会员——乐于参与团体性活动，有固定的朋友圈或会员圈，定期组织聚餐活动；

* 年轻白领——经常与朋友聚餐、聚会，在进餐的同时增进感情；

* 时尚一族——追捧流行、个性的特色餐饮，重视情调。

(4) 数据服务

中国邮政现拥有超过3亿条各类名址数据，其中全国组织机构信息库900多万条，基础地址信息库1.4亿条，各类个性化库20多种，共计约2亿条各类名址信息；和国际商业信息公司合作，可共享1亿条国际名址数据。

(5) 产品报价(略)

(6) 案例介绍

某牛排店是一家新开业、价位中等偏高的西餐厅，位于某市中心繁华地段，前期通过电视、报纸宣传，在街头、住宅小区派发优惠券等方式增加客源，由于该区域餐饮企业多如牛毛，效果并不明显。

我们对该餐厅的经营范围、地理位置和餐饮定位进行了分析，将目标受众锁定于20～40岁好奇心强的青年人、白领和高消费人群，并利用邮政丰富的数据名址精心挑选出市区内私家车主、时尚报纸杂志订户、大学生、大学教师、商务办公白领等目标群体。首期针对目标人群印制30 000封商函寄递，寄出不久后，持就餐优惠券前来消费的顾客便络绎不绝，宣传效果非常好，远远超出了预期，该餐厅还将着手开展第二期的合作宣传。

9. "靓佳人"直邮产品

(1) 市场概述

女性群体是现今社会消费的主力军，是家庭消费的绝对力量。针对女性群体提供的产品与服务呈多元化、细分化、品牌化的趋势，竞争激烈。建立会员数据库、运用会员营销，是众多女性产品与服务提供商选择的有效营销模式。

"靓佳人"是中国邮政为女性产品与服务提供商量身定制的直邮产品。"靓佳人"＝"数据服务＋直邮产品"。

(2) 产品介绍

1) "靓佳人"

"靓佳人"是以信函为载体、以中国邮政百年品牌为依托、以特定名址数据库资源为基础、以全程全网的投递网络为支撑，为女性产品与服务提供商量身定制的向女性目标受众有效传达广告讯息的直邮产品。

2）“靓佳人”功能

* 收集女性客户资料；
* 维护忠实女性顾客，达到产品与服务的二次或多次销售；
* 个性化试用品营销；
* 促进销售。

3）“靓佳人”形式

“靓佳人”有信函式、邮简式、明信片式、异形、邮资封等多种形式可供选择。

在此，为您推荐体验/优惠券函式，邮寄对象为美容及保健机构的目标顾客，特点为体验券、优惠券，除了具备常规的体验功能、广告宣传功能外，还可以增设二次邮寄功能，让客户将体验券寄给她的朋友，实现口碑营销。适合美容、健身等客户大范围宣传的需求。

（3）目标受众

1）本地区及周边地市的高收入人群。

2）18～50 周岁的女性群体。

（4）数据服务

中国邮政现拥有超过 3 亿条各类名址数据，其中全国组织机构信息库 900 多万条，基础地址信息库 1.4 亿条，各类个性化库 20 多种，共计约 2 亿条各类名址信息；和国际商业信息公司协作，可共享 1 亿条国际名址数据。

“靓佳人”建议使用如下数据。

1）客户拥有的会员或顾客信息。

2）邮政推荐的针对性数据：白领女性、企事业单位中高层管理人员、私家车主、中高档小区住户、外企工作人员。

（5）产品报价（略）

（6）案例介绍

某“女人空间”在女性节日期间与中国邮政合作，利用邮政拥有的白领女性数据、有车一族女性数据、白衣天使数据、金讲台数据、邮购一族数据，运用“靓佳人”直邮产品对目标受众有效传递产品信息。后期整合自身客户资源，建立“女人空间”新老客户会员俱乐部，定期邮寄优惠券、体验券。深度维护了客户关系，建立并完善会员数据库，吸引了更多的受众目光，增加了企业的营业额。

10.“欢乐购”直邮产品

（1）市场概述

随着消费市场的日益细分化、个性化，人们的消费能力增强，更加需要多渠道、丰富可信的商品资讯，并追求专享、尊贵的服务体验。目前，许多企业商家都采用会员制管理客户，收集客户信息，分析客户价值，针对不同类型的客户采用不同的宣传策略，为其提供不同的服务。与此同时，网购逐渐受到年轻群体的追捧，为消费者提供更具针对性的购物选择，让其更加省时、省力、省心地进行购物，将成为商家提升服务竞争力，快速促进销售的有力手段。

“欢乐购”是中国邮政为零售批发业量身定制的直邮产品。“欢乐购”＝“数据服务＋直邮产品”。

(2) 产品介绍

1) "欢乐购"

以信函为广告媒体、以中国邮政百年品牌为依托、以特定名址数据资源为基础、以邮政投递网为支撑,为零售批发类企业开展节日庆典和定期宣传,提供集中发布优惠、促销、赠送、抽奖等商家信息的系列服务。

2) "欢乐购"功能

* 新商品及促销信息的介绍和宣传,如发布新上市商品目录、商品打折信息、新业务套餐优惠、打包促销优惠等;
* 以节假日、纪念日为契机进行主题酬宾宣传及推广;
* 客户关系维护及增值服务。建立良好的客户维系,有效区分顾客层次,提升广告有效性和针对性。

3) "欢乐购"形式

① 百货欢乐购——"信函"+宣传单张+优惠卡(券)

信封设计喜庆、突显尊贵,吸引收信人拆阅;同时在信封内夹寄企业宣传单张及优惠卡(券),促使收信人产生购买行为,定期为会员提供相关产品资讯,建立良好的客户关系,提升百货公司的品牌形象。

② 超市欢乐购——"打开有礼"邮筒

以"打开,就有礼"为宣传亮点,以邮筒为载体,分区域筛选目标受众的数据名址,定期寄递超市、连锁店的相关产品资讯,并依托中国邮政的百年品牌信誉,让收信人倍感亲切,增强影响力,拓展区域内的品牌份额。

③ 专卖欢乐购——小本册+异形邮件+优惠卡

以视觉冲击力强的邮件吸引客户阅览,邮件内含有专卖店的小型纪念品以及图文并茂小本册,可详尽地推广专卖店的特色产品,分节日、季节定期为目标受众或会员寄送"专卖欢乐购",并夹寄优惠卡激励目标受众采取购买行动。

(3) 目标受众

1) 针对高端消费类市场

* 中高端消费人群——经济能力强,对中高档商品需求较强;
* 中高档楼盘住户——多为小康之家,日常消费水平较高;
* 私家车主——行动方便,经常自驾车出门购物、游玩,对商家货品的丰富性、多样性要求较高;
* 公务精英——重视家庭生活质量,追求高品质的生活方式;
* VIP 会员——追求尊贵的客户体验,希望购物的同时,能享受商家的特色服务;
* 时尚购物族——经常购物,乐于接受潮流资讯,冲动性消费较多。

2) 针对日用生活类消费市场

* 家庭用户——以家庭为主,关注商场、超市等优惠活动;
* 白领女性——购物感性,容易被精美的视觉图像吸引,喜欢尝试购物所附加的礼品、服务等超值体验;
* 一般楼盘住户——对生活日用品的消费较多,经常在楼盘周边的购物场所消费,忠诚度较高;
* 邮购(网购)一族——喜欢快捷、高效的购物方式,购物倾向于商家的信誉、价格和

服务；

＊ 离退休人员——时间充裕，可在细心阅览商品资讯和折扣信息后，再进行购物挑选。

(4) 数据服务

中国邮政现拥有超过 3 亿条各类名址数据，其中全国组织机构信息库 900 多万条，基础地址信息库 1.4 亿条，各类个性化库 20 多种，共计约 2 亿条各类名址信息；和国际商业信息公司合作，可共享 1 亿条国际名址数据。

(5) 产品报价(略)

(6) 案例介绍

某地的商家都将“三八妇女节”作为销售的重要时机，如何有效地针对女性宣传，拓展女性消费市场，成为节日宣传的重点。

利用邮政丰富的数据名址，精心挑选出消费力较强的目标人群，选择在“三八妇女节”前夕，针对该区重点中小学学生的母亲、部分女性小车主等寄递“三八有礼大礼包”。“三八有礼大礼包”内含信封、小本册和优惠券，利用“打开，就有礼”的概念吸引收件人拆阅，信封内放有集合百货、商家促销信息和优惠体验的小本册，图文并茂、可读性高，小本册的副券还可剪下后用于享有购物优惠，有效地激励了目标人群产生购买行动，增强了商家在“三八妇女节”期间的促销宣传，从而进一步提升了销售业绩。

11. “宝贝亲”直邮产品

(1) 市场概述

当前，新生儿数量逐年增加，“4-2-1”抚养模式决定购买者群体的庞大。婴幼儿用品的市场规模不断扩大化，专店专卖，“口碑效应”对产品的宣传效果较高，消费者认同商家产品品牌的权威性，因此对所使用产品的忠诚度很高。

(2) 产品介绍

1) “宝贝亲”

“宝贝亲”是邮政以信函为载体，运用数据库资源和邮件投递网络，专为婴幼儿产品企业，针对婴幼儿的课程教育机构等设计、开发的个性化直邮产品。

2) “宝贝亲”功能

＊ 展示您的产品和服务：产品目录手册、婴幼儿智力互动异形邮件；

＊ 协助您开展促销活动：产品及服务优惠券、打折卡；

＊ 实施会员服务：会员专刊；

＊ 收集市场情报：调查函；

＊ 公益活动推广：公益宣传邮简；

＊ 参与您的整合营销：优惠券、打折卡、宣传手册、邀请函、调查函、特刊、异形邮件等。

3) “宝贝亲”形式

“宝贝亲”有信函式、邮简式、明信片式、异形、邮资封等多种形式可供选择。

在此，为您推荐产品目录册、智力互动式、活动促销＋回函式。“产品目录册”为“册子＋信封”的形式，邮寄对象为婴幼儿市场目标顾客，特点为产品目录册，信息量大、图文并茂、可看性强、档次较高，适合品牌婴幼儿产品企业对忠实客户(如会员)的维护与推广；单价成本相对较高。“智力互动式”为“信封＋内页”的形式，特点是内页突出创意性，内页一面为智力互动拼图游戏，另一面为企业的形象广告或优惠活动信息等；通过内页的个性设计，提高广告的可看性与保存性。“活动促销＋回函式”为 8 开邮简，企业广告及相关活动促销优惠信息可以在里面体现，同时设计一个收件人总付邮资，提高了直邮的回函率；信封与内页合二为一，相对成本较低。

(3) 目标受众

1) 准爸爸妈妈、婴幼儿家庭等。

2) 20～40岁之间，极具消费能力，对婴幼儿产品及广告讯息关注度极高的人群。

(4) 数据服务

中国邮政现拥有超过3亿条各类名址数据，其中全国组织机构信息库900多万条，基础地址信息库1.4亿条，各类个性化库20多种，共计约2亿条各类名址信息；和国际商业信息公司协作，可共享1亿条国际名址数据。

“宝贝亲”建议使用如下数据。

1) 客户拥有的会员或顾客信息。

2) 邮政推荐的针对性数据：漂亮妈妈、白领女性、私家车主、中高档小区住户、外企工作人员、教师。

(5) 产品报价(略)

(6) 案例介绍

某公司是一家婴幼儿产品生产及销售的大型企业，前期媒体选择主要为电视、报纸等大众媒体。电视、报纸广告虽然对塑造企业品牌形象非常有用，但由于针对性不强，在维护客户关系，建立会员数据库等方面作用不明显。与中国邮政合作后，利用邮政拥有的婴幼儿家长数据库，运用“宝贝亲”直邮产品对目标受众有效传递产品信息，后期整合自身客户资源，建立公司会员俱乐部，每月一期邮寄会员刊物。如此深度地维护客户关系，建立并完善会员数据库，产品销量自然大幅上升。

12. “大礼包”直邮产品

(1) 市场概述

节日期间各类型企业与产品促销活动较多，信息交织刺激市场，是市场销售的一个黄金时间，但由于节日期间促销信息增多，导致消费者在选择过程中相对耗时耗力；同时企业团购、单位福利、私人团购这种团体性礼品消费形式在节日期间占较大的份额，那么定点定位有针对性地促销，就能节省促销费而获得最大反馈，阅读率和覆盖率都大幅提高。

“大礼包”是中国邮政为节日期间商家促销提供商量身定制的直邮产品。“大礼包”=“数据服务+直邮产品”。

(2) 产品介绍

1) “大礼包”

以信函为广告媒体、以中国邮政百年品牌为依托、以特定名址数据库资源为基础、以邮政投递网为支撑，为消费者与商家构建直接沟通渠道，让商家发布促销、优惠等广告信息，迅速拓展节日消费市场。

2) “大礼包”功能

* 帮助商家快速打通团体采购信息渠道；

* 为零售企业全方位辐射节日消费市场。

3) “大礼包”形式

① 信函式

以设计精美、具有号召力的“大礼包信封”为载体，内置各种促销信息、优惠礼券等，充分展示企业品牌形象与节日特色产品内容。

② 邮简式

设计零售邮简，设定优惠产品信息、特色产品信息、优惠票券、购物须知（购物车与路线）等。

③ 手挽袋式

以设计精美、具有号召力的“大礼包信封”为载体，内置各种促销信息、优惠礼券等，充分展示企业品牌形象与节日特色产品内容。

（3）目标受众

1）针对团体采购市场

* 办公室负责人——负责为企业进行福利采购；
* 项目负责人——针对项目内合作伙伴问候礼品团体采购；
* 工会领导——负责全体员工福利采购；
* 财务人员——企业采购的重要参与者；
* 客户经理——针对客户进行节日问候礼品团体采购；
* 后勤部门领导等——各种福利与问候团体采购的决定者。

2）针对个人消费市场

* 白领女性——消费能力强、消费周期短、节日消费意识高；
* 公务精英——节日消费的主要对象；
* 中高收入库人群——各种产品的长期针对人群；
* 商家会员——消费能力强，消费特征明显。

（4）数据服务

中国邮政现拥有超过 3 亿条各类名址数据，其中全国组织机构信息库 900 多万条，基础地址信息库 1.4 亿条，各类个性化库 20 多种，共计约 2 亿条各类名址信息；和国际商业信息公司合作，可共享 1 亿条国际名址数据。

（5）产品报价（略）

（6）案例介绍

项目组成员对某超市的消费者、与邮政的合作方式、寄发商函的价格以及合作的要求等作了详尽的了解，根据当地的实际情况在最短的时间内制定了实施方案，并主动向天润发有关人员介绍商函产品及特点，取得了客户的认可。当地邮政共邮寄会员卡 107 779 张、商品信息快报 1 650 370 份。超市当年累计实现销售额数亿元，已成为该地区人气最旺、单点销售额最高的超市，据称也是其集团总部旗下效益最好的一个连锁网点。

思考题

1. 数据库商函的含义。
2. 数据库商函的分类。
3. 数据库商函的产品是如何定义的？
4. 数据库商函的市场开发流程如何？
5. 与电话、短信等相比较，数据库商函有哪些优劣势？

第3章　邮政账单业务市场开发与策划

随着人们“明明白白消费”的维权意识不断增强，商函账单业务在我国悄然兴起。目前，中国邮政已经开发了一部分账单类函件，覆盖到银行、通信、社保、交警、医保、证券、地税、国税等行业，但对各行业的账单开发还不够充分，中国邮政账单业务的发展远未成熟，还不足以成为商函的支柱，其潜力有待进一步发掘。

3.1　邮政账单业务

3.1.1　邮政账单业务概念

近年来，因糊涂消费引发的投诉正呈上升趋势，消费者在不知情的情况下被停水、停电、停机，在不知情的情况下因断保、透支被处罚滞纳金的事件屡有发生，越来越多的消费者希望服务商提供消费账单。

同时，行业竞争导致的产品同质化迫使企业不得不寻求品牌差异，而巨额的大众媒介广告费用投入仍然很难换得消费者的同比关注。受全球金融危机影响，各单位广告费用普遍降低，而账单、数据库商函等信函类产品作为费用较低而效果显著的传媒方式和稳固客户的有效沟通手段，得到越来越深入而广泛的应用。

传统意义上的账单仅指与消费者发生对账行为的部门或单位向消费者提供的账目发生详情单，主要功能是让消费者了解自己消费情况或接受服务的真实情况。

邮政账单业务，将传统账单与数据库营销相结合，充分挖掘账单除传递消费信息之外的附加价值，将账单建设成为企业独有的宣传媒介平台。邮政账单业务，作为企事业单位整体产品营销和服务体系中重要的一环，深植于客户的价值创造体系中，成为企业实施差异化竞争策略、非企业单位提升公众形象的切实选择。

3.1.2　邮政账单业务的特点

随着市场经济体制改革的深入及群众维权意识和服务期望值的提高，倡导“明明白白消费”不仅是消费者的心声，也成为各类媒体等社会舆论监督的内容，也成为越来越多的政府单位、金融、通信及公用事业等单位提升服务形象和品牌效益的主动行为。提供账单已经成为市场经济文明、诚信经营和社会和谐的重要体现。

1. 邮政账单的特点

邮政账单，以纸质账单的形式寄送，具有以下特点。

(1) 权威性高

纸质账单是具有法律效力的实物凭证，由邮政投递员直接送到消费者手中，比电子账单明显具有权威性；同时受干扰小，能充分引起消费者的关注和重视，阅读率很高。

(2) 保密性好

由于通信自由和通信秘密受法律的保护，而账单属信函简封，由邮政投递员将密封的账单信函一对一投递到消费者，有时辅以密码函，能避免消费者信息泄露，可以有效保护消费者的隐私；同时与电子账单相比，避免了电子对账引发的账户安全问题。

(3) 保存期长

账单不单单是消费者消费的清单，还是一种合法有效的消费凭证；同时纸质形式有助于消费者长期保存以备查询，宣传效果也更持久。

(4) 信息量大

纸质形式所能承载的信息量大，效果直观、清晰，还可采用文字、图形、表格等多种表现形式。

(5) 个性化强

纸质账单是直接面对消费者的一对一的个性化沟通方式。另外，结合数据库还可以实现对不同类别用户的个性化展现，如不同的内容、图表分析、彩色印制、不同的广告宣传内容等。个性化服务更贴近不同消费者的真实需求，得到消费者的响应度更高。

(6) 感情味浓

作为纸质信函的账单包含了丰富的人文意蕴，自古"家书抵万金"，信函的形式本身就蕴含了企事业单位向消费者传递的深情和祝福，展现了企事业单位的人文理念、企业文化和品牌形象。

2. 邮政账单的功能

邮政账单作为一种新型媒体，是一种集多种功能于一身的邮政信函业务。

(1) 账单是一种合法的消费凭证

纸质账单是消费过程中费用发生的明细记录，使广大居民无须走出家门就能对自己的消费情况了如指掌；它不仅满足了消费者的知情权，还有助于其家庭理财。

同时，纸质账单又是一种付费凭证，具有法律效应，在产生消费纠纷时，可作为消费者维权的有效法律依据，能够保障消费者的合法权益，也充分体现了企业的诚信经营与服务水平。

虽然提供账单对于企业来说并不是必定义务，但是随着自我保护意识的提高，将有越来越多的消费者主动索要和保管账单。而账单的主动提供者则满足了《消费者权益保护法》规定的消费者享有的知情权，是积极引导社会需求，提升自身形象的需要。从社会角度上说，则是顺应个性化服务，营造和谐社会的需要。

(2) 账单是一种有效的沟通渠道

客户是企业的上帝。在市场经济不断发展的条件下，企业加强与客户的沟通十分必要。通过与客户的沟通，企业可以让客户了解企业的发展和为此所做出的努力，取得客户的认可和支持；可以了解客户的需求及变化，及时调整企业的生产和营销；可以及时听取客户意见和建议，有助于更好地推动企业的发展，解决存在的问题。

账单可实现一对一的信息交互传递，企业在账单上附加各类产品和服务信息，顾客通过企业提供的反馈渠道提出自己的需求信息，增强企业与顾客之间的相互了解。企业可以更准确把握消费者的信息和消费需要，而消费者可以提高对企业的信任度和忠诚度，双方变利益关系为互助关系。

(3) 账单是一种独特的营销手段

现在各种营销手段让人眼花缭乱，而账单作为独特营销平台在各种营销渠道中脱颖而出。据美国权威市场调查公司出版的一份名为《浪费的广告机会》的报告表明，对消费者来说，账单和财务报表比其他类型的宣传信息更有吸引力，调查显示消费者会花 42.5 秒的时间来核查账单，34 秒来阅读商函，而花在电视广告上的时间却只有 19 秒。

由此可见，账单正在成为一种有效的营销工具。如果账单打印时采用全新数码打印技术，并搭配时尚元素，外观感觉得以提升，那么企业充满活力、值得信赖的形象就可以在账单上准确地体现出来；而且彩色账单可提高 55%的阅读率，提高 80%购买的可能性，客户回应率也可以提高近 3 倍。

(4) 账单是一种完善的售后服务形式

在激烈竞争的市场条件下，售后服务作为销售的一部分已经成为众多厂家和商家争夺消费者的重要领地，售后服务是买方市场条件下企业参与市场竞争的利器。优质的售后服务可以带来良好的口碑，带来更多的消费者。

一项调查表明，如果消费者的投诉没有得到企业的重视，2/3 的消费者会转向该企业的竞争对手处去发生购买行为；如果投诉最终得到解决，大约 70%的消费者会继续光顾该企业；如果投诉得到了妥善、及时的解决，继续光顾的消费者比例会上升到 95%。

账单寄递企业可以借助账单回函收集消费者投诉、意见或建议，及时消除消费者怨气、掌握消费者需求，改进产品或服务品质，以此提升顾客满意度，赢得顾客的忠诚度，并通过口碑营销带来更多的顾客。

(5) 账单是一种互助的数据库营销平台

企业的数据管理是从确定现有客户、产品、性能和执行的数据，以及决定数据的可达性开始的。谁拥有这些数据和是否要采用这些数据，对于企业来说至关重要。企业提取账单客户相关数据，就要对这些数据所代表的客户群进行了解和认识，对客户进行细分，并依据客户的实际需求，有针对性地设计个性化的账单。

另外，企业还可以通过使用由客户关系管理系统或数据库提供的个人相关数据，通过账单有效地销售新产品与服务，或搭载对受众有益的联盟企业产品或服务信息，以此加深与客户的互动程度，达到与联盟企业的互助共赢。

同时，由于客户对个性化的信息做出更佳的回应，企业也可以借此收到更多客户消费行为的信息，用来丰富客户信息数据库，形成一个良性的循环。

(6) 账单是银企资金安全的重要保障

近年来，一些金融诈骗案中都有一个共同特点，即银企对账工作未得到重视，银企对账不及时或不认真，使犯罪分子得以利用假印鉴"调拨"客户资金，甚至有的资金被挪用已达几年却未被及时发现，最终导致银行资金受到重大损失。

商业银行与企业对账是双方定期核对账务，以达到账务一致的一项内控工作，它是防止经济案件发生的有效手段，也是提高会计账务核算质量的重要措施。当前在不法分子冒用单位账户诈骗银行资金、银行内部员工贪污挪用单位资金等经济案件屡有发生的情况下，通过对账，可以及时发现银行账户资金的异常变动，防止内、外部人员蓄意挪用、盗窃银行和企业资金的不法行为，能够保证银企双方资金安全高效地运营。

邮政业务具有明显的优势，对企业来讲，提高了自身服务质量和服务品位，体现了人性化；对消费者个人讲，可以明明白白的消费，对企业增添了信任感；而对于邮政企业来讲，账单是一项具有开发潜质的长效型业务。账单类商业函件业务在日本及欧美等发达国家的蓬勃发展说明，账单业务有着广阔的市场空间，完全可以扩大规模，成为支撑函件发展的生力军。

3.1.3　邮政账单业务的服务流程

中国邮政拥有账单寄递的专营权。账单是信函的一种，是邮政企业为公用事业单位向社会提供消费明细的通信类普遍服务。《中华人民共和国邮政法》规定，信件和其他具有信件性质的物品的寄递业务由邮政企业专营。

中国邮政是中国唯一一家集数据处理、设计、制作、寄递、回函处理为一体的账单综合服务企业。中国邮政拥有专门的账单制作场地，有先进的打印、封装设备，有覆盖全国的投递网络和一批高素质的专业投递队伍；另外，中国邮政有强大的地址库，为客户提供设计、制作、数据清洗、寄递和账单反馈等一体化服务。

1. 客户数据的接收和整理

签订账单制作投递协议后，中国邮政会根据账单寄递单位提供的名址根据段站进行整理排序，对不完整的名址进行匹配、清洗。这些数据不仅包括账单接收人的名址信息，而且还包括接收人的交易、消费信息。为了保证数据的安全，中国邮政设有专门的数据整理办公室，严禁无关人员接触数据。

2. 账单的打印和封装

中国邮政拥有高速的打印机、封装机、邮资机，可以实现打印、封装、过邮资自动流水线作业，保证了账单的制作效率。

3. 账单的转运和投递

由于在数据整理时已经对数据按站段进行了排序，所以制作好的账单可以直接按段捆扎，按站封发总包，不同种类、不同段站的账单通过不同颜色的总包带牌加以区分；投递员直接接收本段投递账单，开包后直接在段内投递，简化了分拣环节，提高了投递效率。中国邮政还成立了专门的账单投递队伍，提供专业的投递服务，确保账单的妥投率。

4. 账单的反馈处理

账单的反馈包括两种情况。一种情况是账单已经妥投，已经正确寄递，需要邮政上门收取回执，并把回执寄递到账单寄递单位；另一种情况是账单没有妥投，中国邮政会启动商函退信处理系统，录入退信信息，并利用邮政 11185 呼叫中心提供核址服务，帮助账单寄递单位更新客户数据。账单邮寄综合服务操作流程，如图 3-1 所示。

5. 账单服务的归档

为了提高中国邮政的工作效率，加强中国邮政和账单寄递单位的合作，中国邮政建立了账单寄递档案，详细记录账单寄递信息、退信信息等，不断提高中国邮政账单服务质量。

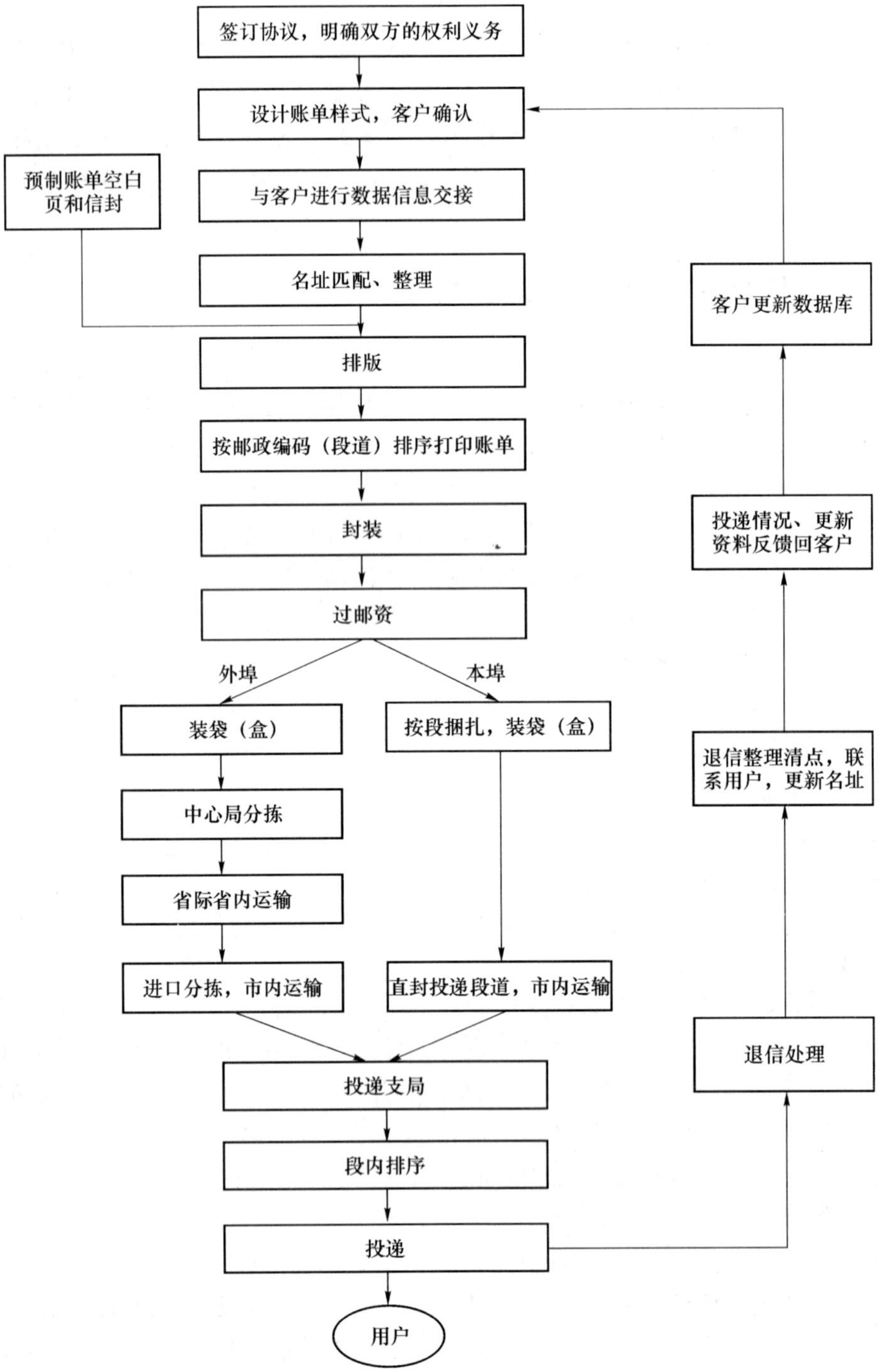

图 3-1　账单邮寄综合服务操作流程

3.2　邮政账单业务的市场开发

3.2.1　邮政账单业务的市场调查与分析

1. 市场调查的意义

根据现代市场经营观念，企业经营的目的不是单纯为了销售产品和获取利润，而是要不断地开拓市场，满足消费者日益增长的需求。

市场调查就是企业为了达到特定的经营目标，运用科学的方法和通过各种途径、手段去收集、整理、分析有关市场营销方面的情报资料，从而掌握市场的现状及其发展趋势，以便对企业经营方面的问题提出方案或建议，供企业决策人员进行科学的决策时作为参考的一种活动。

2. 市场调查的内容

由于市场变化的因素很多，因而市场调查的内容也十分广泛。一般来说，凡属影响市场变化的各种主要因素都应调查。

(1) 宏观经济调查

企业是社会经济的一个细胞，是整个国民经济建设有机整体的一部分。对产品的品种、规格、质量和数量等方面的要求，是受整个社会总需求制约的，而社会总需求的动态是与国家经济建设的方针、政策直接有关的。因此，任何企业的经营管理都必须适应国家经济形势的发展，都必须严格遵守政府的方针、政策和法令。只有在这个大前提下，企业才能自主经营。所以，首先必须对宏观经济进行调查，即调查整个国家经济环境的变化对企业产品的影响。调查的具体内容有：工农业总产值、国民收入、积累与消费的比例、发展速度、基建规模、基建投资、社会商品零售总额、人口增长、就业率、主要产品产量等。调查这些内容的目的有以下两方面。

1) 为了判断和确定企业的服务方向。

2) 通过调查主要产品产量，按相关比例测算对本企业产品的需要量。

(2) 科学技术发展动态的调查

该项调查主要是调查与本企业生产的产品有关的科技现状和发展趋势。具体内容有：世界科学技术现状和发展趋势，国内同行业科学技术状况和发展趋势，本企业所需的设备、原材料的生产和科技状况及其发展趋势。进行科技调查的目的有以下两方面。

1) 为了掌握同行业的科技动态以确定本企业的科研方向。

2) 为了正确地进行产品决策，以便确定发展什么样的新产品，什么质量水平的产品。

(3) 用户需求的调查

对用户需求的调查，就是要了解用户和熟悉用户，掌握用户需求的变化规律，千方百计地去满足用户的需求。

1) 对用户的特点进行调查。本企业产品的用户是谁？是生产性用户，还是非生产性用户？是城市用户，还是农村用户？是国内用户，还是国外用户？谁又是最主要的用户？用户不同，其需要的特点也不同，要按照用户的不同特点满足其要求。

2) 对影响用户需要的各种因素进行调查。如调查社会风俗、习惯、文化水平、民族特点对用户的需要有何影响？用户购买力大小如何？用户购买动机如何？其中，用户购买力分为集团购买力和个人购买力。集团购买力受国家财政经济状况及税收政策的影响；个人购买力主要取决于劳动者个人和家庭经济收入。

用户的购买动机分为以下三种类型。

① 理智动机，是指用户物质上讲究实用的需要，如产品性能好、操作方便、节省能源、备品配件供应及时、修理方便；

② 感情动机，是指满足用户在感情上的某种精神需要和欲望，如色泽、式样、包装的要求以及为了声望、友谊、好胜、好奇等各方面的心理动机；

③ 偏爱动机，是指用户对某种特定的品牌，尤其是对名牌产品有特殊的偏爱，即使在产品的质量、价格相同的情况下，用户非购买自己喜欢的品牌不可。因此，现代企业必须大力发展名牌产品，使用户产生深刻而独特的印象和良好的声誉。

3）对用户的现实需要和潜在需要进行调查。所谓现实需要，就是用户已意识到有能力购买，也准备购买客观存在的某种产品的需要。用户的现实需要，既包括对本企业已有的新老产品的需要，也包括本企业没有生产，而市场已有产品的需要。所谓潜在需要，就是用户自己还没有意识到，但客观上"将来时代"有对某种产品的需要；或者用户已意识到，由于种种原因，还不能即时产生购买行为的对某种产品的需要。生产经营者把握住"潜在的市场需要"，特别是将来成为"时代需要"的产品开发，这对企业兴衰是非常重要的。

① 调查用户现实需要的目的：一是为了了解市场容量的大小，即各种用户吸收容纳某种产品的能力的大小；二是为了确定本企业的生产条件是否有能力满足用户的这种需要，以及满足的程度如何。

② 调查用户潜在需要的目的：一是为了确定企业开发新产品的方向；二是为了使用户的潜在需要及早地转变为现实需要。

(4) 产品销售调查

企业经营，只有把产品顺利地销售出去，商品的价值才能得以实现，才能获取一定的盈利，才能有足够的资金重新购置生产资料进行再生产。因此，对产品的销售调查，实际上就是对产品的销路、产品的价值能否实现的调查，这对企业是至关重要的。对产品销售的调查内容有以下四点。

1）企业所生产的各种产品，在一定的销售区域内是独家产品还是多家产品？用户对本企业产品是否满意？若不满意，其原因是什么？本企业的产品在市场上是畅销还是滞销？原因是什么？

2）企业的各种产品处于产品生命周期的哪一个阶段。即哪些产品的销售处于成长发展期？哪些产品处于成熟的旺销时期？哪些产品在市场上已处于饱和状态？哪些产品的销售已处于衰退期？

3）企业各种产品的价格在市场上有无竞争能力？用户对价格有何反应？市场价格的现状对哪些产品有利，对哪些产品不利？产品的价格波动幅度有多大？其发展趋势如何？

4）企业的销售力量是否适应需要？现有的销售渠道是否合理？如何扩大销售渠道，减少中间环节？如何正确地选择广告媒介？广告效果如何？销售产品的市场营销组合策略是否妥当？效果如何？

(5) 竞争对手的调查

企业的竞争场所是市场，产品的销售量是企业竞争的"晴雨表"，只有通过市场调查才能掌握竞争的情况。

1）在全国或一个地区有哪些同类型企业，企业实力大小如何？所谓企业实力，是指企业满足市场要求的能力，包括生产能力、技术能力和销售能力等因素。这些企业当中，谁是最主要的竞争者？谁是潜在的竞争者？

2）主要竞争者的产品市场分布如何？市场占有率多大？它对本企业的产品销售有何影响？所谓市场占有率，就是指本企业的某种产品在市场销售的同类产品中所占的比重。市场占有率反映一个企业的竞争能力和经营成果。

3）主要竞争者采取了哪些市场营销组合策略？这些营销组合策略发生作用后对企业的生产经营产生何等程度的影响？

3. 市场调查的步骤

市场调查，一般分为调查准备、正式调查和资料处理三大阶段。

（1）调查准备阶段

调查准备阶段又可分为确定调查题目、拟定市场调查计划、培训调查人员等阶段。

1）确定调查题目。搞好市场调查，必须针对本企业的具体情况确定好调查题目。如果选题发生错误，整个调查将前功尽弃。因此，在调查前要在综合分析的基础上，确定好调查题目。调查题目要根据调查目的确定，如调查的目的是为了了解产品销售下降的原因，经过初步分析认为可能是产品质量有问题，就可把调查产品质量问题确定为调查题目。

2）拟定市场调查计划。调查前必须拟好调查计划。计划要具体、明确。调查计划包括：

① 明确调查目的；

② 确定调查对象，即向哪些单位或个人调查；

③ 选择调查和收集资料的方法，按不同的调查内容选择不同的调查方法；

④ 明确调查日期，特别是完成时间；

⑤ 作调查经费预算及规定作业进度安排。

上述内容要以“调查项目建议书”的形式报主管领导，批准后才可进行调查。

3）培训调查人员。调查人员的素质对调查质量关系重大。因此，必须确定合适的人选并采取有效的方法进行培训。

（2）正式调查阶段

市场调查计划批准后，市场调查就进入正式调查阶段。

1）组织安排好调查力量。目前，我国的市场调查一般还是由本调查单位自己组织人员调查。在有条件的地方，可委托专门的市场调查机构进行调查。

2）设计调查表格。调查表是整个调查工作的一项重要工具。调查表设计得好坏，直接影响调查效果。设计要既具有科学性又具有艺术性。调查表的提问要避免抽象，尽可能具体，文字要简练，要通俗易懂等。

3）现场实地调查。即现场收集资料。现场调查要把调查人员分好工，并掌握调查进度，保证调查质量。

4）收集各种资料。市场调查需要的各种资料，可分为原始资料和现成资料两大类。原始资料是从实地调查中所得到的第一手资料；现成资料是从他人或其他单位取得的、已经积累起来的第二手资料。现成资料节省时间和经费，应尽量采用，资料不足时可实地调查获取原始资料作为补充。

① 现成资料的收集。这种资料来源于内部资料和外部资料。内部资料是企业内部的市场信息系统所经常收集和记录的资料，如客户订单、销售资料、销售损益、库存情况、产品成本等；外部资料是从统计资料、行业资料、市场调查机构资料、科研情报机构资料、金融机构资料、

文献报纸杂志等资料中获得的资料。

② 原始资料的调查。获取原始资料的方法有询问法、观察法、实验法、统计调查法(普查、重点调查、典型调查、抽样调查)等。每种方法都有自己的优缺点和适用范围,企业可根据自己的情况进行选择。

(3) 资料处理阶段

1) 编辑整理。在情报资料的编辑整理过程中,要检查调查资料的误差。产生误差常常是不可避免的,其原因一般有两种。

① 抽样误差,由于抽样调查是用其结果推算全体,因此推算结果与全体必然有一定误差,所以必须加以测定。

② 非抽样误差,如统计计算错误,调查表内容设计不当,谈话记录不完整,访问人员的偏见,被调查人员回答不认真或前后矛盾等。错误资料必须剔除。

要对情报资料进行评定,即审核其根据是否充分,推理是否严谨,阐述是否全面,观点是否成熟,以保证情报资料的真实与准确。

2) 分类。为了便于查找、归档、统计和分析,必须将经过编辑整理的资料进行分类编号。如果资料采用计算机处理,分类编号尤为重要。

3) 统计。将已经分类的资料进行统计计算,以便利用和分析。

4) 分析。运用调查所得出的有用数据和资料,分析情况并得出结论。

5) 调查报告。将调查所得出的结果编写成调查报告形式提供给有关部门或领导,以便作决策时参考。

① 编写调查报告的原则是:突出调查主题;调查内容要客观、扼要、有重点;方案简洁易懂;报告结构要合理、严谨,给人以完整的印象。

② 调查报告的结构是:

* 调查的目的和范围;

* 调查所采用的方法;

* 调查的结果;

* 提出的建议;

* 必要的附件。

4. 邮政账单业务市场调查

(1) 公用企事业类账单

公用企事业类单位集政府职能和公益服务于一身,参与社会事务管理,履行管理和服务职能,为社会提供服务。随着建设和谐社会和践行科学发展观的不断深入,群众对公用企事业单位的服务会提出越来越高的要求,公用企事业单位应该不断完善服务形式,提高服务质量,树立良好的社会形象。

1) 水电费对账单/提醒函

水是生命的源泉,也是现代工业生产中必不可少的资源;电与人们的生活密切相关,是现代生活的必需品,人们的生活一刻也离不开水和电的支撑。

供水和供电部门向用户定期寄递账单,可以使用户了解家庭和单位的用水、用电信息,根据各自情况合理消耗资源,节约不必要的开支;而温馨的交费提示更可以帮助用户避免因欠费而遭受停水、停电的不便。同时,供水和供电部门还可以利用信封和账单背面,向用户宣传用水、用电的相关政策法规,增强用户节约意识,提高用户安全用电的能力。

另外，信封和账单背面还可以打印维修和监督电话，不断延伸和完善供水和供电部门的服务。通过这些服务，可以树立本部门良好的社会形象。

2）住房公积金账单

随着住房价格的不断上涨，人们越来越关注公积金贷款。邮寄住房公积金账单给相关个人，既可以让职工享有知情权，更重要的是可以宣传住房公积金政策，明示贷款利率，还贷要求等；促进贷款的发放，也使效益好、有条件的单位提高公积金缴存数，账单中可以搭载合作银行的宣传和业务介绍，也可以搭载房产信息，降低住房公积金管理中心的运营成本，是职工、企业、住房公积金管理中心共同受益的三赢模式。

另外可以在信封上打印公积金查询系统的网址，公积金管理中心的地址、电话等信息，便于群众的监督，不断完善公积金管理中心的服务。

3）养老保险账单/医疗保险账单

随着我国进入老龄化社会，人们对养老保险和医疗保险越来越重视，对于养老保险和医疗保险的服务要求越来越高。给参保人邮寄保险账单可以使参保人及时掌握保费缴纳情况，提醒参保人按时足额缴纳保费。

搭载的广告以合作的医院和药房为主，还可以搭载房产、通信等广告。信封上可以打印社保中心地址、电话，加强和参保人的联系，接受参保人监督，不断提高社保中心的服务质量。

4）有线电视收视费通知单

有线电视服务行业是与广大消费者生活密切相关的公共服务业，肩负着保障大众基本生活质量的社会责任。但是有线电视用户往往未收到有关部门任何书面通知就要缴款，或者逾期未缴费就会在未收到任何书面催缴通知前被切断收视信号，这些行为既不符合国家有关法律法规的要求，也与政府主管部门一贯强调的“公益性”原则不符。

有线电视服务业通过给用户邮寄有线电视收视费通知单，有利于消除这一领域的不和谐因素，切实维护消费者的知情权、选择权和公平交易权，重塑有线电视作为公益事业应有的公益属性。

（2）行政执法类账单

近年来，随着依法行政的不断推进，各行政执法部门的执法水平有了很大提高，但是离人们的期望还有差距，还存在一些问题，如缺乏法律依据、程序不当或未履行法定职责、认定事实不清等问题。

在建设和谐社会的过程中，如何完善行政执法程序，如何树立执法部门的良好形象，如何更好地为人民服务，应该从多方面加以改进；而账单可以宣传执法政策，陈述执法事实，树立执法部门形象，是一个一举多得的途径。

1）工商行政告知书

新开办的企业，尤其是中小企业，由于不了解应该主动向有关主管部门申请哪些例行检查，而客观违规经营的事件屡有发生。这些行政机关通过邮政采用回执的方式邮寄行政告知书，通知企业到有关部门办理手续，既能减少企业违规经营，减轻行政机关的监管工作压力，又能体现行政机关的优质服务。同时，可以避免公示栏方式受众范围容易受到限制和新闻媒体及电视告知成本高的缺点。

2）税务完税证明/通知书

依法纳税是每个纳税人应尽的义务，但是由于很多企业和个人对申报条件、应纳税种、申报期限等税收法规缺乏了解，加上税法的不断修改完善和一些临时性的政策变化，一些纳税人不能及时或者正确纳税。此外，网上申报业务的开通，虽然减轻了纳税人到税务机关报税的奔波之苦，但是有些完税凭证却还是需要纳税人亲自去银行或者税务机关领取。

税务机关不定期向纳税人寄发的各类通知书能有效提醒纳税人及时、正确履行纳税义务；定期寄发的完税证明，能使纳税人明了自己的缴税情况，同时也是已完税的法律依据。如果在信封或内件中附以依法纳税的温馨提示和代表国家对纳税人的致敬词，还可以让纳税人感受到尊重和自豪。对税收部门来说，提供纳税人的完税证明，也是依法征税的需要。

3）道路交通安全违法行为处罚告知书

随着私家车越来越多，道路交通违法违规行为也越来越多，交通管理部门的压力也越来越大，对交管部门的依法执法要求也越来越高，这方面的投诉也越来越多。通过邮政寄递道路交通安全违法行为处罚告知书给违法车主，可以缓解交管部门和车主的矛盾，完善规范交管部门执法。

4）报废机动车辆告知书

达到报废标准的车辆各种机件老化，极易发生各种意外交通事故，造成不必要的伤害。车辆到达报废期后，刹车、转向、线路等各种机件老化，存在很多隐患，轻者会发生抛锚，重者会发生自燃、爆胎、刹车失灵等严重事故，给自己和他人人身、财产带来危害。

因此，车辆达到报废期后，要及时办理报废手续。报废机动车辆告知书包含了报废车辆信息、车主信息，相关法律规定和车辆报废手续办理程序，提醒车主及时办理报废手续或申请延期并进行年检。

(3) 银行类账单

1）银企专函

银企对账工作是银行内控制度和会计核算的基本要求，它不仅是防范风险、保证银企账目准确无误的一项重要环节和措施，而且是银行在细节上体现对客户关怀的重要措施。

为企业服务是银行的职责。目前银行业内外竞争都很激烈，要想吸引住忠诚的客户，就需要在细节上对客户进行关怀。在当前不法分子冒用单位账户诈骗银行资金，银行内部员工贪污挪用单位资金等经济案件屡有发生的情况下，切实做好银企对账工作对确保经营安全非常重要，也十分必要。因此必须加强银企沟通合作，采取更加便利、安全、可靠的对账方式，促使企业提高对账的回复率，以此体现银行对客户的细致关怀，并方便银行了解客户信息，及时捕捉到详细的客户信息，清理一批死账户，激活部分老账户，提高银行风险防范能力，实现银行业务不断扩张，为商行业务的健康可持续发展奠定坚实基础。

邮政的银企专函以一对一的挂号邮寄方式确保对账单及时、准确地到达企业，并通过邮递员上门收取回执，极大地方便了企业回复，确保了相对较高的回复率。

2）银行卡对账单

由于银行卡小巧轻便，并具有各种强大的支付功能，免去了人们现金交易的各种不便，持卡消费越来越受到人们的青睐。然而频繁的持卡交易带给人们便利的同时也带给人们对自己收支明细的不解，甚至怀疑交易的可靠性。银行卡对账单以其明晰的交易时间、地点、类型、金额等有效地消除了持卡者的疑虑，坚定了持卡者持卡消费的信心。

有关法律规定，消费者对消费享有知情权，银行卡的对账单不仅能帮助消费者了解自己一段时间内详细的消费状况，同时还能通过信息搭载或增加宣传单页的方式，充分发挥账单的媒介功能。

3）个人贷款对账单

近年来，随着人们消费观念的转变，贷款买房、买车成了很多工薪阶层的生活选择，首付之后的定期还款也成了贷款者的例行之举。

但是人们往往因为忙碌于生活、工作等各种事务而错过还款期限，银行定期寄送个人贷款对账单提醒贷款者及时还贷，既能帮助贷款人避免罚息损失，又能增强银行的资金安全，同时还能寄发具有针对性的广告信息，包括贷款业务种类、贷款组合产品、理财产品等广告信息。

4）各类通知书（函）

由于现金交易的诸多不便，人们越来越习惯于银行账户的直接划转，但是忙碌的生活，让很多人患上了"健忘症"，致使透支的信用卡没能及时补充资金、即将作废的银行卡或账户忘了去银行更换，这些可能给健忘者带来不必要的损失。

银行的提前寄发各类通知书式的账单，把银行办理业务的结果及时通知客户，或者对客户在银行办理的各种业务进行善意提醒，在帮助客户的同时彰显了银行的人性化服务，能够有效提升银行客户的满意度。

（4）证券类账单

由于物价的高涨，人们的手中持有货币的购买力不断降低，如果不能通过投资使自己的资金收益高过物价涨幅，资产就会不断缩水。股票投资虽然能带给人们高收益，但是往往伴随着很高的风险，而且需要炒股者具备一定的金融和经济常识，能够准确判断个股的发展走势。各类基金是由专业机构托管、投资，相对股票来说，收益比较稳定，是很多投资者的首选。

通过邮政寄送的基金对账单在告知投资者账户和交易情况的同时，还能针对这部分有理财需求的群体有目的的推介理财产品，而且还能够避免电子对账引发的账户安全问题。

（5）保险类账单

保监会通过对保险业发展现状进行分析，得出当前我国保险业正处于发展的初级阶段基本论断。认为保险业的发展与经济社会不相适应是当前的主要矛盾，提出必须抓住难得的机遇，尽快把保险业做大做强的目标。

我国保险业相对于发达国家的保费水平还有较大距离。综观国内外经济形势，目前我国保险业正处于难得的发展机遇期：人口老龄化，人民生活水平的提高，企业年金的需求，消费结构的变化。中国人均GDP超过1 000美元之后，民众的通信、旅游、保健、运动等方面的意识增强，保险意识也相应地增强了。

作为服务领域，保险业在做大做强、不断扩大的过程中，绝不能松懈对客户的服务意识，要为客户着想，始终维护客户利益，保险账单就是一项为客户着想的服务举措。

（6）通信类账单

改革开放以来，经过大规模投资建设，我国通信业实现了超常规跨越式发展，网络容量和规模急剧增加。目前，我国通信业的发展具有以下特点：一是通信市场中的供求关系发生了重大变化，总体上已由卖方市场转变为买方市场，由短缺引发的高速发展转向稳定发展阶段；二是用户消费结构发生明显变化，用户对通信的需求呈现多元化；三是竞争格局初步形成，竞争不断加剧。

在这样的市场环境下，通信企业要实现持续健康的发展，就必须不断提高自己的竞争能力，丰富自己的营销手段，完善自己的服务质量。账单作为一种时尚有效的营销平台，充分体现企业对客户的尊重，彰显企业的人文理念。另外，由于账单营销比较隐性，不易被竞争对手发现，是通信企业提高竞争能力的有效手段。

3.2.2 邮政账单业务的市场开发基础

1. 组织

企业组织结构是企业组织内部各个有机构成要素相互作用的联系方式或形式，以求有效、合理地把组织成员组织起来，为实现共同目标而协同努力。

组织结构是企业资源和权力分配的载体，它在人的能动行为下，通过信息传递，承载着企业的业务流动，推动或者阻碍企业使命的进程。由于组织结构在企业中的基础地位和关键作用，企业所有战略意义上的变革，都必须首先在组织结构上开始。

要构建适应账单发展的组织架构，为账单业务发展提供组织保障。从纵向与横向两个方面设置好组织架构，做到分工明确，相互配合，共同做好这个业务开发工作。

2. 人员

市场竞争，说到底是人才的竞争。邮政企业要通过培养、选拔和人才引进，配齐配活账单业务开发的专业人员和营销人员；要拥有一批优秀的专业人才和营销人才，他们不仅要掌握与自己岗位相关的专业知识，还要熟悉邮政账单业务的方方面面，包括质地、价格、规格、尺寸、封装要求、封面书写标准，以及相关法律法规，尤其是广告法、合同法、邮政法等。

现在基层营销人员业务知识面窄，洽谈业务时经不起询问，由于失去客户信任而使业务洽谈失败。因此，要加强多方面的业务学习，掌握商函业务的全面知识和相关的业务知识。尤其一线营销人员是综合性的营销员，更需要全面掌握邮政主要业务的业务知识，手上有金刚钻，才能揽到瓷器活。

3. 技术

我们已经进入信息经济的时代。信息技术在生产、服务、流通、消费各个领域得到广泛运用。不掌握信息技术，邮政账单业务开发寸步难行。组织市场调查，进行信息处理，制定营销方案、营销策划书需要计算机技术；数据库的采集维护、库户关系的支撑保持要掌握信息处理技术。为保证账单业务开发的顺利进行，一方面要配备相应的技术设备，另一方面要组织相关人员加强信息技术的学习和掌握，学会用现代信息技术开发业务。

4. 投递

邮政通信始于交寄，终于投递。运输投递是邮政通信的最后一个环节，也是实现寄件人通信目的，检验邮政服务质量的一个重要环节。因此，商函的投递质量及安全，不仅关系到邮政信誉，而且直接关系到与客户的合作关系，关系到商函业务的长远发展。要克服重营销、轻投递质量管理的倾向，切实加强投递队伍建设，努力提高投递人员的职业道德和业务水平，以良好的投递服务赢得客户、赢得市场。

由于各地函件市场发展的规模不同，商函业务发展各有侧重，在投递系统的建设方面有不同的模式，有的地区实行混合投递，即将报刊、函件、包裹进行混合投递，有的地区实行专业型模式，成立账单投递队伍专门负责投递账单。

5. 售后服务

售后服务是指邮政在与客户建立业务关系之后，要认真履行承诺，通过加强沟通联系，及时处理客户提出的合理要求，妥善解决在通信过程中存在的各种问题，使邮政与客户业务关系得到维持和发展的一种优质服务。做好售后服务工作，并不是邮政提供无利的劳动，而是商函业务开发的后续工作，是打开商函业务市场的重要策略。海尔集团创出家电行业的品牌，良好的售后服务是其取胜的重要法宝。我们应该十分重视售后服务工作，使其成为维护邮政信誉，密切与客户业务关系，并进一步合作开发市场的纽带。

3.2.3　邮政账单业务的市场开发方法

1. 加强账单业务的宣传工作

随着人们生活水平的提高，信用消费走进了市民的生活并日渐时兴。企业如何向市民提供诚信服务，市民如何明明白白消费，这是信用消费发展中不可回避的问题。邮政可以以此作为账单业务宣传的切入点，充分利用社会媒体，向广大消费者介绍国内外消费者通过账单维护自身权益以及获取相关便利的案例，让消费者树立通过账单获得消费知情权和相关生活信息的意识；让各界企业和商家也认识到，账单的寄送有利于企业与消费者的沟通和理解，是诚信服务的一个标尺，是服务营销的一种手段，能够推动企业向更高层次发展。还可积极通过人大、政协提议，建议利用账单保护消费者的合法权益，力争将账单工作列入政府为民办实事的议程。

与此同时，还应积极向社会展示邮政制作、投递账单的独特优势，结合账单广告的成功案例，编制《账单广告业务推介书》，介绍账单广告的运作原理、运作流程、运作效果等。同时，在电视台、电台、报纸等媒体上刊登账单广告的合作广告和软广告，并邀请相关账单广告目标客户参加账单广告推介会；运用直复营销理念向账单广告目标客户（尤其是潜在目标客户）的中高管理层人员寄送《账单广告业务推介书》，并在此基础上，由营销人员上门开展营销，从而营造一个良好的社会氛围。

2. 实施行业开发

针对全国或全省性的账单业务客户，采取集团公司或省公司统谈签订协议、各地市局执行的市场开发策略，这样不仅能够减轻地市局工作难度，而且有效避免了低资费的现象。例如，国家社保中心与中国邮政集团公司联合召开了邮政社保个人权益记录服务工作座谈会，要求各级社保机构加强与邮政企业的合作，严格遵守法律法规要求，切实做好个人权益记录单邮寄工作。又如，某省邮政先后与省中行、省工行、省建行等 9 家银行签订了邮寄银企对账单服务协议；与省交通厅签订了《邮寄交通违规费催缴通知书及处罚决定书框架协议》；与省联通公司签订了世界风会员个性账单服务专递合作协议；与省地税局达成个税账单制作协议。事实证明，实施行业开发是一条发展账单业务的捷径，对账单业务的发展起到了很大的推动作用。

3. 针对不同的账单目标客户确定相应的营销重点

对于移动、电信、联通、税务、电力、工商、保险等账单制作客户，应在现有寄送的基础上，加大公关力度，尤其是领导公关力度，迅速扩大账单寄送规模，消除账单业务的空白区，实现账单业务的“短、平、快”发展；对医保、住房公积金、社保等缺乏账单制作专项资金的账单制作客户，应充分发挥其优质名址信息资源的优势，大力发展账单搭载广告业务，通过搭载广告的收入来冲抵账单的制作、投递成本；对于收支差任务重，而且对用户信息保密要求高的客户，应鼓励其充分利用自有的设备和人力资源制作账单，由邮政负责投递。

4. 创造需求，借势造市

现代营销理论告诉我们，社会需求具有多样性、发展性和层次性特点。客户的各种需求可以通过企业的努力去扩大和创造。在创造需求、借势造市上，主要采用“四法”。

（1）典型引路法

典型引路法是指邮政重点为某客户提供邮政业务服务，帮其取得成效后，带动其他客户使用邮政业务，从而达到开拓市场的目的的一种方法。例如，将其他地区或其他企业账单寄发的成功案例详细提供给客户，积极引导，使一些金融单位逐步接受合作方案，最终同意通过邮政渠道寄发账单。

(2) 循序渐进法

在有线电视台账单业务的开发上，某局采取“三步走”的策略：第一年为有线电视台策划了春节催费明信片，达到了令客户满意的效果；第二年尝试采用邮简方式寄递有线电视台账单；第三年成功开发有线电视台催费账单，并逐月寄发。

(3) 牵线搭桥法

目前，社会上有不少邮政业务的潜在客户，要开发这些客户，首先必须找到邮政业务与这些客户的结合点。在邮政业务营销推广过程中，尽可能让营销对象通过推广邮政业务“有利可图”，以经济效益调动其参与的积极性，使其能够主动地利用本部门的影响力，维护好邮政发展环境，帮助邮政发展业务。例如，某县局巧妙地充当了中间人的角色，为县住房公积金管理处和县保险公司牵线搭桥，由住房公积金管理处制作住房公积金缴费账单，保险公司以赞助商身份在账单上搭载保险业务广告。此举既为保险公司搭建了宣传平台，又减少了公积金管理处的业务成本，还为邮政带来了一笔大业务，可谓多方共赢。

(4) 借势发展法

以双赢合作的方式，导入地方党政机关和有关主管部门的力量，借助政府之势、政策之力来开展邮政营销活动，依靠他们的影响进行公关营销。

5. 采取多样的账单广告合作模式

(1) 买断经营模式

对商业价值高的账单，如医保账单、住房公积金账单等可考虑采取买断经营的方式，即账单制作客户少付或不付账单制作成本和邮资费，剩余的运营成本由邮政承担，邮政将该账单作为邮政的自有媒体经营，由邮政自负盈亏。

(2) 共同经营模式

邮政按大客户的标准向账单制作客户收取邮资费，由邮政和账单制作客户将账单作为双方的共有媒体，共同经营，对广告的业务收入在剔除印制成本后进行分成。

(3) 代理经营模式

邮政按大客户的标准向账单制作客户收取邮资费，邮政作为其账单广告的代理商(最好是独家一级广告代理商)，通过自身代理或转代理等形式，获得相应的广告代理费或中介费。

6. 灵活开展促销活动

制定多层次的账单制作资费标准，并按相关标准给予其相应的优惠。对于账单名址数据进行分地区提供，邮政无须进行分拣；对于有助于减少邮政工作量的客户，可给予一定比例的折扣。年制作账单量达到一定数量标准后，可免费为其邮寄一定量的账单。对制作账单心存疑虑的客户，可邀请其到账单制作较为成功的地区进行参观、考察。对于潜在的账单广告客户可以让其免费夹寄小批量账单广告。实行账单广告积分制度，按积分对广告客户的经办员进行奖励；成立账单广告俱乐部，定期或不定期组织俱乐部成员开展研讨会、茶话会、联谊会等活动，联络邮政与客户的感情，交流市场信息，并进行账单广告理念和成效的沟通。同时，还可积极与社会广告公司和其他媒体开展广告代理、广告版面置换等合作；在账单上印制或夹寄广告主产品和服务的优惠券、赠券、联系卡等，并可开展有奖征答、户外联谊、账单俱乐部等活动，让账单受众从中获益。

3.2.4 邮政账单业务的市场开发过程

1. 第一阶段:复制营销,扫除空白

(1) 以邮政账单发展好的局账单种类为参照,分析本地账单开发情况,确定客户或品种突破方向,制定开发顺序。市局、县局均要扫除空白。

(2) 实施方案营销。

1) 针对目标客户,进行战前准备,以客户需求为立足点,多渠道了解目标客户的产品类型、业务结构、运作流程,结合邮政服务为其推荐专属的账单品种。

2) 借助一些邮政账单成功经验和方案,整合内部资源,制定适应本地的策划方案(对全市联动的还需制定营销方案),实施方案复制。

3) 向客户提交策划方案,及时与客户交流,不断完善方案,修订开发进度。

(3) 目标客户可以先选择部分产品试验成效,达到先进入后发展的战略意图。

(4) 如个别重点客户在短期内不能解决账单的发寄费用问题,为加快账单市场的拓展,必要时可采用第三方付费方式解决,但应注意以下问题。

1) 排他性广告不在同期发布。

2) 同业竞争的广告不宜发布。

3) 谨慎合理选择广告商。

(5) 通过对行业内重点客户的突破,带动整个行业的规模发展。

(6) 借助舆论力量,以满足、响应群众需求为切入点,激发账单需求。

2. 第二阶段:提升服务,稳定客户

(1) 服务多样化

根据客户需求从服务上创新,提供全方位、多角度延伸服务,让客户享受个性化服务,并实现账单价值从低端向高端转变。

例如,移动公司和某邮政局的合作。邮政作为一个传递部门,只需要按照移动提供的数据来制作信函并发寄出去,如果数据错误,邮政把信直接退给移动。对于邮政来说,这样做完全符合规定。而该邮政的做法是,把邮政信函的退信作一个标记,请老分拣员核查退信,更正有误的地址、门牌,进行二次投递;如果再次退信,就电话联系收件人,向其说明信函经过两次投递还是寄不出去,若不提供准确地址就会产生滞纳金。该邮政把经过修改的数据制成光盘送给移动,不断地帮助移动维护它的数据库,这是双方合同范围外的事情,移动享受到原来享受不到的服务。

(2) 服务精细化

充分利用商函投递信息系统,进行账单模拟投递,减少客户的无效账单,提高妥投率。

每批账单制作完毕后,通过口头告知、电子邮件、公告栏等多种形式明确账单的种类、数量及注意事项;对交接的账单数量进行勾挑核对,并按投递段直封到各投递部,减少中心局分拣流程;对投递后3天内将因地址欠详、迁移等原因产生的退信,重新核实地址,实行二次投递;直至第三次仍无法投递的信件才退回给客户。

(3) 服务人性化

打破服务限制,按目标人群作息时间调整作业流程。例如,账单投递将以往普邮按址投递的模式,改为投递到户,投递上门,并由当事人当面签收;对于个人的账单,选择上班前或下班后的时段进行上门投递。在客户完成对账信息后,采取电话预约,上门回收回函的方式,并明确专人跟踪投递和回函回收情况，定期对退信库进行更新，保证地址更新的及时性和准确性。

(4) 服务延伸化

融入客户团队，融入客户的营销体系，了解客户难点问题，代表邮政主动提供一揽子服务，解决客户后顾之忧，让客户感觉到邮政是为他们着想。例如，移动账单的制作。移动最关心的是三个问题：一个是保密，一个是时间，一个是到位率。邮政就针对这三个问题设计了业务服务流程帮它解决：保密的问题，专门设置移动专用的 VIP 专区，专区内的设备是移动账单专用，不能做其他的业务；时限问题，在移动账单信封的下面印了一个绿色的边，在账单制作的每个环节，这类信函可以优先处理；到位率问题，邮政派专人到移动公司的窗口，在现场核对地址和邮编，这样做避免了后面一大堆的退信和更改，从源头解决问题。

(5) 服务理念化

客户追求的是如何使各项活动更好地为自己带来最大的价值增值，因此我们要牢固树立“帮客户赢”、“实现多赢”的服务理念，帮助客户实现目标价值的增值，同时邮政也可获得利润，实现双赢。例如，每一个业务完成后，邮政主动跟主要的客户开一次座谈会，目的是双方加强理解；不是要千方百计地掩盖矛盾，而是共同努力寻求解决问题的方法。通过这些，双方的关系不断地密切，上升为合作伙伴，不再是说邮政帮企业做生意，赚企业的钱，而是两家一起赚钱。

3. 第三阶段：拓展功能，媒体运作

(1) 告知型→凭证型

针对通信、金融等行业引入“发票式账单”理念，将税务发票、财务凭证等与账单合二为一，提高账单的不可替代性，延长生命力。

(2) 告知型→媒体型

引入直复营销理念，拓展账单媒体功能。

为提高账单的拆阅率和可读性，利用账单精准的名址信息优势，在传统账单的基础上引入分众媒体理念，充分利用账单广告位、附加广告单页及信封广告位等发布针对目标客户的商业或公益广告，使寄递账单企业能以较低的广告成本发挥较高的效益。如账单制作成本不足，可以通过出让广告位来摊薄账单成本。例如，现在汽车每年要收年费，一般的做法是车主到期自己缴费，这种情况下邮政可以和公路计费处合作，前几个月给车主发函，温馨地提醒车主要缴费了，这些信函直接寄发到车主手中。发函费用可以由保险公司赞助，区分高档、中档、一般几个档次的车，分别找几个保险公司赞助这个活动，广告位用于保险公司车险宣传，保险广告信息直达车主。同时，公路计费处也摊薄了账单成本。

(3) 同一型→差异型

根据账单客户需求，进行个性化数据处理、图文打印和封装，实现账单客户对终端用户的差异化服务。例如，对于银企账单，为突出其高端与个性化特征，设计了专用的“VIP 专投”信封。信封采用 7 号封规格，120 克书写纸印制，正面标有“VIP 专投”标志，并采用米黄色作为主色调，镶墨绿色与深黄色相间条纹，从而在视觉上与普通商函进行区分，提高 VIP 信函的识别性。

4. 第四阶段：资源整合，互动营销

任何一个企业、一个家庭不是订报纸，就是有汇款，要么就有包裹单，要么就有汇算单。这些企业都是邮政的客户，邮政同时掌握着多方的信息。而这些企业，都有发展的需求，都在千方百计地扩大自己的客户群体。例如，银行类企业要不断地发展储户，航空公司必须要发展会员,通信公司要增加用户……

这时,邮政就应该把都有需求的关联企业请到一起,促使他们两家互动,甲做账单的时候可以帮乙推广,乙推广的时候可以同时帮甲宣传。邮政作为中间服务平台,就是找准企业间的结合点,搭建客户资源互动的桥梁,依托账单数据强大的商业用途,促成账单客户和第三方商家之间的合作,实现互动营销(交叉营销),产生数据库商函等业务。

互动模式,就是以邮政为平台,促成客户间数据资源互动产生新的客户群,实现客户开发利益最大化的一种模式。通过互动会形成一个新的商业环境。例如,广东发展银行和南方航空公司的合作,用广发的信用卡刷卡消费,马上就送南航的旅行积分,积分可以换乘一定里程的飞机;如果是金卡,刷卡买机票即送 150 万元的保险。这一合作,使双方的客户群体都扩大了,同时还带动了邮政信函量,这就是一个互动。另外,如果邮政搭建平台,保险和电信可以做互动营销,电信账单搭载保险广告,每成功一单就给电信一笔代理费,而且给电信的职工一定的优惠,保险和电信都有账单,这样就能同时增加双方寄递账单的积极性。

3.2.5　邮政账单业务的市场开发优势

1. 网络优势

拥有遍布全国城乡的实物和信息传递网络,这是邮政最大的优势,也是其核心竞争力。截至 2012 年年底,邮政支局所达 4.7 万处,其中 70%服务分布在农村,60 万个行政村通邮;开办 1 1185 客户服务中心的地(市)298 个。全国拥有专用邮政运输飞机 17 架、邮船 4 艘、火车邮厢 382 辆、各类邮政生产用汽车 7.6 万辆。邮路总数 2.4 万条,其中,航空邮路 1 803 条,铁路邮路 197 条,汽车邮路 2 万条,邮路总长度(单程)586 万公里。农村投递路线 9.1 万条,城市投递段道 5.6 万条;邮政综合计算机网已经实现各级中心局联网和中心城市互联互通。新世纪邮政发展的信息化、机械化和自动化局面的基本形成使得邮政商函业务具有得天独厚的网络优势,是任何企业无法比拟的;它可以把广告等商务信息传送到千家万户,这是任何一家广告公司都无法比拟的。

2. 良好的企业信誉

自 1896 年清王朝建立大清邮政以来,中国邮政已经走过了一百多年的风雨历程。在这段漫长的时光中,无论社会如何变迁,无论时事如何变化,它都始终是政府、人民、百姓生活中不可或缺的一部分,满足着社会各阶层的不同需要,为国家政治、经济以及文化建设做出了突出而巨大的贡献。中国邮政已经渗透到人们的社会生活中,成为与实际生活紧密相连、不可分割的公共服务设施。作为一家百年老店,中国邮政这块金字招牌已成为一个具有极高价值的无形资产和具有重大影响的商业品牌。经过长期的经营,邮政企业良好的信誉已经深入到千家万户,已经在社会公众心中形成了极高的信任度,迅速、准确、安全、方便的绿衣信使形象深入人心。中国邮政在社会生活中长期积累而形成的企业信誉,是邮政含金量很高的无形资产,是邮政的信息财富。

3. 客户资源优势

客户是企业最宝贵的资源,是企业赖以生存和发展的基础,也是企业实现经营目标的宝贵资源,只有长久拥有客户资源,企业才能源源不断地创造利润。长期以来,邮政作为政府部门的延伸,在承担普遍服务的同时,还肩负着某种政府职能,为广大人民群众传递着党和政府的声音。因此,长期以来,邮政企业都与各个政府部门以及很多重要的企事业单位保持着良好的关系。另外,邮储、电信、移动、联通本来就是从原邮电局独立出来的,很多资深高层管理者原来都是关系很好的同事，这成为邮政账单发展的竞争优势。

4. 服务的多功能性

企业利用账单业务不仅可以加强与用户和消费者一对一的沟通，有助于提高服务水平、提升形象；同时借助账单媒体开展一对一的针对性营销，可以更有效地推广理念或产品，并为不同类型的用户提供个性化服务，提升客户满意度。这种多功能性也是其他任何信息服务方式所无法比拟的。

5. 适应性强，便于用户进入

邮政账单是能满足各类用户需求的新型业务。无论是资产雄厚的大型企业，还是资产微薄的中小企业，服务区域无论是发达的城市，还是偏僻的农村山区，邮政企业均会按照各类用户的要求准确无误地传递商业信息，并且提供优质的服务。

3.3 邮政账单业务的市场策划

3.3.1 邮政账单业务的营销策略

1. 产品策略

邮政企业应该正确进行市场定位，一切用于满足顾客需求的有形产品、无形服务都是产品，与产品相关的因素包括产品的开发、生产、包装、商标和质量保证等。无论是无形的邮政服务，包括普遍服务、营投服务等，还是有形的邮资票品，包括账单、贺卡等，都是邮政企业的产品。

邮政企业有如此多元化的产品种类，就要求邮政必须以满足顾客需求为根本。现在市场竞争的根本在于客户资源的竞争，而满足客户的需求是赢得客户的关键。随着顾客消费需求的日渐多样化，邮政企业要想在竞争中立于不败之地，就必须具备能够持续不断地满足顾客需求的变化，远远优于竞争对手并很难被模仿的独特的产品策略优势。因此，邮政企业必须根据市场变化不断开发新产品，更新现有产品，淘汰过时产品。当某一产品畅销时，不要满足于眼前利益而忽视了顾客需求的变化及竞争对手的情况，不要削弱对产品更新和创新的力度，采取有效措施，避免产品寿命缩短或提前遭到淘汰。

作为邮政产品之一的邮政账单，应该不断丰富完善业务品种。账单信封应由传统的 6 号信封向 7 号信封发展；在信封的正面印制企业标识，在信封背面印制广告。账单应由目前的查询工具向信息工具发展，即账单内件由单纯的对账信息延伸至发票、宣传单册、调查问卷、征询函、消费者资料更改函、贺卡等方面。对账单页的制作应由单色的文字印刷为主向彩色的图文并茂印刷发展。同时，应在账单上多策划账单受众参与积极性高、参与渠道便利的活动，以提高账单受众的反馈率和广告的可测评性。

2. 定价策略

价格是市场营销组合中最活跃、最容易见效的一个因素。但是邮政企业因为长期实行普遍服务并受传统经营体制、观念的束缚，造成邮政产品的价格缺乏灵活性。很多邮政产品以追求企业利润最大化为目标，易造成价格与价值不符而不被顾客接受的情况，使价格不能真实地反映市场需求变化，同时也为竞争对手制定替代产品竞争价格策略提供了空间。

邮政账单的成本构成公式为：$P=P_1+P_2+P_3$

其中：P_1 是指邮件基本资费，包括平邮基本资费、挂号费、特快专递邮件资费；P_2 是指打印封装费，此价格可以视业务规模进行小范围调整；P_3 是指其他服务费用，包括数据库名址使用费、邮政特殊投递费（指邮政可根据用户的个性化需求按投递次数及回收流程收取一定的费用）；邮政专用邮箱租赁费（为了客户操作营销项目的方便，客户可以租用邮政专用邮箱作为收件人地址，但需办理相关手续，并支付一定费用）；其他与账单服务有关的费用（如邮政提供的策划方案，邮政定制的印制品，如信封、邮简、产品宣传或账单内件等，邮政提供的呼叫中心服务等）。

在上述各类成本中，基本资费是指由国务院物价主管部门制定，报国务院批准的邮资，此价格一般为刚性，不可随意变化；非基本资费是指基本资费以外的费用，上述 P_2、P_3 均属于此类费用，可视情况进行自主调整。

邮政账单业务可以根据市场竞争情况和自身的经营目标，在可变的价格范围内采取灵活多变的定价策略。邮政账单定价时，应以有益于提高自身竞争力的成本控制法为基础，既要考虑到邮政企业本身的成本因素，又要考虑到顾客的购买成本。购买成本包括顾客购买产品的货币支出，为此付出的时间、精力以及购买风险，做到以顾客需求为导向进行产品理想定价，从而使邮政企业在市场营销中能够做到进退自如。邮政账单的价格不仅要考虑账单实物的制作成本，还要考虑邮政制作账单时提供的其他增值服务的价格，如提供、维护名址数据等。从市场需求出发，以企业获取利润为前提，制定产品的最低价格及标准价格。然后根据对顾客性质的划分，对于大客户或普通客户，执行相应的价格优惠政策或规模价格策略。这样，既体现了邮政价格策略的人性化，又提升了邮政企业的竞争力。需要注意的是，邮政企业内部应明确遵循统一的价格标准，避免由于企业内部无序竞争而造成的价格大战。

3. 渠道策略

随着市场经济的不断发展，消费者的个性化需求不断增强。体现在渠道建设方面，就是市场对渠道的需求层次越来越高（图 3-2）。渠道是使产品或服务从生产者到消费者一通到底的完整通道。渠道建设的好坏影响着一个企业的成败。

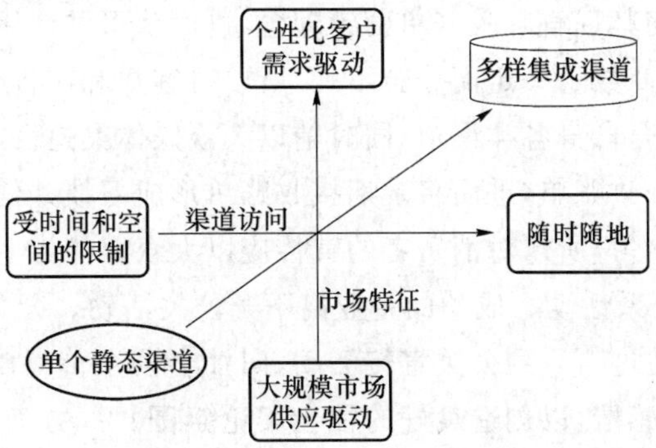

图 3-2　市场对渠道的需求趋势

对于邮政账单这种竞争性业务，邮政企业应以为顾客提供便利为根本，一方面整合自有渠道，主动贴近顾客；另一方面，实施联合经营，拓宽渠道。

（1）自有渠道

自有渠道建设以专业经营为主，充分发挥人员直销的优势，主动寻找客户并积极与之沟通;以网络直销为辅,利用高科技平台实现随时随地的账单业务营销推广,并对客户的个性化需求迅速做出回应;同时与营业窗口相配合,发挥网点和地域优势,做好邮政账单营销宣传和市场信息收集上报工作。

邮政账单的专业经营,是由邮政函件部门负责,建立专业的营销队伍,由专业的营销人员主动接近客户,发现并满足客户的需求。

(2) 合作渠道

邮政账单的联合经营,是指邮政函件部门和社会公告公司或印刷企业等关联行业达成合作,由这些协作单位把他们的客户中有寄递账单需求的推荐给邮政的一种合作方式。

1) 广告公司代理渠道。引进外部合作力量的一种形式是发展广告业务代理制,联合经营邮政账单。所谓广告业务代理制,就是通过与本地大型社会广告公司或媒体合作,将其发展为业务代理,借助他们的客户、媒体、创意、印务等资源优势,共同建立营销网络,增强竞争力。

2) 社会印刷企业交寄渠道。加强与可信赖的信封印刷、数据库技术提供商的合作,对印刷企业、数据库技术提供商的上游用邮客户给予流程优化和投递服务上的大力支持,协助社会印刷企业共同服务好用邮客户。

4. 促销策略

现代市场营销中的促销行为不是企业对顾客的单向"刺激",而是企业从满足顾客需求为目的出发,通过双向交流,实现顾客与企业间的双赢。在策划邮政账单的促销策略时,营销人员在让顾客了解业务基本情况的同时,应着重让顾客了解这些业务对满足他们某种需求的有效程度。同时,营销人员应为顾客提供业务使用前、中、后的全程服务,确保业务使用前便清楚其效果,使用中能随时掌握使用效果,使用后有完善的售后服务。如此,不仅可以激发潜在顾客的消费欲望,还将树立起邮政产品良好的口碑。

(1) 积极宣传邮政账单。广告宣传是迅速提升产品影响力、实现市场推广的重要产品促销方式。仅仅凭借营销人员进行邮政账单的营销宣传,在覆盖面上将受到局限,因此,应合理运用各种媒体传播邮政账单业务。目标受众不同,侧重使用的宣传方式也不同。对邮政客户的广告宣传主要目的是使其理解邮政账单营销理念,进而认可并使用,这就需要较多的内容介绍;由于客户和广告代理商数量一定而分布不均,所以对客户和广告代理商的宣传应以邮政数据库商函媒体为主,并整合自身各类渠道,同时辅以大众媒体渠道。对消费者宣传的主要目的是让消费者认知并接受邮政账单,进而将定期接收账单形成习惯并信任其所承载的信息,又由于消费者人数多且分布均匀,所以对消费者的宣传应以大众媒体为主。

(2) 定期开展公共关系活动。成功的企业离不开公关活动。公关活动是产品市场营销活动中的一项重要内容。通过一系列公关宣传活动,向社会公众传播邮政账单信息并进行相互交流,增强与公众之间的感情,以创造良好的社会舆论氛围。一方面,邮政可以开展一些联谊活动,例如,加强同协作单位的联系、沟通工作,定期邀请广告主管部门、广告协会、印刷企业及社会广告同仁举行座谈联谊活动;将重要客户请到账单制作中心,实地观看名址信息库、邮政账单制作过程及产品实样。另一方面,邮政还可以在热闹地段开展一些公益性活动,不仅提升企业在社会中的形象,而且达到宣传和促进商函业务发展的目的。例如,在"3·15消费者权益日",与消费者协会等相关部门协商,推出系列的价格维权和明白消费活动,既使企业履行了社会责任,又达到了邮政账单的传播效应。

(3) 体验式营销

体验式营销可以拉近与客户的距离，博得他们的好感，最终要的是通过体验活动，消除用户的顾虑，为业务的发展找到突破。邮政账单可借鉴这种“先尝后买”的营销方式，让客户先试用，之后再根据体验的结果决定是否使用该业务。体验的结果如何，是否达到了客户的期望水平，决定了客户能否认可并继续使用邮政账单。因此，开展体验式营销要注意以下几点：一是注意选择合适的目标顾客，进行试用营销；二是注意做好试用数据的精心筛选和账单设计，以确保较高的客户反馈率；三是与试用客户合理沟通，做好试用效果的评估。

市场营销从本质上说，是一种人际关系的互动。邮政企业只要以人为本，围绕顾客的需求，经常与顾客进行交流与沟通，就能把营销工作做出特色，赢得顾客的满意。

3.3.2　邮政账单业务的策划方案

1. 电信与邮政合作寄递电信账单项目建议书

(1) 前言

近年来，通信市场竞争激烈，经过多轮价格战的厮杀，移动与固网的实际资费已较为接近。同时，IP 电话分流了传统固网长途业务，移动短信业务的发展分流了部分固话语音通信量，同时移动宽带数据业务的发展也分流了固网宽带的市场份额。

随着市场竞争的加剧，谁在竞争中抢占市场，谁在服务上领先，谁就能获得持续发展的优势。

而且，随着消费者消费意识的增强，他们已不满足于简单的通信服务，要求享受到诸如信息服务、个性化服务等增值服务。这就必然要求通信运营商为消费者提供全方位的服务，要求各运营商从初级价格竞争转向服务竞争。

某市电信可利用该市邮政的网络优势、设计优势、制作优势，通过扩大电信账单投送量，直接面向客户，做好电信产品宣传促销工作，突出电信服务领先优势，使电信在市场竞争中提高服务水平，延伸服务内涵，提升市场竞争力。

(2) 现状分析

1) 用户分析

目前，电信拥有小灵通业务、互联网业务、IPTV 等多种业务，拥有一个庞大而复杂的用户群体，需要为客户提供人性化、个性化的服务，实施差异化的策略，才能提高客户满意度。电信若是在细分客户的基础上，对市场进行精耕细作，才能深度挖掘客户价值。

2) 媒体分析

当前，通信运营商投入大量资金到报纸、电视、户外等大众传媒中。而市场细分时代的到来，必然要求一种差异性强的分众传媒来对细分的市场开展针对性营销。账单作为一种直达目标客户的分众传媒正以其“一对一”的交流优势成为分众时代的重要媒体。商业信函在欧美国家十分普遍，人均每个月的信件量是 29.5 件，主要是水、电、银行以及话费账单。它有着比短信对账呼服务无法比拟的优势：直接面对客户，信息含量大，富有亲和力，还可利用本身的客户资源，开发商业客户业务宣传，培育电信新型的业务媒体。

3) 服务分析

目前，某市共有电信用户数 160 万人，其中高端用户约 30 万人；全市电信宽带用户数 50

万人。而市区每季电信账单制作量为 9 万～10 万件，均为固话和宽带积分账单；一区电信每月 2 万件(季初 5 万件)，均为小灵通月消费 50 元以上账单；二区电信每月 5 000 件；三区电信每月约 1 万件；四区、五区、六区断断续续制作少量。这个账单制作量，与目前电信市场规模是极不匹配的，无法满足大多数消费者明明白白消费的愿望，这与该市发达的经济地位不相符合。同时，电信账单应在现行基础上逐步提高小灵通账单和宽带账单的比重。

世界权威营销专家菲利浦·科特勒说：在营销传播手段日渐多元化，广告投放成本日益高涨的现代社会，企业必须要有更精确、可衡量的营销沟通，提高资本回报率。其中，直复营销将颠覆传统的营销模式，成为一种新的潮流。因此，电信将通过账单这个直复营销的平台，向客户传递消费对账信息，搭建自身独有的业务宣传平台(针对电信自身)，培育针对性营销的宣传媒介(针对广告商家)。

(3) 账单是电信投放广告的有效平台

1) 宣传内容

① 自身业务介绍：语音服务、小灵通业务、互联网业务、IPTV 业务宣传；

② 其他宣传形式：账单抽奖活动、搜集市场反馈(可附上明信片形式的信息反馈卡以及客户信息收集活动)。

2) 细分客户群体

因电信自身业务种类和品牌众多，因此在业务宣传方面应针对不同的目标群体，有针对性地选择宣传内容。

① 按客户性质不同，将客户分为单位用户和个人(家庭)用户两大类。

② 按使用业务的不同，将客户分为通话类、互联网类两大类客户群。

③ 按使用的情况不同，将客户分为固话类、无线通信类(小灵通)两类客户群。

④ 按使用的性质不同，将客户分为区内通话类、区间通话类(包括国际长话、国内长话、区间通话等)、短信类等。

3) 针对性的广告投放

在细分客户群体的基础上，有针对性地投放用户广告。

① 对于宽带客户，可以搭载“互联星空”、IPTV 业务宣传广告。

② 对于小灵通客户，可以搭载“七彩灵音”、“灵通秘书”、“来电显示”、“一机多号”等广告。

③ 对于企业客户，可以搭载“电信黄页”、“热线网站广告”、“114 商务热线”、“小灵通租机”、“17901 全能打”等广告。

(4) 账单是电信实施针对性营销的理想工具

1) 利用有效客户资源，开发广告宣传媒体

该市电信拥有宽带、IPTV 等不同的业务品牌，每种业务品牌拥有不同的用户群体。电信可充分利用自身的用户资源，进行用户细分，选择适合在账单媒体上作宣传的企业的联盟商家或是其他企业，把账单培育成针对性营销的新媒体。可以利用电信账单的空白区夹寄其他公司的产品、服务和活动的广告，扩大电信账单对账单用户的信息价值及对账单用户的吸引力，增加电信账单的附加值。这样既能够实现新的业务创收，又提高了电信在企业界的影响力。

2) 广告投放建议

广告投放建议如表 3-1 所示。

表 3-1 广告投放建议表

业务类型	用户特点	适合宣传的客户
宽带用户	随着宽带进小区以及智能化小区的发展,除企业用户外,宽带用户多为小区家庭用户。	电脑、家电、床上用品以及超市、卖场等家庭日用消费品广告商。
IPTV 用户	IPTV 业务是近年来新出现的业务类型,用户还未形成固定的消费习惯,因此使用此类用户的群体,往往是喜欢尝试新鲜事物、注重生活质量、具备经济实力的时尚人士。	酒吧、体育健身中心、美容美发、书籍、户外活动等广告商。

(5) 账单是电信提高服务水平的亲民举措

我国《消费者权益保护法》第八条规定,"消费者享有知悉其购买、使用的商品或者接受的服务的真实情况的权利"。

电信通过主动、免费向其用户和消费者提供消费账单,可以有效维护公民隐私,矫正不文明的缴费方式,满足消费者明白消费的愿望,这是电信服务的延伸。

1) 目标受众

手机高端用户、宽带用户、IPTV 用户,如表 3-2 所示。

表 3-2 目标受众推荐表

业务类型	业务发展措施
宽带用户	向宽带用户寄送账单,有助于电信自身的互联星空和业务的宣传以及日用消费品商家的宣传,能够为客户提供更多的增值和附加服务,从而培育顾客的忠诚度。
IPTV 用户	作为近年新开展的业务,通过寄送账单服务,赢得用户好感,有助于推动业务的开展。

2) 电信账单的寄送周期:每月一次

3) 寄送方式

对于一般账单以信件方式寄送;对于企业客户和重点个人客户可采取挂号信方式寄送。

(6) 项目运作建议

1) 双方共同成立电信账单实施项目组

由电信公司与邮政局市场部、函件广告局、收投公司等相关部门组织成立电信账单实施项目组,项目组由各级相关领导和部门人员构成,负责电信账单业务的开展。

2) 广告业务开展建议

① 电信账单搭载及夹寄广告由电信公司宣传企划部门统一运作。由电信公司制定统一的揽收电信账单广告的管理办法、费用标准,由市公司统一企划、统一组织市场推广、统一印制搭载以及夹寄广告宣传单页,在当期的电信账单中夹寄宣传广告。

② 电信公司负责对搭载以及夹寄广告内容进行落实审核。

③ 邮政利用自身丰富的账单广告策划、设计、制作等方面的优势以及大量的客户资源,与电信公司可以在电信账单广告上开展深层次的合作,邮政作为电信账单广告代理合作单位共同拓展电信账单广告市场。

(7) 电信账单实施效果预测

1) 有助于电信公司树立"诚信经营"的企业形象

定期向客户寄送账单,可以维护消费者知情权,让消费者明明白白消费,保护消费者的合法权益，增强公众消费透明度，营造放心的消费环境。能够提升企业的美誉度和客户的满意度，从而稳定并扩大公司的客户队伍。

2）有助于巩固老客户，促进业务发展

“二八法则”告诉我们，80%的收获来自20%的努力，其他80%的力气只带来20%的结果。即在投入与产出、努力与收获、原因和结果之间，普遍存在着不平衡关系。少的投入，可以得到多的产出；小的努力，可以获得大的成绩；关键的少数，往往是决定整个组织的效率、产出、盈亏和成败的主要因素。

电信通过账单为载体提供让客户满意的服务，宣传新的业务。留住一个忠诚的老客户所能带来新的业务增长，要比发展一个新客户容易得多，能够起到事半功倍的效果。

3）有助于企业节约营运成本

电信公司作为势力雄厚的大型企业，在品牌宣传上都有较多的投入，但随着各行各业的广告轰炸、品牌大战，一方面客户对广告敏感性开始下降，另一方面客户市场开始逐步分化。因此，采取大规模的广告宣传并不能找到所需要的受众。利用电信账单开展针对性营销比起在电视上、报刊上做广告成本要低得多。通过账单做广告，可以“一对一”地对目标客户群进行有效渗透，解决广告费浪费和广告达到率问题。

2. 有线电视/数字电视账单营销推广方案

（1）合作背景

某市广电网络公司自成立以来，依托集团优势，推进该市有线电视网的建设，拓展有线电视网络经营，逐步实施该地区人民文化生活的网络传输的宽带化、网络化、数字化和智能化，创造良好社会效益和经济效益，为和谐海西文化建设做出了巨大贡献。

同时，电信公司利用自身宽带网络也推出了数字电视业务，凭借强大的经济实力抢占了很多客户资源，给数字电视市场带来了前所未有的挑战。今天，服务导向性经济愈加明显，谁掌握了数字电视服务主流文化，谁就占领了客户制高点，就可以在市场上先发制人，获得竞争优势。

（2）合作优势

一是该市邮政具有丰富的营业网络资源优势，有强大的金融、网络投递和服务优势；二是该市邮政拥有消费账单策划、设计、制作、投递一站式服务的专业团队，实行终端拦截策略，稳定并抢夺终端客户；三是广电网络本身有庞大的固定客户群体资源。双方合作可达到资源共享、网络互补、优势共存、合作双赢的目的。

（3）合作项目名称

数字电视/有线电视话费告知催缴单、DM业务宣传。

（4）可行性分析

1）提高费用及时回收率

有线电视收视费、数字电视付费以及广电宽带上网费一般都是年度一交，缴费周期长，客户难于把握缴费时间，出现迟缴、漏缴、欠缴的现象，可由我局策划、设计、制作告知催缴账单（可夹寄广电客户回访卡、新业务宣传），提高欠费回收率。

2）用心关怀，传播企业文化

在账单上面设计问候用户的内容，体现广电网络公司的人性化的服务和关怀，用情感维系老客户。一份寄账单让客户明白消费的同时，也起到及时催缴的效果。充分利用账单传播企业文化，引领数字文化消费习惯，促进停机客户续费继续使用，为客户带来尊贵、个性的服务享受。

3）巩固老客户、开发新客户

宣传广电网络数字化电视的高清晰度、逼真音效和自主化选频，收费标准和收视费改变情况，通过网络宽带的优势来吸引老客户使用新业务，让老客户来带动新客户。

4）树立阳光服务典范

目前，已有通信、银行、保险、交通、社保公积金、石油等行业实行阳光服务，对客户的消费主动及时地寄递相应账单，给客户一个明白消费账单。广电网络账单对客户欠费进行及时催缴，尊重客户的知情权，带头树立责任形象，树立阳光服务典范。

5）构建广电网络和谐发展环境

由于不可控因素而导致客户不及时缴费而造成输送信号终止，给客户带来不必要的麻烦，有时还会出现不和谐的声音；而通过主动告知，可使客户及时缴费，主动服务，构建广电网络发展的和谐环境。

6）建立与用户沟通的信息渠道

利用账单的传播功能，及时将各种广告产品信息发布给用户，根据需要制作有回执功能的调查、反馈表，可以及时掌握用户发展动态，为广电网络发展提供决策参考。

（5）业务运作流程建议

有线电视账单的运作流程如图 3-3 所示。

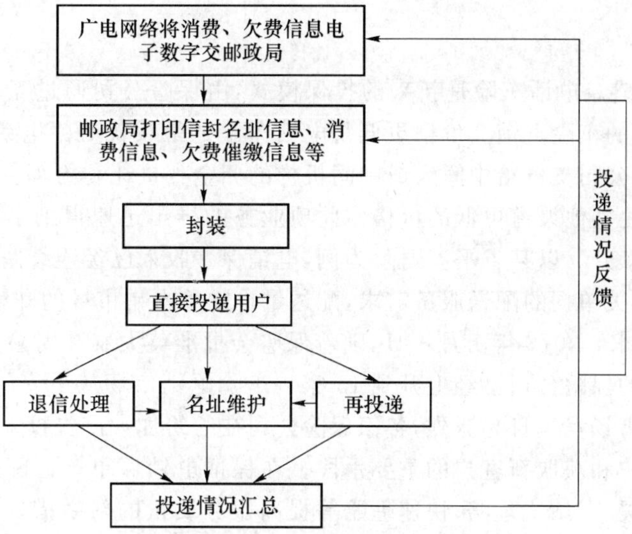

图 3-3　业务运作流程图

投递频次：按季度或半年一次、节假日其他辅助业务推广寄递。

（6）项目实施措施

1）修正名址数据库

该市广电网络公司拥有近几十万有线用户，客户变换名址频繁，一时难以全部用于交寄，我们将派专门名址管理员上门协助整理数据库，将名址不祥、一户多网、长年欠费的客户删除，将客户名址按路段进行全面的清理，筛选整理名址，保证准确投送。

2）全网协作、精细投递

邮政要求投递员及时按址投送，无法做到的要将记录情况交函件局；对社区物业统一收发的做好及时转交的解释工作；对名址不祥、已搬迁等情况的，更改名址进行二次投递。

(7) 效果分析

通过广电网络和邮政的密切合作,整合双方资源优势,充分提升广电网络服务水平,拓展数字业务范围,实现企业增效、用户忠诚的目的。同时,加大其他方面的合作,充分发挥已进入千家万户的网络优势,继续提升对市场的宣传和营销能力,让市民全面详尽地了解,创新行销、服务方式,全面满足客户需求,在竞争中获得持续、高速、稳步发展。

3. 电销车险单证寄递项目策划书

(1) 项目背景

随着各家财险公司电销车险市场竞争日趋激烈,通过提高服务来提升品牌形象,达到维护客户和获取新客户的目的,成了各财险公司争抢市场份额的重要手段。针对电销车险市场纷纷推出了"保单寄递上门"、"快速理赔一袋式服务"等旨在提高客户服务质量的新举措,此种服务已经成为各财险公司的刚性需求。

(2) 营销目标

1) 收入目标:2012 年力争实现单证配送收入目标 450 万元。

2) 客户开发目标:保证人保财险、平安财险、阳光财险、大地财险、天平车险五家财险公司电销车险单证寄递的开发与全省推广;同时寻求与太保等其他保险公司的单证寄递合作机会。

3) 服务质量目标:单证寄递和回收时限达到保险公司要求。

(3) 市场分析

1) 市场需求

① 客户需求旺盛。电话车险是新兴的投保模式,由保险公司通过互联网、电话和客户直接交易,是保险公司的车险直销。价格更低是电话车险的最大优势。电话车险专属产品省去了中间环节,把保险公司支付给中间人或中间机构的佣金直接让利给车主,使车主在体验便捷投保的同时享受到比其他渠道更低的价格。此项业务的推出迅速得到了客户的青睐,电销保费收入也逐年迅速攀升。以某省平安财险为例,电销保费收入已经连续两年翻番,并由此产生了投保单、保单等相关单据的配送服务需求,配送量也随着电销市场的旺盛迅速增长。

② 市场竞争需求。2012 年 1 月 4 日,随着保监会批准英大泰和财险开展车险电销业务,采用电话车险业务的保险公司已经上升到 15 家。车险电销市场从平安的一家独大领跑市场向群雄逐鹿过渡。市场竞争日趋激烈,各家保险公司在纷纷加大广告投入的同时,也将提高服务质量作为保有客户和获取新客户的重要手段。在保证电销保单单证配送质量的同时,纷纷推出了道路免费救援、一站式理赔、快速理赔等提高服务质量的新举措。其中,一站式理赔通过对理赔资料的快速回收,节省了用户的时间,缩短了理赔时限,此项需求也为邮政提供了切入的机会。利用邮政遍布城乡的投递网络与保险公司合作进行理赔资料的回收,在为其提高服务质量的同时获得良好的经济效益,形成共赢的合作局面。

2) 市场空间

2011 年,该省电销车险保费突破 20 亿元,保守估计 2012 年电销车险将以 30%的速度增长,达到 26 亿元左右。按照平均每单 3 500 元计算,通过电销渠道投保的用户将达到 74 万人左右,市场潜力巨大。

(4) 客户分析

2011 年电销保费收入前十名的保险公司见下表(略)。

(5) SWOT 分析

1) 优势

邮政配送服务具有以下差异化竞争优势。

① 安全、无处不达。邮政具有遍布城乡的投递网络，不仅可以提供普遍性服务，还可以提供个性化投递服务。

② 延伸服务。邮政不但可提供投递回收服务，还可依托邮政储蓄网点实现收取保费后资金的快速、安全划拨。

2）劣势

① 部分地区投递质量和服务深度有不到位现象。

② 投递员车辆投保、车辆理赔方面专业知识欠缺。

③ 其他快递公司纷纷加入对电销车险单证配送市场的竞争。

3）机遇

① 电销车险市场前景看好，需求旺盛。

② 电销车险单证配送为刚性需求，可以以此为基础建立与保险公司的良好合作关系。

③ 越来越多的保险公司进入电销车险市场。

4）挑战

① 邮政缺乏个性化投递服务的经验，投递质量有待提高。

② 对于个体户、灵活就业人员、农村居民等投递难。

（6）推进措施

（1）提高服务质量，满足客户需求

坚持以客户为中心的理念，细化寄递流程，缩短配送各环节时限，各部门加强沟通协作，全面提升投递服务质量。

尽快组建函件专业商业化专投队伍，满足日益增多的个性化投递服务的需要，利用信息系统提供全流程监控和信息反馈，确保服务质量，提高客户满意度。

（2）强化流程管控，推进复制营销

省公司成立项目执行小组，定期通报督导全省项目运行情况，及时发现、解决项目运行中存在的问题，以交流带动发展；及时通报开发情况，加强经验交流，促进行业复制。

4. 社保账单项目策划书

（1）项目背景

2010 年 10 月 28 日全国人民代表大会常务委员会通过了《中华人民共和国社会保险法》（以下简称《社保法》），自 2011 年 7 月 1 日起施行。该法规定要“定期将个人权益记录单免费寄送本人”。由此看来，邮寄社保账单将是社保部门的一项常态工作，它不但符合社会保险信息披露的要求，增加社保基金管理的透明度，而且切实保障所有参保对象的知情权，维护参保对象的合法权益。

（2）营销目标

福建省已开展养老保险寄递等社保账单业务，但社保账单现在主要以第三方付费方式进行少量邮寄，主要账单为养老保险及医疗保险。《社保法》实施后，将完全由政府出资，完成定期将个人权益记录单免费邮寄本人的行为；并逐步由单一的养老、医保账单变为多种社保账单，同时开放社保账单的更多功用。

（3）市场分析

1）市场需求

①《社保法》颁布实施

第七十四条规定：社会保险经办机构应当及时、完整、准确地记录参加社会保险的个人缴费和用人单位为其缴费，以及享受社会保险待遇等个人权益记录，定期将个人权益记录单免费寄送本人。

② 政府信息公开需求

《中华人民共和国政府信息公开条例》规定：行政机关对涉及公民、法人或者其他组织切身利益的政府信息应当主动公开。目的是保障公民、法人和其他组织依法获取政府信息，提高政府工作的透明度，促进依法行政，充分发挥政府信息对人民群众生产、生活和经济社会活动的服务作用。

③ 维护公民合法权益

公民维护自身权益的需求。在政府部门执法或资金管理的过程中，公民有权利要求政府部门提供执法告知或参与社会保障服务的对账凭证，作为法律依据来保护自身利益。通过社保账单的寄递，维护了公民参加社会保险和享受社会保险待遇的合法权益，保障参保人的知情权；同时也是一种书面参保凭证，可以作为对账依据，可以方便社保关系转移接续。

④ 社保基金"阳光运行"

政府深化行政服务改革的需求。党的十七届二中全会通过的《关于深化行政管理体制改革的意见》中指出行政管理体制改革的核心是转变政府职能，建设服务型政府。行政管理体制改革的目标是打造"阳光政府"、"法治政府"、"服务政府"。政府有履行主动告知的义务。这是参保职工监督本单位为其缴纳社会保险情况的重要途径，同时也是社保基金接受社会监督的有效手段之一。

2）市场空间

依据福建省人力资源和社会保障事业发展"十二五"规划相关内容可知社保账单市场空间巨大。福建省社保参保人员相关情况如下。

① 参加城镇基本养老保险人数为 988.4 万人，城乡居民社会养老保险人数为 840.3 万人。

② 参加城镇基本医疗保险人数为 1 518 万人。

③ 参加失业保险人数为 493.4 万人。

④ 参加工伤保险人数为 594.4 万人。

⑤ 参加生育保险人数为 561.5 万人。

（4）客户分析

1）目标客户

① 执行机构：省人力资源和社会保障厅、市人力资源和社会保障局。

② 经办机构：社会保险基金管理局（中心）。

2）发布情况

① 发布内容：权益记录单，指养老保险对账单、医保对账单等。

② 发布周期：定期一年一次。

③ 费用情况：免费。

④ 发送方式：以信函方式寄送到参保人本人。

⑤ 发送期限：按社保法要求，在社保法执行一年的 3 个月内，即 2012 年 7～9 月。

（5）SWOT 分析

1）优势

邮政账单服务具有以下差异化竞争优势。

① 安全、无处不达。邮政具有遍布城乡的投递网络，不仅可以提供普遍性服务，还可以提供个性化投递服务。

② 账单服务解决专家。各市均设有制作中心，具有丰富的账单设计、数据处理、打印制作、投递反馈、退信处理等一站式服务的经验，严格规范的制作与流程管理可确保账单邮寄的质量及保密性。

③ 延伸服务。邮政不但可提供账单服务，还可提供对账、催缴、转移等全方位的服务，为政府公用事业单位解决便民问题。

2）劣势

① 部分地区投递质量和服务深度有不到位现象。

② 部分社保数据可投递性差或根本无法投递。

3）机遇

① 社保法的颁布实施，成为政策依据。

② 根据社会保险广覆盖、多层次的方针，参保人员必将逐年增加。

③ 社保政策、社保法宣传迫在眉睫。

4）挑战

① 社保数据的名址信息的准确率低，投递质量不理想。

② 面对庞大的社保人群，政府邮寄成本压力很大。

③ 对于个体户、灵活就业人员、农村居民等投递难。

（6）开发策略

本着明确目标，先点后面，先易后难的原则进行业务开发。

1）找准客户，找准关键部门、关键人。

2）找准方向，先开发养老保险对账单，起到示范带动作用。

3）如果一次性邮寄有困难的话，也可以分批邮寄，根据社保缴存额度、缴存年度对人群进行细分，如先开发离退休人员的账单。

4）成功开发养老保险账单后，再开发医疗保险账单、养老保险转移接续、养老保险金领取资格认证等社保账单业务。

（7）4P 营销策略

1）产品策略

① 单据寄递。邮政为社保部门提供个人对账通知寄递工作，并作为留存凭证的一种服务，可提供缴费通知、催缴通知单寄递服务，提高社保部门工作效率。

② 其他服务。可实行短信提醒、打印制作、地址清洗和核址等服务。

2）价格政策

价格包括基本价格和个性化服务费用两部分。社保账单基本价格为信件邮资，个性化服务费用由各地根据客户的需求和邮政所提供的服务协商确定。

3）渠道策略

邮政是唯一提供地址数据清洗、打印、制作、投递、信息反馈等一站式服务的供应商，同时利用多种措施保证数据与邮件的保密性和安全性，使账单快捷、安全地送达目标手中。

4）促销策略

① 试点运作——可选定某一区域或某一特定业务作为试点，通过抓好服务质量获取客户的认同，再逐步扩量。

② 行业带动——组织社保相关单位到成功开发的地区进行现场观摩、经验交流，让客户亲身了解邮政的服务能力和服务现状，进一步信任邮政，达成合作。

（8）推进措施

1）以服务为突破口，满足客户需求

① 坚持以客户为中心的理念，分析客户内在的需求，帮助客户解决实际问题。

② 利用商函信息系统提供全流程监控和信息反馈，确保服务质量，提高客户满意度。

2）以培训交流为推手，推进复制营销

以培训提高认知，以交流带动发展。通过组织培训交流，及时通报开发情况，加强经验交流，促进行业复制。

3.3.3 邮政账单业务的案例分析

1. 明明白白我的"税"——某省邮政开发地税个人完税证明寄递便民项目

（1）借巧力：民心工程达共识

随着社会的发展，公民日益重视维护自身的知情权，"明明白白纳税"的意识逐渐增强，特别是某省委考核办将个人完税证明寄递项目列为"为民办实事"的民心工程，该省邮政函件广告局敏锐地把握这一机遇，将民心工程作为项目开发的最佳切入点，把个人完税凭证账单做成一项收益好、易操作的木本性业务。

省邮政函件广告局成立地税个人完税证明寄递项目开发组，组织营销人员认真研究税务部门相关文件，并结合邮政函件自身优势，本着合作双赢的宗旨，从开具个人完税证明是为纳税人服务、邮税部门强强联合开辟便民服务的新通道；是提高公民依法纳税意识、提高个人所得税的征管质量，推动全员全额管理的新举措；是提升地税整体形象，优化纳税服务和提高税费征缴效率的新角度出发，拟定了详细的营销方案。

除地税部门外，纳税人的态度也是税务部门决定是否实行个税证明邮寄的关键因素之一。省邮政函件广告局以调查问卷的形式征求纳税人对实施完税证明寄递的意见。纳税人纷纷响应，书面呼吁地税部门应为纳税人出具完税证明，这也为完税证明账单的开发提供了市场条件。

准备就绪后，省邮政函件广告局积极与地税部门联系，向其主管领导提供了完整的个税证明邮寄实施方案和纳税人调查意见函，并阐述了开具完税凭证的社会性、合理性和重要性，并以搭建税务部门和纳税人沟通的桥梁、邮税部门携手开发的民心工程为切入点进行推介，得到地税部门主管领导的初步认可。在此基础上，该局项目小组及时跟进，多次邀请地税局相关领导到函件制作中心参观，最终双方顺利签订了个人所得税完税证明制作寄递合作协议。此次寄递的账单主要在中、高端收入人群中试投，并逐步向全社会推广。

（2）挖潜力：广告招商拓渠道

在用好个人完税证明加载广告这一策略的基础上，省邮政函件广告局放宽了承揽广告区域范围，各市函件局既可承揽全省范围广告，也可根据客户需求承揽各市范围或部分县（市）区域范围广告，明确广告收入计入各局函件收入。省邮政函件广告局广告制作中心提供业务支撑，根据各市局加载广告不同区域范围，分别进行封装。全省范围广告由省邮政函件广告局审核，区域范围广告由各市邮政函件广告局审核。此举极大地激发了各市函件局承揽广告业务的积极性。

（3）拼实力：专业服务赢信任

在前期运作中，为确保个人完税证明安全、准确、及时地寄递到纳税人手中，结合个税证明的特殊性,省邮政函件广告局充分整合资源,严格执行保密制度,对数据处理、打印质量、封装规格、邮寄要求、投递跟踪、退信处理等各个业务环节进行专门部署,制定了详尽的业务流程,形成了"一条龙"的处理模式和服务体系,有效地保证了个税证明的投递质量。

在运作过程中,省邮政函件广告局指派专人对地税局提供的纳税人相关信息按账单格式进行程序编排,并对信息内容进行二次核对,确保无误后,进行名址信息录入、批量打印和封装。为确保数据的保密性,该局制定了严格的数据交接手续,对地税局提供的数据资料严格执行密封交接、登记签收手续等。

此外,为确保投递到位,省邮政函件广告局要求各市函件局负责组织协调,市区范围内由专投队伍进行投递,县域范围由普邮队伍进行投递,确保每个单位个人所得税完税证明投递出去的有签收,投递不出去的有退信,做到封封有着落,件件有统计。在投递结束后,省邮政函件广告局要求各专业局整理全部投递清单并装订成册,原件交地税局,复印件留存备查,进一步提高了项目运行质量。

点评:

该省邮政函件广告局在开发地税个人完税证明寄递便民项目中,紧紧抓住客户的需求,找准切入点,引导客户更多地使用邮政账单业务,实现对客户价值的深度挖掘;此外,他们充分发挥邮政自身优势,尽可能为客户提供优质服务,帮助其解决实际问题,从而与客户建立起紧密互动的合作关系,以此实现对市场的成功开发和业务的持续发展。

2. 全力打造木本业务——某省邮政银企对账单业务发展一览

(1) 总部统谈加基层分签

总部统谈有助于统一资费价格、统一形象、统一考核投递质量、统一结算投递费用和协调省会局与各市局的责权利关系;基层分签则有助于基层单位银企对账的对接和工作协调。

某省邮政公司与各金融机构建立了高层定期会晤制度,签订总部合作协议,沟通银企对账单事宜。而每年年底,该邮政公司还会组织各市邮政、银行银企对账工作人员召开座谈会,交流经验。

省农村信用社在全省拥有最多的金融网点,在业务指导上,省、市、县垂直管理,在关系隶属上,则属地方管理。该省邮政总部经济拓展部和省直邮团队联合向省农信社推介银企对账单服务方案,邮政成熟的银企对账单服务能力和经验很快就打动了对方,双方顺利签订了银企对账单合作协议。各市、县则在总部协议的基础上,分别签订具体操作协议。

(2) 解决方案加数据分析

为拓展该项业务发展规模,2011 年,省直邮团队成立后,策划了金融行业银企对账单整体解决方案。

整体解决方案整合邮政数据服务能力、资源整合能力和流程管控能力,细化双方合作方式、服务内容、价格、数据交接与保密等内容。解决方案对客户非常关注的企业对账后的信息反馈,提出了具体措施,即:将对账单制作成一式两份(一份企业留存,一份对账后返回银行);同时制作回函专用信封,与对账单一并装入信封寄给企业,以方便企业邮寄反馈信息。然后,把客户银企对账单的回函寄回到为银行开设的专用信箱,将数据合成一份完整的退信及回函资料交给银行。另外,该解决方案还提供多渠道信息反馈方式,在发送银企对账单之前,向企业客户发送提示对账短信,有效提升对账时效。

省会局向城市信用社推介数据库整体解决方案后,双方启动了深入合作计划。省直邮团队和省会局为其提供数据处理专业服务,采取名址标准化处理,提取并向有手机联系方式的客户发送对账告知短信。数据处理服务为该行银企对账业务带来了实际的利益，帮助该行从烦琐的银企对账工作中解放出来，相对于该行原来的对账方式，对账效率提升了30%。

(3) 狠抓服务赢得客户

银企对账单业务虽说是一项高效、长效业务，但也是一项涉及部门较多、业务流程比较复杂的业务，对处理时限及对账率有着比较严格的要求和考核。因此，该省邮政公司将提升银企对账单业务的服务质量作为一项系统工程来抓。

措施之一，推出银企对账单上门服务。不管哪家金融机构，不管是省级层面，还是市县级层面，只要对方提出服务要求，哪怕是一封银企对账单，省邮政公司都会提供上门服务。

措施之二，推出1小时响应机制及有问必答机制。不管是金融机构还是对账企业，只要客户有业务需求，邮政各级机构必须形成记录，并在1小时之内给予响应，凡是客户提出的问题，做到有问有答，绝不允许推脱搪塞。

措施之三，推出信息共享服务。邮政各级部门主动与各银行共享银企对账单数据交接、总包交接、投递、回收等数据信息，从而确保银企对账单件件有着落、件件有回音。

措施之四，推出附加服务。首先是设计银企对账回执揽收确认函，创新流程管控模式，全程跟踪银企对账单投递、回收流程，形成纸质凭证，明晰各方责任和义务，查找银企对账单投递难题，有针对性地提出解决方案；其次是提供银企对账单提示短信群发增值服务。

点评：

良好的服务是业务可持续发展的前提，整体解决方案加数据分析是业务营销成功的根基。通过上述成功案例的经验，进一步证实了方案营销、总部营销等科学的营销方式带给我们的高效益与高收益，同时将邮政从价格折扣和优惠中解放出来，从而实现更好的经济效益。

3. "舞活"账单市场——某市局开发交警专项账单项目营销小记

2009年7月23日，经过近4个月的营销公关，某市邮政局与市交警大队签订了"电子眼"专项账单合同，成功开发交警专项账单2万张。

年初，某市为进一步加强对城市道路交通管理工作，改善城市道路交通秩序，夯实交通管理长效机制，创造更加安全、畅通、文明、和谐的交通环境，实现"文明交通、和谐交通、绿色交通"的目标，由市交警大队在全市各个交通主要路段全面实施安装"电子眼"工程。

3月下旬，该市邮政局函件中心在与市交警大队接触过程中了解到这一信息，中心账单项目责任人敏锐地意识到可通过邮政账单帮助交警大队在全市大力宣传"电子眼"工程，是一次向市交警大队扩大推荐邮政业务的好机会。

"我们与邮政多年来在交通违法处罚通知账单上有长期合作的默契，一直保持着良好的沟通渠道，渴望在'电子眼'宣传上与邮政有更好的合作。"该市交警大队大队长对与邮政的合作情有独钟。

客户的信任是赢得业务发展空间的最大优势。4月初，该市邮政局成立了交警账单专项营销小组，围绕交警部门拟从新形式、新载体、新内容宣传角度在全市普及交通法规，以提高交通参与者的现代交通意识和提示"违规罚款金额早知道"知识等为突破口，在较短时间内拟订了两套项目方案。

"方案的多样性能够让客户有选择的余地，我们的用心更能赢得客户的认可。"该市邮政局函件中心主任坚持在项目策划上多样化。

4月15日，市邮政局项目小组人员带着两套方案与交警部门进行沟通，并详细地向市交警大队主要负责人介绍宣传方案，赢得了对方的认可，对方初步同意将邮政账单作为宣传媒介予以考虑，并希望利用账单的背面和内件作为交警部门宣传交通法规的“阵地”，项目开发取得初步突破。

为保障项目顺利促成，该局函件中心项目小组人员在随后的项目跟进过程中，不分上下班，放弃双休日及节假日，组织人员多次登门拜访交警部门相关领导，共商账单设计方案修改问题，力求使账单更完美和有效。

在账单策划上，该局函件中心注重从市交警大队关注的焦点考虑，在宣传“电子眼”工程的同时，看重借助账单媒介形式向违法司机随账单夹寄《交通安全小常识》等宣传材料，向广大司机朋友们宣传酒后驾驶、超速、超载的危害性，给交通参与者提供足够的法律援助，并在账单背面印制“交警部门温馨提示”，使交通参与者能够入耳、入眼、入心。

该市邮政局函件中心项目小组人员经过不懈努力，最终赢得该项目的成功。

点评：

某市邮政局与市交警大队达成的专项账单合作，成功之处在于邮政营销人员善于以敏锐的洞察力发现市场，拓展市场，这是项目成功的前提；同时，与客户建立的良好长期沟通关系，从不断沟通中捕捉信息，这是该项目成功的关键；此外，在项目策划过程中，邮政专业人员善于从客户需求关注焦点考虑，让自己的策划思路与客户的思维有机融合，实现不谋而合，是赢得项目成功的保证。

4. 以媒体化运营理念促账单业务转型

“还在等待邮寄账单吗？那就 out 啦”，“使用电子账单，赠送 50 元话费”，“短信银行，助你轻松查账”，“低碳生活、支持环保、绿色账单……”诸如此类短信或者宣传语对于邮政人来说还不太愿意接受，但毕竟对于消费者个人特别是居不定所的新生代，这种意识已经越来越强了。面对这种情况，某市邮政商函局以媒体化经营理念和“帮客户赢”的服务理念，有效整合粤通卡客户资源，对纸质账单的媒体化经营进行了有效探索。

(1) 变成本中心为利润中心

2010 年，恰逢粤通卡客户提出削减预算，采用电子账单的想法之时，为确保粤通卡纸质账单的邮寄量，同时提升客户服务水平，市函件局针对粤通卡客户的特点和分布等特性向客户提交了一份粤通卡账单媒体化运营的项目提案，提案中建议利用媒体化经营的理念引入第三方客户，通过第三方赞助的形式发布与汽车相关联的产品和服务信息，粤通卡将纸质账单由“成本中心”转变为“利润中心”。这样一方面可以减轻粤通卡纸质账单的成本压力，另一方面可以有效提升粤通卡的客户服务水平和客户满意度。

由于该提议体现了邮政“帮客户赢”的服务理念，得到了粤通卡客服中心高层的高度赞赏，并马上形成了一份粤通卡账单媒体化运营的可行性报告提交给董事会研究，但由于该企业对客户的数据保密要求非常高，而且之前也没有运作类似项目的先例，此项目被搁置下来。

(2) 以联动营销推动项目进展

转眼到了次年 3 月，由于粤通卡客户的不断增多和物价的不断上涨，粤通卡纸质账单项目的成本压力越来越大，为减轻成本压力，粤通卡所属企业的董事会同意了账单媒体化运作的可行性方案，并要求其客服中心、财务部、市场部等几个部门对该项目的可行性及实际运作模式进行详细研究。

该市商函局自告奋勇与客户一起对项目的可行性及实际操作进行研讨。他们结合自身经验、市场的反应及接受程度等因素，针对粤通卡账单媒体运作模式、定价、赞助模式等提供专业和详细的建议。由于没有相关项目的运作经验，刚开始时，客户担心项目运作的效果，为了消除客户的顾虑，该局提出了整合客户资源来推广该项目的思路，得到客户的充分认可，为该项目的启动打下了良好基础。

(3) 以行业关联型营销拓展市场

9月，粤通卡所属企业的董事会正式通过了账单媒体化运作项目，同时要求必须在2012年春节前实现零的突破。该商函局召集了多名资深营销精英进行了“头脑风暴”，他们结合运作建设银行账单媒体项目的经验和粤通卡客户的特性，提出了行业关联性营销思路，即对与粤通卡相关联的商家或与汽车相关联的产品进行重点营销。

确立了营销思路后，该商函局立即成立了专业项目组，并组成了3个突击小分队；同时，他们将此项目的信息资料发给县(区、市)邮政局，通过全市联动营销的模式形成整合型营销的市场效应。不仅实现了可观的新增收入，而且提升了客户对邮政的粘连度，对账单媒体化经营进行了有效探索。

(4) 复制成功案例，扩大转型战果

随着电子账单的不断普及和精准营销需求的不断提升，账单媒体化既是邮政函件转型的需要，也是客户资源整合营销的需要。该商函局在探索、实战过程中注重留意细节并加以总结。他们认为，账单媒体化营销可有效弥补邮政名址数据不完善、数据属性不够丰富的缺点，而且形式可实现多样化，如可选择信封广告、夹单广告、账单背面广告、账单植入广告等模式。合作对象可以首选数据量大、数据属性丰富、市场需求大的客户，这样有利于项目的快速启动和复制。

点评：

账单业务如何应对电子化冲击，已成为目前各级邮政企业日趋关注的话题。某市邮政商函局以媒体化经营理念和“帮客户赢”的服务理念，在探索账单媒体化营销之路上进行了有益探索。他们将账单看成是一种典型的直销媒体，在为客户提供更多增值服务的同时，使之成为培养客户忠诚度和展现企业形象的新型营销和服务的平台。

思考题

1. 邮政账单业务的特点有哪些。
2. 请列举当前你所知道的账单的种类有哪些。
3. 账单市场开发中应注意哪几个方面的问题。
4. 以金融行业为列，试阐述账单的开发流程。
5. 如何拓展账单的种类和功能？

第4章　邮政贺卡业务市场开发与策划

中国邮政贺卡业务经历了20年的发展已初具规模。中国邮政贺卡已经成为社会各界人群互贺新年、相互祝福、传递信息的重要载体，对弘扬中华民族书信文化，促进经济发展与建设和谐社会，发挥着日益重要的作用。同时，邮政贺卡已成为函件业务的一项重要产品，对保持函件业务又好又快的发展起着举足轻重的作用。

本章主要从邮政贺卡业务的概述、邮政贺卡业务的开发策略以及邮政贺卡业务市场分析等方面进行详细的讲解。

4.1　邮政贺卡业务概述

4.1.1　邮政贺卡的历史渊源

贺卡的产生源于人类社交的需要。贺卡在我国的使用由来已久，在古代，上层士大夫有用名帖互相问候的习俗。自汉朝以来，贺卡作为传统形式一直延续保留，只是名称有所变化。贺卡初期叫“名帖”，以介绍自己为主；西汉称之“谒”，今天贵宾相见还在说“拜谒”；东汉后叫“名刺”，名刺一词日本至今仍在使用，就是我们常用的名片。贺卡的商业性邮递从宋代开始。张世南的《游宦纪闻》中载，每逢冬至、近年，“凡在外官，皆以状至其长吏”，这是邮政作为贺卡信使的最早记载。中国的传统文化比较重视元旦和冬至。元朝马臻《至节即事》一诗中的“天街晓色瑞烟浓，名纸相传尽贺冬”，明朝文征明《贺年》一诗中的“不求见面惟通谒，名纸朝来满蔽庐”，分别描述的就是那时冬至、新年百姓互传贺纸的情景。

1982年，中国邮政发行了第一轮中国邮政贺年邮资明信片，这轮贺年明信片的规格均为148 mm×100 mm，即普通邮资明信片；1992年，中国邮政开始发行贺年有奖明信片；从1993年起，中国邮政开始增加发行贺卡型，同年开发了供企事业单位树立形象、宣传企业文化的载体——“企业拜年卡”；随后，2004年，中国邮政增加发行信卡型；2007年增加发行幸运封；2008年增加发行自创型；2009年增加发行15元贺卡型。此外，中国邮政还发行过异形片、动感卡、幸运封1+1等。

从1992年开始的前几年，邮政贺卡主要针对个人消费市场，逐渐为社会所认知。从2006年开始，邮政贺卡以定制市场为主，贺卡市场逐渐由社会贺卡主导变为邮政贺卡主导，得到了社会大众的普遍欢迎和各行各业的认可，邮政贺卡找到了一条有中国特色的发展路子。发行数量从最初的数百万枚发展到近年来的10亿枚，涉及包括政府、公共事业、金融、通信、教育、旅游、房产、医疗等众多行业。

中国传统文化中非常强调“礼”，礼曾是中华文化的精髓。贺卡用于联络感情和互致问候，既方便又实用，成为中华传统文化的一部分。贺卡与其他通信工具相比最大的特点就是可以书写问候语、祝福语。现代人生活节奏加快，使用贺卡有利于静下心来理性地表达自己的情感，有利于挖掘出埋藏在个人心底的深情厚谊，这也许就是贺卡文化的魅力所在。

4.1.2 邮政贺卡业务的概念

邮政贺卡业务是中国邮政函件业务的重要组成部分，是中国邮政特有的邮资类业务之一。邮政贺卡业务从最初发行到现在出现了很多品种。其中，邮资明信片最为社会大众所熟知和认可。此外，邮政贺卡业务还有邮资信卡、贺卡等多种形式。在此，从业务品种的角度和业务划分的范畴来熟悉几个常见的邮政贺卡概念。

从广义上讲，邮政贺卡业务统指所有的邮资封片卡业务，主要包括邮资信封、邮资明信片、邮资信卡、贺年有奖贺卡等。邮政贺卡是以中国邮政发行的邮资封片卡为载体，使人与人之间、企业与企业之间、企业与客户之间保持联系与沟通。可作为文化传播及广告的媒体，广泛用于各类企事业单位、团体、个人，可作为产品广告、企业宣传、业务介绍、意见征询、信息反馈、风光宣传、旅游景点及活动门票等。

1. 邮资明信片

邮资明信片是中国邮政发行的，将标有邮资作为交寄邮件的纳费标志的邮票图案印制在用于投递的硬卡纸片上的一种明信片，以宣传企事业单位形象和产品为主要内容。邮资明信片按形式又分为普通型、副片型、连片型、本册型。

2. 邮资信封

邮资信封是中国邮政发行的一种印有邮资图案的标准信封，可在标准信封指定位置印制企业单位的宣传内容、企业标识、名称、地址、电话等内容，集宣传、鉴赏和收藏为一体，可作为办公用品、纪念品及礼品使用，设计美观，实用价值强。

3. 邮资信卡

邮资信卡是邮政部门发行、对折式不需套寄的通信卡片。信卡综合了明信片和邮简的特点，外形似双明信片，使用方法似邮简。信卡折叠后的正面书写收、寄件人名址，信文写在里面，邮寄时对折，将三个边齿孔外的边纸粘住，信文不公开。收件人沿齿孔撕掉边纸即现信文。

从狭义上讲，邮政贺卡业务只指贺年有奖贺卡，包括普通型、信卡型、贺卡型、幸运封、自创型等类别。2007 年，中国邮政为利于品牌推广，将原有的邮政贺年(有奖)明信片、企业拜年卡、企业金卡等名称统一规范为邮政贺卡(贺年有奖贺卡)。邮政贺卡是由中国邮政集团公司统一发行，为各政府机关、企事业单位量身定制的个性化贺卡，集贺年祝福、抽奖、宣传、集邮鉴赏和收藏为一体。除节日期间相互祝福之外，对企事业单位具有良好的宣传作用，是扩大知名度，树立社会形象，密切员工和客户关系的得力助手。

4.1.3 邮政贺卡业务的分类

邮政贺卡业务有多种分类方式。从产品形式角度分为邮资明信片、邮资信封、邮资信卡、贺年有奖贺卡等类别；从抽奖角度分为有奖贺卡、无奖贺卡两种；从发行时间角度分为日常贺卡和年底贺卡两种；从营销方式角度分为销售型贺卡和定制型贺卡。年底销售型贺卡又分为国版和省版两种:国版由中国邮政集团公司统一设计、制作,在全国范围发行、销售,分为普通型、信卡型、贺卡型、幸运封、自创型等品种;省版由各省(区、市)邮政公司在国版的基础上,设计地方题材的图案,共有普通型、信卡型和贺卡型三个品种。年底定制型贺卡也分为普通型、信卡型、贺卡型、幸运封、自创型等品种。下面对普通型、信卡型、贺卡型三种主要品种的规格、价格、广告位和印量作详细描述。(注:本章主要从定制型贺卡市场开发的角度讲述相关内容)

1. 普通型

规格:183 mm×100 mm

广告位:明信片背面,正面 50 mm×50 mm

邮资:0.8 元(生肖邮资图案)

售价:1.8 元/枚

起印量:2 000 枚,并以 1 000 枚整数倍递增

普通型贺卡如图 4-1 所示。

图 4-1　普通型贺卡

2. 信卡型

规格:186 mm×128 mm(折叠后)

广告位:除邮资面以外其他三面均可印制广告

邮资:1.2 元(生肖邮资图案)

售价:2.8 元/枚

起印量:2 000 枚,并以 1 000 枚整数倍递增

信卡型贺卡如图 4-2 所示。

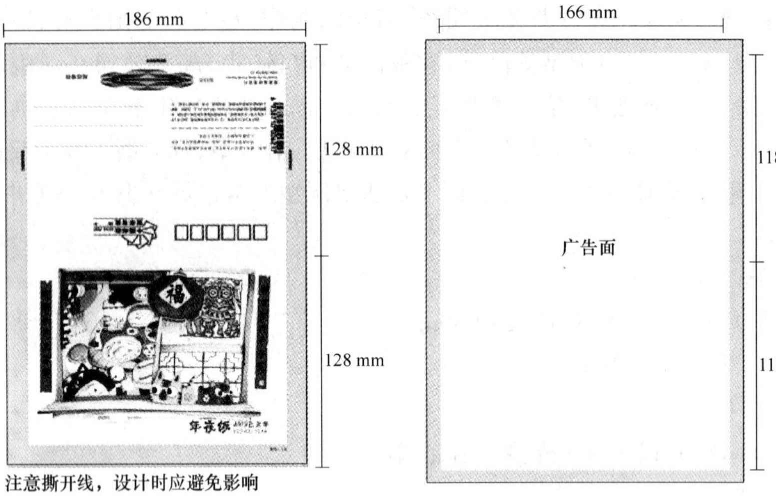

图 4-2　信卡型贺卡

3. 贺卡型

C5 信封规格:229 mm×162 mm

广告位:信封“位置 1”和“位置 2”可分别印制客户的宣传图案和通信地址;内件可以选择集团公司提供的贺卡,也可自行设计。

邮资:2.4 元(生肖邮资图案)

售价:5.5 元/枚

起印量:2 000 枚,并以 1 000 枚整数倍递增

2009 年开始发行植物贺卡、刺绣贺卡、影视贺卡、丝巾贺卡等高档贺卡,规格、广告位及邮资图与 C5 型贺卡相同

售价:15 元/枚

起印量:5 000 枚,并以 5 000 枚整倍数递增

贺卡型贺卡如图 4-3 所示。

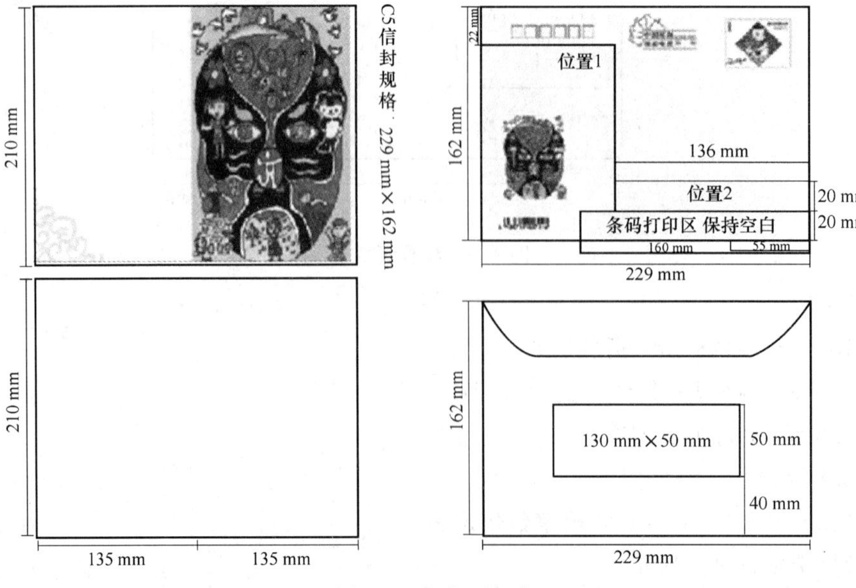

图 4-3　贺卡型贺卡

4.1.4　邮政贺卡业务的特点

邮政贺卡创造的是一种企业与客户交流的渠道，是一种拥有人情味的新兴宣传媒体。邮政贺卡不仅能在佳节来临之际带去企业对客户的亲切问候，还能针对客户的特点将企业的业务以“润物细无声”的方式传递出去，是宣传和问候的巧妙组合。

1. 亲和力强，保存时间长

与短信的批量传送、很快删除、不留痕迹的特点相比，邮政贺卡是“用心的祝福”，正如我手写我心，见字如见人，亲切感强。邮政贺卡包含丰富的人文意蕴，能为企事业单位传递深情和祝福，让人收藏于心底。

2. 信誉度高，传播范围广

邮政贺卡由中国邮政统一发行，具有权威性，设计稳重大方、富有文化内涵。邮政部门良好的公众形象保证了邮政贺卡的可信度；遍布城乡的邮政通信网络能按客户指定要求，将贺卡发布到国内任意地方，且在邮寄过程中可实现二次传播，扩大发布面，增强广告效果。

3. 量身定做，有情推介

企业可根据自身的需要，以公司形象、产品、服务等为主体，量身定做企业专用贺卡寄递给目标客户，以一种有情的方式、无形的推介向客户拜年，是企业与个人、个人与个人之间沟通的载体，为企业树立良好的品牌形象。

4. 使用方便，收藏价值高

邮政贺卡带有邮资凭证，使用方便。邮政贺卡题材丰富、设计精美，生肖邮资图专供邮政贺卡客户使用，彰显尊贵；作为一种新型邮品，具有一定的文化内涵，收藏价值高。

4.1.5　邮政贺卡业务的功能

邮政贺卡业务利用邮资封片这一社会大众广泛接受并乐于接受的实物为载体，从形式、设计、内容等方面全方位体现其再造价值，用以展示客户形象、维护客户关系、开展促销宣传、实现信息反馈、发挥应用功能等，结合邮政强大的数据库资源和投递优势，做到有的放矢，为客户带来直接效益。

1. 树立形象，塑造品牌

邮政贺卡能够宣传企业形象、展示企业实力、传达企业理念、塑造企业品牌，帮助企业多方位扩大社会影响力，提高企业品牌美誉度，提升品牌内涵价值。

2. 宣传产品，开拓市场

通过宣传类邮政贺卡，企业能够传递企业产品、资讯等信息，促进产品（服务）的销售，开拓市场；隐蔽打击竞争对手，扩大产品知名度。

3. 锁定目标，直接促销

促销类邮政贺卡能够针对不同的产品、不同的节日，锁定不同的目标群体，搭载不同的促销信息，设计不同的诱因，从而起到直接促销的作用，是扩大市场占有率的有效媒介。

4. 加强沟通，维系客户

通过客户维护类邮政贺卡，企业可以向客户传递祝福与感谢，让客户感受到尊重与关怀，增强客户对企业的忠诚度，是企业向客户表达祝福、传递情感、维系关系的桥梁和纽带。

5. 收集数据，反馈信息

借助信息反馈类邮政贺卡，企业可以在提供产品或服务的同时征求用户意见和建议，获得相关的反馈信息，从而掌握市场动态，使其在营销策划、市场运作和改善服务等方面有规可循，赢得更多的市场份额。

4.1.6 邮政贺卡业务的服务

中国邮政贺卡属邮资票品，是有价证券，审批流程和生产管理十分严密。因此，印制时限一般为10～15天，年底高峰时期甚至要30天。

图4-4为邮政贺卡的业务办理流程。

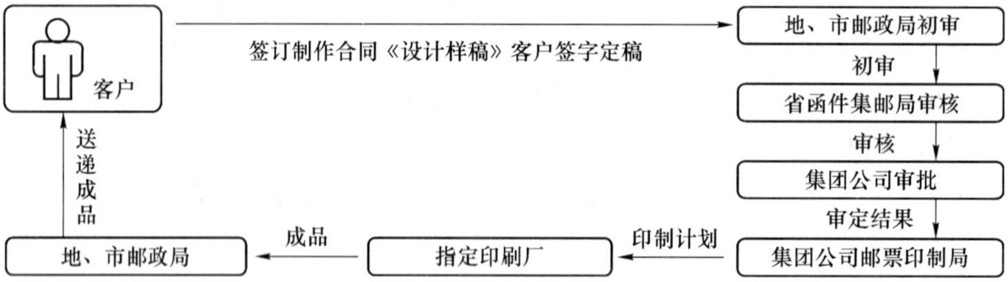

图4-4　邮政贺卡业务办理流程

中国邮政贺卡的广告内容应该遵守《广告法》等相关法律规定。

1. 遵守法律法规

中国邮政贺卡的邮资面广告位与贺卡信封的位置一律不得使用人物图案。

使用个人作品(绘画、摄影等)印制邮政贺卡，需出具该作品作者的授权委托书；使用博物馆的藏画、文物印制邮政贺卡需出具该博物馆的授权委托书。

抽奖号码、各省(区、市)编号不得设计在邮资面。

版权问题：对中国邮政贺卡上的使用图案，需要提供肖像权或合法照片的使用说明，保证该图案可以合法用于商业用途。

烟、酒、食品、化妆品、保健品、医疗、医疗器械等内容的广告，应遵循有关法律法规进行设计、制作，并在送审时出具省级以上有关管理机关的广告审批表及相关资料。

如因特殊原因，需要制作内容涉及历史事件、政治事件、领袖人物、人物等题材的邮政贺卡广告时，应按事件和人物的背景，出具中央或省市宣传部统一印制的证明材料，并提前申请。

涉及宗教人物的广告图稿送审时，应出具省级以上宗教管理局同意印制的证明材料。广告内容中出现的各种评优、评奖、评出结果均需出具相关的评比证书复印件。

2. 客户提供图片、文字

3. 客户须提供企业标识和图片等材料授权委托书

4.2　邮政贺卡业务的开发策略

邮政贺卡业务作为一门实践性很强的邮政业务，处于不断完善的过程中。邮政贺卡开发理念需要结合中国特色市场经济的进程，贺卡市场发展的程度以及邮政企业的经验，不断进行创新，以使邮政贺卡发展更符合中国国情，更具有中国特色。

4.2.1　邮政贺卡业务的组织模式

邮政贺卡业务从 2006 年到 2011 年经历了一个高速发展期，其中定制型贺卡占主要比重，而且贺卡营销主要集中在年底，作为一个专项项目营销活动来抓。其发展原因跟中国邮政整个的贺卡组织模式“举全网之力”有着密不可分的关系。从组织筹备、任务下达、启动培训到宣传推广、交流通报、奖励激励，每个环节都有从集团到地方的强力的组织推进措施。在这几年的发展中，一个突出的指导思想就是“推揭标、找标杆、快复制”，快速提升市场拓展水平。下面我们主要学习一下这种“揭标”模式。

“揭标”模式就是利用类似于拍卖的形式，将潜在目标客户分配给各个团队或者营销员的一种内部管理模式。

1. 揭标的作用与意义

(1) 集中全网力量办大事，实现“凝全局之智，聚全局之力”的资源整合与共享。通过“揭标”这种组织方式，可有效调动全体员工主动营销的积极性，提升全员的营销意识，激发全员参与贺卡营销的热情。一场组织成功的“揭标”大会，不仅将成为一个“动员大会”，还会成为一个“誓师大会”。

(2) “揭标”解决了困扰邮政多年的营销员四处“撞车”和多头营销等问题。“揭标”可将每一个具体的客户合理地配置给最合适的营销员，并且通过对开发过程实行全程的政策性保护，严禁其他营销人员在保护期内介入的方式，不仅提高了营销效率，而且还避免了因“多头营销”产生的成本重复支出问题，有效降低了营销成本。

(3) 通过“揭标”可提前预测全年贺卡的完成情况，便于及时调整营销策略。“揭标”大会后，被“揭标”的客户和该客户当年的贺卡开发收入计划也一并浮出水面。通过对这些数据的汇总分析，就可提前掌握当年贺卡收入的大体规模，并据此及时调整贺卡营销方案和营销激励政策。

(4) 通过“揭标”可深度挖掘潜在客户，快速拓展市场。“揭标”是一个全员动员的过程，通过前期的造势和酝酿，一些以前未被关注的客户会被发现，一些往年久攻不下的潜在大客户会被攻下，一些已合作多年的老客户会被深度挖掘，一些原来的小项目会被做成大项目。

2. 揭标的组织方式

“揭标”作为一种发展邮政贺卡的有效组织管理方式，由各级市场经营部门牵头，函件经营部门配合，通过对各专业客户资料的分析，以目标客户及其贺卡收入作为标的，引入竞争机制，动员全局各部门和员工积极参与“认标”。对于无人“认标”和多头“认标”的目标客户，通过“竞标”的方式，对客户资源进行再配置，实现对客户资源的有序利用和开发。

“揭(竞)标”工作流程如图 4-5 所示。

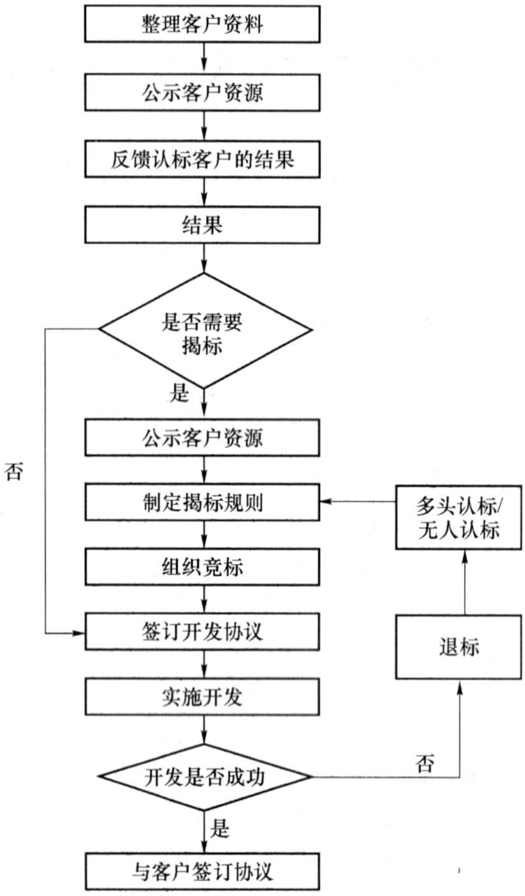

图 4-5　揭标工作流程图

具体内容如表 4-1 所示。

表 4-1　揭标工作细则

项目	牵头部门	责任单位	主要职责	具体工作	建议进度
前期准备	市场部	市场部、财务部、人事部、函件局	制定邮政贺卡整体营销方案	宣传方案、竞赛考核办法、计划任务分解、激励政策	7 月中旬
		函件局	做好前期准备工作	• 制定业务推介手册 • 组织培训 • 制定各重点行业贺卡营销方案的通用模板	7 月中旬
		市场部、名址中心、各经营单位	搜集整理客户资料	• 整理老客户资料 • 往年未开发成功的客户资料 • 其他潜在目标客户资料	7 月下旬
		市场部	策划主题营销项目	• 针对社会热点、地方特色、重大事件等与政府、大型企业联合策划主题营销项目 • 成立专门的项目组负责跟踪开发	7 月下旬

续 表

项目	牵头部门	责任单位	主要职责	具体工作	建议进度
前期准备	市场部	市场部、各相关责任单位	公示客户资源	• 向全局各个单位下发收集整理好的每个客户资料信息 • 各责任部门和责任人与客户进行沟通，准备认标	8月上旬
		市场部各相关责任单位	组织实施认标	• 各单位认购目标客户的信息反馈回市场部 • 市场部对全部信息进行汇总，并确认认标单位的开发权	8月中旬
		市场部	签订认标书	组织认标单位签订认标书	8月下旬
		市场部	组织实施竞标	• 对多头认标客户及部分无人认标的客户进行竞标准备(重新下发客户名单和样张) • 制定竞标规则及管理办法；确定竞标方式、布置会场、营造现场气氛	8月底
		市场部	签订竞标协议	组织认标单位签订竞标书	8月底
实施阶段	市场部	市场部	对贺卡营销活动进行跟踪分析，解决问题	• 每日督查、跟踪、通报 • 解决贺卡揽收单位反馈的问题(设计、方案、印制)	全过程
		市场部	召开阶段性贺卡促进会	成功案例分享，培训	视情况确定
		市场部	对退标客户确定二次开发权	对在规定期间内未开发成功的客户，允许原承揽单位退标，并由市场部重新确认新的开发单位	10月
	函件局	名址中心	提供数据库营销服务	根据客户需求为贺卡寄递提供名址支持	全过程
		函件局	做好贺卡营销、设计、申报等支撑工作	成立营销策划组、设计组、名址打印组、后勤保障组等支撑部门	全过程
	市场部	各开发部门	客户开发	做好贺卡的客户公关、开发和售后工作	全过程
		函件局、各开发部门	定期上报贺卡开发进度	按时、按要求上报	全过程
总结	市场部	函件局、各开发部门	负责活动总结和最终通报	• 按时、按要求上报 • 将活动开展中的亮点和典型案例汇总上报市场部，包括文案和电子样张	第二年元月
	财务部	财务部、函件局	负责激励资金的发放	加速资金回笼、控制欠费	第二年元月

（1）前期准备阶段

市场部、函件局等各相关责任单位做好前期准备工作。

1）制定邮政贺卡整体营销方案，包括宣传方案、竞赛考核办法、计划任务分解、激励政策；制定业务推介手册；制定各重点行业贺卡营销方案的通用模板。

2）搜集整理客户资料，包括老客户资料、往年未开发成功的客户资料、其他潜在目标客户资料。

3）策划主题营销项目：针对社会热点、地方特色、重大事件等与政府、大型企业联合策划主题营销项目，成立专门的项目组负责跟踪开发。

市场部组织揭标工作。

1）公示客户资源：向全局各个单位下发收集整理好的每个客户资料信息；各责任部门和责任人与客户进行沟通，准备认标。

2）组织实施认标：各单位认购目标客户的信息反馈回市场部；市场部对全部信息进行汇总，并确认认标单位的开发权；组织认标单位签订认标书。

3）组织实施竞标：对多头认标客户及部分无人认标的客户进行竞标准备（重新下发客户名单和样张）；制定竞标规则及管理办法；确定竞标方式、布置会场、营造现场气氛；组织认标单位签订竞标书。

（2）实施阶段

1）市场部采用每日督查、跟踪、通报等手段对贺卡营销活动进行跟踪分析；解决贺卡揽收单位反馈的问题，如设计、方案、印制方面的问题等。同时，召开阶段性贺卡促进会，对成功案例分享，采取针对性的互动式培训。

2）对在规定期间内未开发成功的客户，允许原承揽单位退标，并由市场部重新确认新的开发单位，对退标客户确定二次开发权。

3）根据客户需求为贺卡寄递提供名址支持等数据库营销服务；成立营销策划组、设计组、名址打印组、后勤保障组等支撑部门，做好贺卡营销、设计、申报等支撑工作。各开发单位做好贺卡的客户公关、开发和售后工作，并定期上报贺卡开发进度。

（3）总结阶段

市场部负责活动总结和最终通报，将活动开展中的亮点和典型案例汇总上报市场部，包括文案和电子样张；财务部负责激励资金的发放。

4.2.2 邮政贺卡业务的开发策略

自1992年开办贺年有奖贺卡以来，邮政贺卡业务实现了从无到有、从小到大的发展过程，目前达到了40亿张的发行规模，呈现高速增长的良好态势。然而，近两年邮政贺卡发展也面临亟待解决的问题，贺卡文化氛围依然不浓，市场潜在需求有待进一步挖掘，发展方式亟待转变。经过20年的发展，今后的邮政贺卡该走向何方，该怎么走？需要我们明晰发展之路。

1. 贺卡营销要从突击战变为常规战

多年来，年终贺卡营销已经成为下半年各级邮政单位最重要的战役，分组对抗、百团大战、揭标竞标等都是这一年终大餐的必备元素之一。然而，我们熟知邮政贺卡并不仅仅具备企业和个人用来表达拜年、问候、祝福这点功能，它的功能涵盖宣传推介、通知告知、邀请答谢、信息收集等。它的作用之多、范围之广使人难以框定，随时随地、各行各业都有它的用武之地。今后，要在做好贺年贺卡的同时做大日常贺卡，各级邮政应积极抓住各种机遇和条件打好常规战，尤其是日常节假日营销、景点门票、生日祝福、热点事件等营销机会点。只有这样，才能紧紧地渗透到客户中去，市场才能越做越大、越做越强，打出有生命力的持久战。

2. 贺卡市场要定制销售两手抓

经过多年的发展，邮政贺卡走出了中国特色的路子，主攻定制市场，以销售市场为辅，贺卡文化氛围仍然不浓。随着定制市场这两年发展中暴露的问题，我们不得不思考人均使用、人均寄递这些数据。贺卡作为沟通情感的载体，它的最终对象应该归结到寄递双方企业或个人，个人的基数越大，发展越有活力。今后，要在做实定制市场的同时做强销售市场，各级邮政要努力培育贺卡文化氛围，通过结合大众对传统文化回归的重视，制定销售贺卡发展的长久之计；从中小学生抓起，从 80 后、90 后的文化时尚入手，研发出大众喜欢的产品，深入到人们情感沟通需求的深处。只有这样，贺卡的发展才有后续的源动力。

3. 贺卡发展要紧跟时代发展新步伐

随着经济环境的不断变化，新技术的不断出现，我们可以感觉到项目的持续性在降低，有些甚至是巨大的窟窿；不断增加的营销人员，使得营销成本日渐提高，并仍无法满足客户个性服务需求。在传统行业纷纷抢滩互联网的时代，中国邮政是否可以融合互联网，借助 IT 技术的发展而成为网陆两栖企业，摸索一种贺卡业务发展的创新商业模式，这个问题同样值得思考。今后，中国邮政要在做精线下营销的同时做开线上营销，借助基于平台的客户需求探索线上发展模式，补充线下营销空白，实现线上线下有益结合，开启贺卡业务可持续健康发展之路。

4.2.3　邮政贺卡业务的营销方法

贺卡是比较普遍的社会需求产品，但是由于社会经济的发展，出现的替代产品比较多，这给贺卡市场的发展带来了一定的困难。在实际的营销过程中，我们总结出了贺卡营销的多种方式和方法。

从贺卡营销过程中可以总结出的营销方式主要有以下几种。

1. 方案营销

在企业大客户的贺卡营销中主要采用营销团队，探求客户需求、方案设计、产品制作等一系列工作。这些均由邮政公司不同部门的专业人员组成营销团队共同完成。

2. 关系营销

在大客户市场拓展中，尤其是在县局、农村支局的大客户营销中，由于社交面较窄，同时邮政和当地政府具有良好关系，所以运用关系营销是主要的营销方式。在省、市局的小客户和老客户贺卡营销中也以关系营销为主。

3. 上门推销

在贺卡项目的初期阶段，通过对潜在市场客户群进行核查和梳理，对目标客户的营销主要运用的是上门推销的营销方式。

4. 柜台零售

在贺卡营销中，销售型贺卡、个人消费者市场一般是采用柜台销售的方式；企业、单位贺卡消费采用柜台营销方式的较少。但是由于前期宣传和市场带动，到贺卡工作的后期也会出现主动求购的现象，但相对比较少。

贺卡项目有许多营销方法，各省在具体的营销过程中，针对具体的营销环境都采用了不同的营销方法。总体上可以分为以下几种。

(1) 个人营销：利用个人的社会关系和交际，为贺卡营销开发客户的营销方法。

(2) 情感营销:是指和客户在日常交往中保持良好联系,取得相互信任,从而为贺卡业务发展客户的营销方法。

(3) 上级带动法:主要适用于政府机关,利用上级单位使用贺卡,带动下属单位使用。

(4) 电话营销:利用客户数据库进行电话推荐,随后由营销员及时跟进开发客户的营销方法,如南京秦淮支局的员工陈华的电话营销经验。

(5) 名址服务法(数据库营销):即利用邮政的名址库系统,为客户业务发展提供资源,从而实现客户贺卡营销项目。

(6) 商函营销:是客户数据库和邮政商函的有效结合利用,为贺卡业务开发新客户的营销方法。

(7) 攀比营销:是在开发某行业客户时,首先选择对行业内其他客户会有影响的客户进行开发,从而达到推动该行业客户需求的营销方法,如江苏省在政府机关营销中的运用。

(8) 全员营销:由于贺卡项目时间性较强,各级邮政公司针对贺卡项目阶段性的动员全局员工全体共同营销的方法。

(9) 专业营销:企业内部各部门根据工作的领域或专业不同,让各部门自行揭标而划分客户市场的营销方法。

(10) 活动促销法:开展各种营销和策划活动,宣传贺卡文化,促进贺卡销售。

(11) 专题营销:借助邮政公司内部或者社会其他相关的专题会议,如数据库业务专题会议、节约用水等专题会议开发贺卡市场的方法。

(12) 业务联动法:在贺卡市场启动阶段,联系使用邮政其他业务的有可能使用贺卡的客户,发展为贺卡的现实客户。

(13) 政府主导法:送给政府领导贺卡,并帮助完成贺卡名址打印工作,以带动企业等相关贺卡市场的需求。

(14) 同类推介法:向客户介绍与其同行业或相似单位使用贺卡带来的良好效果,促使其使用贺卡。

(15) 功能创新法:在营销过程中,不断地开发产品的新功能,满足客户需求。

另外,在贺卡营销过程中,客户推介会和联谊会、化整为零法、合作代理、产品推介等也是比较常用的营销方法。

4.3 邮政贺卡业务的市场开发

中国邮政贺卡经过 20 年的发展,已具有一定的品牌知名度和认知度,其功能也得到了不断地延伸,满足了不同消费群体的需求。目前,邮政贺卡已拥有政府公用、金融保险、通信网络、教育培训、旅游餐饮等行业相对稳定的客户群。

4.3.1 政府公用行业市场开发

1. 市场分析

随着市场经济的不断深化,各类党政机关、政府部门正在积极进行职能转变,由经济型政府向服务型政府转变,并日益重视自身形象和与社会各界的沟通。中国邮政贺卡能够为其提供对外交流情感、传递问候的媒介,这一市场对贺卡的需求量较大,而且一旦开发成功,容易成为邮政较为稳定的客户。

2. 营销要点

(1) 各地要利用好各方资源进行整合营销，与当地政府合作以推广当地经济文化为切入点，联合政府共同发文，引导区域各级政府和部门使用邮政贺卡。营销人员可以持文件到适当的部门进行营销。

(2) 政府机关贺卡主要用途：一是制作“城市名片”，寄送给各兄弟省市相关部门、知名人士，对宣传城市形象、提高城市知名度和美誉度，进而扩大当地政府招商引资、促进城市建设将起到积极作用；二是通过向社会各界寄送贺卡，有利于展现政府勤政为民的形象与转变意识、主动服务的新面貌。

(3) 由于政府的开支来源于财政拨款，预算管理控制较紧，虽然部门众多，但具有费用签批权限的部门不多，应重点开发政府办公厅、外宣办、接待办或直属的一些有创收渠道的事业单位。

3. 行业贺卡项目分析表

政府行业贺卡项目分析表主要说明向不同的政府部门提供不同功能的贺卡，组织策划不同主题的活动，同时说明对应的贺卡邮寄对象是哪个群体。具体内容如表 4-2 所示。

表 4-2　政府行业贺卡项目分析表

项目功能	目标客户	活动策划	推荐产品	活动参与(贺卡寄送)对象
真情慰问类	政府办、总工会、特定人群如军人、老干部等管理部门	“五送祝福”、爱心感谢类	幸运封、贺卡、植物贺卡、影视贺卡	慰问对象
法律法规、政策、知识宣传类	国家出台法律法规的部门，日常生活相关知识如用电、用气、疾病预防等宣传部门	法律法规知识竞赛、政策知识宣传、有奖竞赛等	普卡 1＋1、普卡套装、信卡	企事业单位干部职工、广大市民、学生、农民等
爱心募捐类	总工会、妇联、慈善总会、残联、教育局、团委等	“为××送温暖”活动、献爱心活动	普卡套装、台历贺卡、信卡、贺卡	企事业单位、爱心市民、学生等
评选评议类	组织评选评议的部门	“十大××”、“十佳××”评比、“××评议”等	普卡 1＋1、信卡	相关单位职工、市民等
其他功能类	其他相关部门	创新思路	产品创新	略

4. 项目策划方案模板

(1) 项目背景(相关主题社会现状分析，本次活动举办的目的和意义说明)

(2) 活动方案

1) 活动主题：(见活动策划表)

2) 活动载体：普卡 1＋1、普卡套装、台历贺卡、贺卡等

3) 活动组织机构

主办方：政府相关部门和机构，负责××；

协办方：邮政局，负责活动载体的设计、制作、寄送、收集整理，基金的回笼等工作；

赞助方：企业、商家、医院、学校等。

4) 设计推荐方案(略)

5）运作方式：出资方为主办方或赞助方（获广告位），或单位、个人认购（认购达一定标准可获个性化广告位）

6）募捐方案：每枚贺卡提取×元作为爱心募捐基金，由邮政部门汇总后交××局

（3）活动参与对象（邮寄、赠送对象）

（4）邮政可以提供以下服务

1）贺卡方案策划、产品设计服务。

2）贺卡送货、收寄、发放、统计等服务。

3）名址数据、名址打印、祝福语打印服务。

4）贺卡调查反馈信息整理服务。

（5）活动效果（针对活动目标和意义进行阐述，略）

5. 成功案例

开发项目名称：某市“手拉手”爱心贺卡

开发对象：某市委

贺卡产品：信卡型，每枚 3 元

项目效果：制作信卡型贺卡 14 万枚，实现收入 42 万元；同时为少数民族贫困学生筹得善款 4.2 万元。

项目成功关键和启示：

（1）及时抓住社会时点，得知某市委召开民族团结宣传教育专题会议后，迅速捕捉市场切入点；

（2）善于借势借力，将商业活动与公益活动有机结合，实现名利双收。具体做法是学生每自愿购买一张贺卡，就为少数民族贫困儿童学生捐款 0.30 元；

（3）联合团委下发了《关于开展“贺卡传情手拉手、爱心赠礼心连心”向各少数民族小伙伴送温暖献爱心主题活动的通知》，为各区县局开展项目搭建了平台；

（4）组织了新疆、广西、宁夏、西藏、甘肃等近 15 万条少数民族学生儿童名址供各区县局使用，成为吸引团委选择邮政策划本次项目的重要诱因。

4.3.2 金融保险行业市场开发

1. 市场分析

金融行业的特点是拥有数量庞大而且稳定的客户群体，分级规范化管理，建立客户资料数据库；行业内部竞争激烈，客户维护工作至关重要；企业高度重视对新老客户的维系，有进一步完善服务，提高客户忠诚度的需求。

2. 营销要点

（1）银行和保险系统为条管单位，适合从源头公关，开发地方区域系统的贺卡。

（2）传统商业银行定制贺卡，可从维护老客户、发展新客户的角度出发，针对不同用户设计制作不同内容的邮政贺卡。如对老用户以节日问候、情感沟通为贺卡的主题，彰显人性化服务；对新用户要突出介绍重点业务和新业务。

（3）针对新型商业银行定制贺卡，要根据客户高成长的需求，设计不同内容，如感谢、问候、宣传、抽奖等不同主题，有助于银行业务的开拓，扩大客户服务群体。

（4）为保险公司定制贺卡，要根据寄发对象的不同，设计不同内容，如感谢、问候、宣传、抽奖等不同主题，有助于提高客户的忠诚度和认同感；可通过项目策划，将贺卡设计成具有保险

和新春问候双重功能的形式，保险业务经理在拜访客户的同时，还给客户带来意外惊喜。

3. 行业贺卡项目分析表

金融保险行业贺卡项目分析表主要说明向不同的客户提供不同功能的贺卡，组织策划不同主题的活动，同时说明对应的贺卡邮寄对象是哪个群体。具体内容如表 4-3 所示。

表 4-3　金融保险行业贺卡项目分析表

<table>
<tr><th>目标客户</th><th>部门/负责人</th><th>营销机会点</th><th>推荐产品</th><th>寄发对象</th></tr>
<tr><td rowspan="5">商业银行、保险公司、证券公司</td><td rowspan="5">银行卡部、保险证券客服部</td><td rowspan="5">年终维护老客户、客户账单提醒</td><td>贺卡、幸运封、植物贺卡</td><td>银行信用卡外自身客户（基金户、理财户、大额存款户等）</td></tr>
<tr><td>台历贺卡、植物贺卡</td><td>保险、基金、证券 VIP 大客户，邮政名址库资源</td></tr>
<tr><td>台历贺卡、问卷调查式贺卡（回函有奖）</td><td>金融行业老客户</td></tr>
<tr><td>贺卡、植物贺卡</td><td>原信用卡、贷记卡积分用户</td></tr>
<tr><td>普卡</td><td>信用卡不动户、欠费户</td></tr>
<tr><td rowspan="2">商业银行、保险公司</td><td rowspan="2">金融信贷部、保险对公部、基金客服部</td><td>开发新客户</td><td>普卡</td><td>有需求客户</td></tr>
<tr><td>对老客户推介新品</td><td>贺卡、台历贺卡</td><td>重点客户管理</td></tr>
<tr><td rowspan="2">商业银行、保险公司</td><td rowspan="2">银行运营部、会计部，保险稽核部</td><td>服务调查、业务宣传</td><td>贺卡、植物贺卡、台历贺卡</td><td>企业客户</td></tr>
<tr><td>新业务推介</td><td>普卡</td><td>新客户</td></tr>
<tr><td rowspan="2">商业银行、保险公司</td><td>办公室、工会</td><td>员工关怀、形象宣传</td><td>幸运封、贺卡、信卡、普卡</td><td>关系客户（政府部门、上级主管部门）、银行员工</td></tr>
<tr><td>理财部、客服部</td><td>维护老客户、业务宣传</td><td>幸运封、植物贺卡</td><td>现有和潜在 VIP 客户</td></tr>
</table>

4. 项目策划方案模板

（1）背景分析

金融保险行业拥有信用卡、基金、理财等多种业务，面对激烈的竞争，各家银行、保险公司必将采取各种措施争夺客户、扩大市场份额。春节是中国的传统节日，如何抓住这个机会，将其作为第二年营销活动的切入点，已成为金融保险业关注的焦点。

（2）邮政贺卡介绍

邮政贺卡是中国邮政集团公司发行的，专门为政府机关、企事业单位制作的个性化贺卡，是一种集祝贺、宣传、沟通、抽奖等多重功能于一体的传播媒介。邮政贺卡人情味浓、针对性强、保存期长、隐蔽性好、中奖率高，承载了中国的传统文化，是节日期间政府机关、企事业单位宣传形象、塑造品牌、维护感情、收集数据、促进销售的绝佳载体。

（3）活动方案

1）活动主题：新春快乐“××送福”

2）宣传载体：普通型贺卡（信卡、传统型贺卡、幸运封、台历贺卡等）

3）寄发对象

银行 VIP 客户、会员客户；

邮政自有库中的中高收入库、组织机构库、有车一族、时尚白领、公务精英等。

4）设计推荐方案

针对银行卡部、保险证券客服部；

银行自身客户（基金户、理财户、大额存款户等）：以传统贺卡、植物贺卡、幸运封等形式维护老客户以及提供账单提醒服务，同时还可搭载新业务及优惠促销等；

具体见表 4-3，针对具体对象提供具体方案。

5）费用预算（略）

（4）邮政可以提供以下服务

1）贺卡方案策划、产品设计服务。

2）贺卡送货、收寄、兑奖提醒服务。

3）名址数据、数据整理、数据清洗等相关服务。

4）名址打印、祝福语打印服务。

5）贺卡调查反馈信息。

（5）效果分析

1）通过本活动的实施，可以树立银行的良好形象，提高客户的忠诚度。

2）通过本次活动中得到的反馈信息，可以了解客户的关注点，找到工作中的不足，对照这些不足加以改进，以便更好地为客户服务。

5. 成功案例

开发项目名称：某市新春贺卡项目

开发对象：某美容公司、某银行

贺卡产品：信卡型，每枚 2.8 元

项目效果：该项目共定制了信卡 25 000 枚，累计取得收入 7 万元。该美容公司反映效果良好，累积成功办理业务的客户 300 余名，获得收入 60 多万；通过方案复制，久光百货、可丽可心美容连锁机构也分别利用中国银行的数据，通过贺卡形式进行了广告的宣传，均收到了良好的效果。

项目成功关键和启示：

（1）把握市场脉搏，了解客户需求，制定可行方案。随着美容业竞争的白热化，大众化的宣传媒体已经无法带来良好的宣传效果，该公司急需一种新的宣传媒介；

（2）数据带动、项目推动。“贺卡＋项目＋数据库”的营销模式作为新的营销模式，得到了客户的认可；

（3）异业联盟、数据外借、多方合作，以贺卡为载体，实现多方共赢。该公司通过以建设银行名义为建设银行的大客户邮寄带有贺年和免费体验卡的贺卡，成功锁定了高端客户群，同时也为建设银行客户送去了新春的祝福。

4.3.3 通信网络行业市场开发

1. 市场分析

通信行业的特点是实力雄厚，重视企业品牌价值，高度重视企业自身形象宣传和企业文化建设，与贺卡的文化气质相吻合，同时也形成了相对稳定的竞争格局。由于历史渊源，邮政与通信行业有着良好的客情关系，通信行业大多对邮政贺卡有一定的认同，每年都有需求，开发难度相对较小。近年来，通信行业进行重新洗牌，市场竞争日趋激烈，有加大宣传的趋势。

建议对三大运营商采用这样的市场开发策略：移动公司以稳固现有客户市场为主，提高客户开发率为辅；联通公司以增加制作量为主，提高产品单价为辅；电信公司以提高客户开发率为主，提高产品单价为辅。

2. 营销要点

(1) 通信行业也是条管单位，适合从源头公关，开发区域性地方系统的贺卡。

(2) 通信行业定制贺卡，可作为春节促销活动的礼品，满足其节日期间频繁的促销活动；可发挥邮政贺卡喜庆大方，具有多重传播效应的优势，与客户进行沟通；对内也可作为福利使用，宣扬企业文化。

(3) 通信行业应重点开发贺卡中的中档产品。

3. 行业贺卡项目分析表

通信行业贺卡项目分析表主要说明向不同的客户提供不同功能的贺卡，组织策划不同主题的活动，同时说明对应的贺卡邮寄对象是哪个群体。具体内容如表 4-4 所示。

表 4-4　通信行业贺卡项目分析表

目标客户	部门/负责人	营销机会点	推荐产品	寄发对象
通信运营商（移动、联通、电信）	客户服务部主管	年终维护老客户	传统贺卡、信卡、普卡、植物贺卡、幸运封；红包贺卡（贺卡、对联、灯笼、福字、中国结等祝福物料）	VIP 客户、集团大客户、普通客户
		会员服务	贺卡	会员数据
		服务质量调查	服务质量调查（普卡、信卡）	老客户（以客户自有数据为主）
	市场部主任	新业务推广宣传	新业务宣传异形卡；新业务免费体验卡（普卡、信卡）	客户自有数据＋邮政推荐数据
		春节、元旦节日促销	入网邀请卡、话费充值卡（普卡）、“发短信充话费送邮品”幸运封促销大礼包	邮政推荐数据
	办公室主任、工会主席	领导和兄弟单位拜年、员工关怀	传统贺卡、幸运封	同行业合作伙伴、供货商以及通信行业部门领导；企业员工
手机卖场	销售部	春节、元旦节日促销	购机优惠卡	邮政推荐数据（中高收入、年轻时尚人群）
		会员服务	会员问候卡、促销卡	客户会员数据

4. 项目策划方案模板

(1) 项目背景

当前，通信市场的竞争是质量的竞争、价格的竞争、品牌的竞争、服务的竞争、客户忠诚度的竞争。对于客户来说，品牌和服务更是决定其选择通信商的重要因素。在信息透明的经济体系中，任何一个企业的营销行为都会赤裸裸地展现在对手的面前，从而引起对手针对性的反应。如何把公司的营销隐性化，如何使公司的营销个性化、差异化，是摆在各通信企业的难题。

(2) 邮政贺卡介绍

邮政贺卡是中国邮政集团公司发行的，专门为政府机关、企事业单位制作的个性化贺卡，是一种集祝贺、宣传、沟通、抽奖等多重功能于一体的传播媒介。邮政贺卡人情味浓、针对性强、保存期长、隐蔽性好、中奖率高，承载了中国的传统文化，是节日期间政府机关、企事业单位宣传形象、塑造品牌、维护感情、收集数据、促进销售的绝佳载体。

(3) 活动方案

1) 活动主题："××传真情　新年有好礼"

2) 活动载体：普卡、贺卡等

3) 设计推荐方案

通信运营商(移动、联通、电信等)；

针对 VIP 客户、集团客户、普通客户：以幸运封、传统贺卡、台历贺卡等形式进行年终客户维护；

具体见表 4-4，针对具体对象提供具体方案。

4) 目标对象

会员客户、合作伙伴(客户提供)、时尚人群、潜在客户(邮政提供)。

5) 费用预算(略)

(4) 邮政可以提供以下服务

1) 贺卡方案策划、产品设计服务。

2) 贺卡送货、收寄、兑奖提醒服务。

3) 名址数据、数据整理、数据清洗等相关服务。

4) 名址打印、祝福语打印服务。

5) 贺卡调查反馈信息。

(5) 效果分析

1) 通过情感的沟通、观念的交流以及业务的宣传，从深层次向客户推销企业的理念和品牌，使企业的产品或服务牢牢地树立在客户心中，大大提高客户满意度。

2) 设计精美的个性化邮政贺卡，文化品位和收藏性高，展示了通信公司的综合实力和企业形象。

3) 人性化、个性化营销使宣传更具针对性，成本更加合理化，宣传的效果也将更加明显。

5. 成功案例

开发项目名称：某移动中秋贺卡

开发对象：某移动

贺卡产品：贺卡型夹带移动 DM 广告，每枚 5 元

项目效果：成功开发移动中秋贺卡 5.5 万枚，实现收入 27.5 万元；其中 3 万枚寄发给移动老客户，2.5 万枚寄发给潜在客户。

项目成功关键和启示：

(1) 平时要注重和客户的沟通，及时发现客户的需求；

(2) 选择适宜的切入点，针对移动注重其高端客户的维护、发展需求，邮政趁势提出的方案迎合了移动的需求，也就取得了必然的回应；

(3) 产品要优，邮政产品并非移动的唯一选择，邮政要一方面发挥邮政贺卡传递情感的传统文化优势，另一方面又结合移动发展新客户的需求，推出了组合产品，在满足移动节日问候客户需求的同时，进行新客户的开发，为客户节省费用；

(4) 提供免费名址信息清洗及筛选出其潜在客户信息 2.5 万条，帮助客户实现寄递。

4.3.4　教育培训行业市场开发

1. 市场分析

随着社会经济的发展，教育培训得到了高速的发展，素质教育全面展开，职业类教育进一步普及，中小学、大中专院校、民办学校、职业技术学校等均存在展示形象、竞争生源、沟通信息、提升能力的需求。

2. 营销要点

(1) 学校定制贺卡，可以寄送给社会各界，有助于沟通和维系情感。对内可慰问教师，展示亲和力；对外可有针对性地寄发给部分学生家长，通过口碑宣传，提升学校形象，增加生源；可寄发各用工单位，扩大毕业生就业面。

(2) 学校学生数量庞大，是贺卡的主要消费群体。统一使用印有学校形象宣传的贺卡，有助于增强学生的归属感和荣誉感。

3. 行业贺卡项目分析表

教育行业贺卡项目分析表主要说明向不同的客户提供不同功能的贺卡，组织策划不同主题的活动，同时说明对应的贺卡邮寄对象是哪个群体。具体内容如表 4-5 所示。

表 4-5　教育行业贺卡项目分析表

目标客户	部门/负责人	营销机会点	推荐产品	寄发对象
各大中专院校、职业学校	办公室主任	形象展示、校庆纪念、校友联系	套装普卡、明信片册、校友联系卡	在校师生、学校校友
		领导和兄弟单位拜年、教师关怀	传统贺卡、信卡、普卡、植物贺卡、幸运封；红包贺卡（贺卡、对联、灯笼、福字、中国结等祝福物料）	政府、教育主管部门、企校合作单位、老师
		学生家长沟通	成绩单信卡	学生家长
	就业办主任	学生就业推荐需求	就业单位联系卡、招聘会邀请函贺卡	招聘单位
	学生	追求新意、新年亲朋好友祝福	自创性贺卡，设计新颖、有创意的贺卡	学生购买自己寄递
小学、初、高中	校长、办公室主任	向领导和兄弟单位拜年、教师关怀、学生家长沟通	传统贺卡、信卡、普卡、植物贺卡、幸运封；红包贺卡（贺卡、对联、灯笼、福字、中国结等祝福物料）、成绩单信卡	政府、教育主管部门、企校合作单位、老师、学生家长
	学生	学生寄递贺卡需求	开发卡通题材的贺卡	学生购买自己寄递

续 表

目标 客户	部门/ 负责人	营销机 会点	推荐产品	寄发对象
幼儿园	幼儿园 园长	形象宣传、向领导和兄弟单位拜年、教师关怀	普卡、贺卡	政府、教育主管部门、合作单位、老师
		春季招生	幼儿园招生宣传卡	孩子家长
	家长	收藏、纪念	自创型台历式贺卡	自用
培训学校、驾校	校长	招生宣传、优惠活动	招生宣传卡、促销卡	中高收入家庭、有驾照人群
书店	经理	新春促销	新春购书优惠卡促销卡(“买一送一”买一本书送一张贺卡活动)	赠送客户
		向上级领导和兄弟单位拜年、员工慰问	贺卡	主管部门领导、兄弟单位、员工
书画协会、艺术家	协会会长、艺术家	艺术作品宣传	作品普卡册、套装普卡	自用

4. 项目策划方案模板

(1) 背景分析

过年时,给老师、同学寄送贺卡是中国人的传统习俗,邮政贺卡早已深深融入了中国的贺年文化,成为国人尤其是文化人传情达意的工具。

(2) 邮政贺卡介绍

邮政贺卡是中国邮政集团公司发行的,专门为政府机关、企事业单位制作的个性化贺卡,是一种集祝贺、宣传、沟通、抽奖等多重功能于一体的传播媒介。邮政贺卡人情味浓、针对性强、保存期长、隐蔽性好、中奖率高,承载了中国的传统文化,是节日期间政府机关、企事业单位宣传形象、塑造品牌、维护感情、收集数据、促进销售的绝佳载体。

(3) 活动方案

1) 活动主题:新春祝福　情满人间

2) 宣传载体:贺卡等

3) 设计推荐方案

大中专院校、职业学院;

针对在校师生、学校校友:以台历贺卡、套装普卡、明信片册、幸运封等形式进行学校展示、校庆纪念、校友联系;

具体见表4-5,针对具体对象提供具体方案。

4) 目标对象

在校师生、合作单位、政府部门、教育主管部门、学生家长、招聘单位等。

5) 费用预算(略)

(4) 邮政可以提供以下服务

1) 贺卡方案策划、产品设计服务。

2）贺卡送货、收寄、兑奖提醒服务。

3）名址数据筛选、整理、清洗等相关服务。

4）名址打印、祝福语打印服务。

5）贺卡反馈信息。

(5) 效果分析

1）传递祝福，树立形象。

通过贺卡，在特殊的日子传递祝福，在问候关怀的同时，潜移默化地宣传学校的各项情况，树立学校的良好形象。

2）多方位宣传，针对性强。

针对学生、学校、老师、家长等多个不同的角度进行学校的宣传，针对他们的不同心理设计问候和宣传的重点，针对性强。

5. 成功案例

开发项目名称：某县学生成绩单贺卡

开发对象：某县教育局

贺卡产品：信卡型贺卡

项目效果：该局把学生成绩单与贺卡结合在一起，搭建了学校与家长的沟通桥梁，增进了双方的感情，也塑造了良好的学校形象。截至 2012 年 12 月 31 日，该县各学校制作成绩单邮政贺卡收入达 5 万元，并且已经推广到全市。

项目成功关键和启示：

(1) 悉心说服，以产品动心。面对客户的抗拒心理，该局营销员通过耐心细致的分析和阐述，最终使得客户认可了贺卡宣传的实用性；

(2) 做好服务，以行动服人。为确保客户的贺卡宣传顺利展开，从设计到后勤报审、制作跟进、名址整理打印等各个环节都配合默契，正是这样具有向心力和凝聚力的团队合作，最终在较短时间内顺利完成了业务。客户表示非常满意，这也为今后其他业务的介入打下了良好基础。

4.3.5　医疗卫生行业市场开发

1. 行业分析

随着人们生活水平的不断提高，医疗保健市场空前繁荣，竞争也异常激烈，除了传统大型医院，各类的专科医院、私立医院、保健机构也迅速发展，患者消费意识有了较大转变。医院之间的竞争由单纯的技术、规模和人力竞争向品牌、服务竞争转移。另外，药品销售大都采取连锁经营，并拥有自己的会员群体。

2. 营销要点

医院定制贺卡并寄发给患者，十分有利于塑造医院人性化、亲情化的服务形象，为医院效益的提升奠定良好基础；寄发给政府及主管部门领导、医院药品及设备的终端供应商、合作伙伴等，可满足其沟通和交流情感的需求；连锁药店在新春之际向会员及客户送上一份祝福，可提升其社会知名度，有助于树立品牌形象。

建议开发单位：各级公立医院、民营医院、药店、药厂等。

3. 行业贺卡项目分析表

医疗卫生行业贺卡项目分析表主要说明向不同的客户提供不同功能的贺卡，组织策划不同主题的活动,同时说明对应的贺卡邮寄对象是哪个群体。具体内容如表 4-6 所示。

表 4-6　医疗卫生行业贺卡项目分析表

<table>
<tr><th colspan="3">目标客户</th><th>部门/负责人</th><th>营销机会点</th><th>推荐产品</th><th>寄发对象</th></tr>
<tr><td rowspan="9">医疗机构</td><td rowspan="9">公立医院</td><td rowspan="5">省市级(品牌认知度高,功能齐全,综合服务,规模大);县级(品牌认知度较低,规模小,主要分布在县城以下)</td><td rowspan="3">院长、办公室主任</td><td>向领导和兄弟单位拜年、员工关怀</td><td>传统贺卡、中档贺卡、幸运封、红包贺卡</td><td>同行业合作伙伴、药品供应商以及医疗行业部门领导,医院员工</td></tr>
<tr><td>医患沟通</td><td>医患交流卡</td><td>来院就医的患者</td></tr>
<tr><td>塑造品牌</td><td>新春饮食健康提示卡(普卡)</td><td>企事业机关单位相关人员、高收入人群、健康家庭库</td></tr>
<tr><td>医院体检中心主任</td><td>免费体检、体检优惠</td><td>免费体检卡、体检优惠卡(普卡)</td><td>客户自有数据+邮政数据库</td></tr>
<tr><td>各科室主任</td><td>特色科室宣传</td><td>就医优惠卡、重点科室(医生)推介卡(普卡)</td><td>客户自有数据+邮政数据库</td></tr>
<tr><td rowspan="2">妇幼保健院、儿童医院</td><td rowspan="2">院长、办公室主任</td><td>向领导和兄弟单位拜年、员工关怀</td><td>传统贺卡、中档贺卡、幸运封、红包贺卡</td><td>同行业合作伙伴、药品供应商以及医疗行业部门领导,医院员工</td></tr>
<tr><td>幼儿健康提醒</td><td>幼儿健康提醒卡(普卡)</td><td>自有数据+邮政数据</td></tr>
<tr><td rowspan="2">专科医院、民营医院、口腔保洁、美容整形</td><td rowspan="2">医院院长、办公室主任</td><td>向领导和兄弟单位拜年、员工关怀</td><td>传统贺卡、中档贺卡、幸运封、红包贺卡</td><td>同行业合作伙伴、药品供应商以及医疗行业部门领导,医院员工</td></tr>
<tr><td>宣传推广</td><td>医院业务宣传异形卡、就医优惠卡</td><td>自有数据+邮政数据</td></tr>
<tr><td rowspan="4">医疗企业</td><td colspan="2" rowspan="2">医药药品、医药器材、保健品厂家及代理商</td><td rowspan="2">市场部经理</td><td>老客户维护</td><td>新春问候卡、红包贺卡</td><td>老客户</td></tr>
<tr><td>新客户开发</td><td>产品宣传促销卡</td><td>利用邮政数据资源帮其寻找潜在客户</td></tr>
<tr><td colspan="2" rowspan="2">连锁大药房</td><td rowspan="2">药房老板</td><td>会员维护</td><td>会员问候、积分告知卡(信卡)</td><td>会员客户</td></tr>
<tr><td>春节促销、形象塑造</td><td>促销打折卡、用药知识宣传贺卡礼包(贺卡+手册)</td><td>自有数据+邮政数据</td></tr>
</table>

4. 项目策划方案模板

(1) 背景分析

随着市场竞争和患者消费意识的转变,医疗卫生行业之间的竞争也由单纯的技术、规模和人力竞争向品牌、服务竞争转移。如何在新春来临之际,更好地展示本行业的风采,做到经济效益和社会效益的双丰收,是目前各医院、医药厂家等的营销目标方向。

(2) 邮政贺卡介绍

邮政贺卡是中国邮政集团公司发行的,专门为政府机关、企事业单位制作的个性化贺卡,是一种集祝贺、宣传、沟通、抽奖等多重功能于一体的传播媒介。邮政贺卡人情味浓、针对性强、保存期长、隐蔽性好、中奖率高,承载了中国的传统文化,是节日期间政府机关、企事业单位宣传形象、塑造品牌、维护感情、收集数据、促进销售的绝佳载体。

(3) 活动方案

1) 活动主题:"新春送礼送健康"

2) 活动载体:普卡、信卡、贺卡等

3) 设计推荐方案

公立医院;

针对合作单位、上级部门、内部员工:以幸运封、贺卡等形式向合作单位、上级部门进行关系维护、新春拜年;以贺卡、普卡等形式向内部员工拜年。

具体见表 4-6,针对具体对象提供具体方案。

4) 目标对象

就医患者、合作单位、内部员工、会员客户等(客户提供)、婴幼儿人员、健康家庭等(邮政客户)。

5) 费用预算(略)

(4) 邮政可以提供以下服务

1) 贺卡方案策划、产品设计服务。

2) 贺卡送货、收寄、兑奖提醒服务。

3) 名址数据、数据整理、数据清洗等相关服务。

4) 名址打印、祝福语打印服务。

5) 贺卡调查反馈信息。

(5) 效果分析

1) 提高医院(医药公司)知名度。

通过在新年来临之际有针对性地寄送医院(医药公司)宣传贺卡,以人性化的方式向客户传递一份关怀和温情,有助于在特定目标客户群体中迅速树立起医院(医药公司)的知名度和认知度,扩大其影响范围。

2) 带动医院问诊(医药公司销售)量增长。

3) 通过中国邮政贺卡的宣传,配合相应的促销活动,吸引广大现实及潜在的客户到医院问诊(医药公司购药),提高问诊量(购买量),进而带动销售额的增长。

5. 成功案例

开发项目名称:某市医保户满意度调查贺卡

开发对象:某市医保中心

贺卡产品:普通型贺卡

项目效果：

（1）通过“医保服务社会满意度调查”活动，该市医保中心不仅向医保客户送去新春祝福，同时也宣传了医保知识，了解了群众对医保服务工作的意见和建议，为今后医保工作更好地进行提供了参考，实现了良好的社会效益；

（2）医保客户不但及时了解了医保有关政策，收到医保中心的新年祝福，而且更能及时反馈自己的意见和建议，同时收获丰厚的奖品和抽奖机会；

（3）通过此项目的成功开发，共寄发“医保服务社会满意度调查”贺卡 4.8 万枚，实现收入 12 万元，真正实现了三赢。

项目成功关键和启示：

（1）利用现有医保账单名址库，创新多功能贺卡，找到客户的需求点，是这个项目成功的关键；

（2）团队合作，完善服务是保证项目效果的基础。在年底贺卡营销任务重的情况下，该局全体人员分成几个小组，加班加点进行名址打印，按照客户要求及时将贺卡寄发出去。此外，市场部给予了大力支持，积极协调封发、投递部门，做好贺卡投递和调查副券的回收工作。

4.3.6 商业零售行业市场开发

1. 市场分析

由于区域经济发展不同，各个商场、超市、卖场的市场定位存在一定差异，但共同点是都拥有数量相当庞大的消费群体，资金实力也较为雄厚。由于竞争激烈，往往通过“会员制（卡）”来维系高端消费群体，以形成比较稳定的客户群，节日之际，问候和回馈客户的需求突出，对贺卡的需求量相对较大。

2. 营销要点

（1）商业百货可以其现有会员名址数据为基础，也可使用邮政名址信息，维护 VIP 客户，力争开发新客户。通过邮政贺卡功能创新，如将贺卡设计成代金券、打折券或礼品券等形式，以带动企业产品销售，联络企业与会员的感情，培养会员的品牌忠诚度。商业零售行业是贺卡重点营销突破的行业。

（2）各级主管部门及政府机关、商品代理商之间寄发邮政贺卡，有助于维系企业与各相关单位之间良好的关系。

3. 行业贺卡项目分析表

商业零售行业贺卡项目分析表主要说明向不同的客户提供不同功能的贺卡，组织策划不同主题的活动，同时说明对应的贺卡邮寄对象是哪个群体。具体内容如表 4-7 所示。

表 4-7　商业零售行业贺卡项目分析表

目标客户	部门/负责人	营销机会点	推荐产品	寄发对象
商场、卖场、超市	市场部（销售部）	新年慰问、形象宣传	幸运封、植物贺卡、影视贺卡	合作伙伴
		新年慰问、团购优惠信息	贺卡、影视贺卡、植物贺卡	企事业机关单位
		会员维护、节日问候、产品促销、新年慰问、员工关怀	幸运封、贺卡型、信卡型、普卡型	内部员工新年慰问

续表

目标客户	部门/负责人	营销机会点	推荐产品	寄发对象
高档店铺、专卖店	负责人	产品促销、节日主题营销、会员答谢、代金卡	贺卡、信卡	客户会员数据、邮政数据（中高收入库、有车一族等）
大型专业市场、特色街	专业市场、特色街市场策划管理部门	新年慰问、产品促销	普卡型、台历贺卡	市场商户、邮政数据（市场周边的企事业单位、小区）

4. 项目策划方案模板

（1）项目背景

在市场竞争日益激烈的今天，零售业中谁能抓住客户，谁就能占据先机，获得更大成功。传统的新春佳节即将来临，在这特别的日子里，将几句贴心的话语，温馨的祝福送给会员，可以加强与会员客户互动沟通，赢得他们的好感，提高会员的忠诚度，为企业创造更多的价值。为此，邮政局将利用自己多年来在贺卡设计、制作方面以及广告整合传播的经验和优势，为××商家量身定制独具特色的专用贺年卡。

（2）邮政贺卡介绍

邮政贺卡是中国邮政集团公司发行的，专门为政府机关、企事业单位制作的个性化贺卡，是一种集祝贺、宣传、沟通、抽奖等多重功能于一体的传播媒介。邮政贺卡人情味浓、针对性强、保存期长、隐蔽性好、中奖率高，承载了中国的传统文化，是节日期间政府机关、企事业单位宣传形象、塑造品牌、维护感情、收集数据、促进销售的绝佳载体。

（3）宣传方案

1）宣传主题："欢乐新春送大礼"

2）宣传载体：普卡、贺卡、植物贺卡等

3）设计推荐方案

商场、超市、卖场；

针对合作伙伴：以幸运封、贺卡等形式进行形象宣传、新年慰问；

具体见表 4-7，针对具体对象提供具体方案。

4）发寄对象

会员客户（客户提供）以及商场周边的社区、企事业单位（邮政提供）人员。

5）费用预算（略）

（4）邮政可以提供以下服务

1）贺卡方案策划、产品设计服务。

2）贺卡送货、收寄、兑奖提醒服务。

3）名址数据、数据整理、数据清洗等相关服务。

4）名址打印、祝福语打印服务。

5）贺卡调查反馈信息。

（5）效果分析

1）针对性强，效果明显，档次高，宣导性强。

新春贺卡面向商家会员寄送，传播针对性强，以一种有情的方式向客户拜年，新春祝福到达率高。同时,××赋予新春贺卡传播的双重效果,除了新春社交问候的功能之外,还能进行经营产品的市场营销活动。

2)传播范围广,效应长久,深入人心。

以新年贺卡的形式传达2010年的新春祝福。传播范围面面俱到,真挚的盛情厚意,跃然而现。新一年深切慰问,祝福效应影响深远。

3)贺卡形式新颖,邮寄方便,发布灵活,可兑奖,可收藏。

新春贺卡带有邮资凭证,不需再贴邮票,寄送操作方便;加上新春贺卡品格独特,设计精美玲珑,节日气氛浓厚,极具文化气质与鉴赏、收藏价值。

5. 成功案例

开发项目名称:某市"联盟消费年票"明信片册

开发对象:全市部分知名商家

贺卡产品:普卡型:联盟册(定价为88元/本)

项目效果:共印制1万册,其中24个商家每个商家制作1.8元普卡型贺卡1万枚,附片为商家打折优惠券,实现收入43.2万元。

项目成功关键和启示:

(1)"联盟册"是由该市邮政公司联合24个商家共同策划、制作的,将每个加盟商家的产品内容、图片、优惠折扣等分别印制在一张邮资明信片上,并汇集成一本精美的明信片册;

(2)凡是购买"联盟册"的消费者客户,都具有强烈的消费意愿,到联盟商家消费的概率非常高,能为商家带来更多的利润;

(3)"联盟册"旨在通过商家让利使消费者感到实惠,邮政销售方式针对目标人群明确,项目运作简便,三方受益。

(4)很好地结合了邮政贺卡广告载体,同时帮助商家解决了业务发展的瓶颈,将年底的贺卡项目与商家联盟消费结合在了一起。

4.3.7 旅游餐饮行业市场开发

1. 市场分析

旅游餐饮行业的特点是市场供过于求,竞争十分激烈;其大都拥有一部分稳定的集团客户和部分高端客户,重视客户维系;由于行业的特殊性,受到工商、行政、司法、文化等部门的管理与监督,未来开发市场潜力巨大。

2. 营销要点

(1)突出邮政贺卡功能创新,如设计成代金券、打折券或礼品券等形式,通过邮政数据库进行寄发,带来客户资源。

(2)向各级主管部门及政府机关寄发邮政贺卡,有助于维系企业与各相关单位之间良好的关系。

(3)可在营业场所的显著位置(如客房、服务台等)摆放具有服务意见征询功能的邮政贺卡,免费馈赠客户使用,以便于改进服务水平,扩大企业知名度,提升企业整体形象。

(4)设计成旅游质量意见反馈调查表,在春节前后的旅游旺季赠送给游客,可通过第三方广告搭载解决旅游部门费用,既能提升服务质量,又能宣传当地景区。

3. 行业贺卡项目分析表

旅游餐饮行业贺卡项目分析表主要说明向不同的客户提供不同功能的贺卡,组织策划不同主题的活动，同时说明对应的贺卡邮寄对象是哪个群体。具体内容如表 4-8 所示。

表 4-8　旅游餐饮行业贺卡项目分析表

目标客户	部门/负责人	营销机会点	推荐产品	寄发对象
酒店、宾馆	三星级以上酒店市场营销部经理	向领导和兄弟单位拜年、员工关怀	传统贺卡、影视贺卡、幸运封	同行业合作伙伴、供应商以及行业部门领导、政府机关领导、员工
		客户维护、文化品牌推广、品牌打造	圣诞贺卡、传统贺卡、普卡	客房赠送、自有客户邮寄、邮政数据库
		新春促销	促销贺卡、普卡	老客户邮寄、邮政数据库
	三星级以下酒店市场营销部经理	向领导拜年、客户维护	传统贺卡、影视贺卡	行业部门领导、政府机关领导、老客户
		新春促销	促销贺卡、普卡	自有客户、邮政数据库
酒楼、餐馆	营销经理	特色服务、特色菜品宣传	就餐优惠卡、重点菜品推介卡（普卡）	自有数据＋邮政数据库
	营销主管	向领导和客户拜年	传统贺卡、信卡、普卡	行业部门领导、政府机关领导、老客户
影院、娱乐城、酒吧	营销部、办公室主任	向领导和客户拜年	传统贺卡、信卡	行业领导、自有客户
		宣传推广	促销活动宣传卡	自有数据＋邮政数据
旅行社	市场部经理	老客户维护	新春问候卡、新线路推荐卡	自有数据
		新客户开发	新线路推荐卡	利用邮政数据资源帮其寻找潜在客户
景点	管理处办公室	景点宣传、优惠信息	信卡、普卡套装	自有数据＋邮政数据
		门票	门票	购票者

4. 项目策划方案模板

（1）背景分析

岁末年初是人与人之间相互祝福、问候的最佳时机，大家都要按照习俗问候师长、朋友、家人、员工、领导、客户等。贺卡是传递祝福的一种重要形式。

在市场竞争日益激烈的今天，在餐饮业（旅游业、娱乐业等）里谁能抓住客户，谁就能占据先机，获得更大成功。传统的新春佳节即将来临，在这特别的日子里，将几句贴心的话语，温馨的祝福送给老客户，可以加强与客户的互动沟通，赢得他们的好感，提高忠诚度；或将一些新春促销的信息传递给他们，吸引客户前来消费。

（2）邮政贺卡介绍

邮政贺卡是中国邮政集团公司发行的，专门为政府机关、企事业单位制作的个性化贺卡，是一种集祝贺、宣传、沟通、抽奖等多重功能于一体的传播媒介。邮政贺卡人情味浓、针对性强、保存期长、隐蔽性好、中奖率高，承载了中国的传统文化，是节日期间政府机关、企事业单位宣传形象、塑造品牌、维护感情、收集数据、促进销售的绝佳载体。

(3) 活动方案

1) 宣传主题:新春好礼　感谢有你

2) 宣传载体:贺卡等

3) 设计推荐方案

促销信息和售后服务情况有奖调查问卷;

在贺卡里夹寄贵单位新品(新线路、新服务)推介册、售后服务情况回馈调查表等资料,以有奖调查、收件人总付邮资等方式来提高被调查者的参与积极性。

具体见表 4-8,针对具体对象提供具体方案。

4) 目标对象

现场消费赠送、自有客户库、政府机关领导、邮政数据库中高收入人群库等。

5) 费用预算(略)

(4) 邮政可以提供的服务

1) 贺卡方案策划、产品设计服务。

2) 贺卡送货、收寄、兑奖提醒服务。

3) 名址数据、数据整理、数据清洗等相关服务。

4) 名址打印、祝福语打印服务。

5) 贺卡调查反馈信息。

(5) 效果分析

1) 提高知名度。

通过在圣诞、新年来临之际向消费者赠送贺卡,向客户传递一份关怀和温情,有助于在特定目标客户群体中巩固和扩大知名度和认知度,提高客户忠诚度。

2) 促进节日营销。

通过中国邮政贺卡的宣传,配合相应的促销活动,吸引广大现有及潜在的客户来消费,给新老客户留下一份与众不同的消费感受。

3) 提高服务水平。

通过本次活动中得到的反馈信息,可以了解客户的关注点,找到不足并加以完善、改进,以便更好地为客户服务。

5. 成功案例

开发项目名称:某烤鸭店纪念贺卡

开发对象:某烤鸭店

贺卡产品:普卡型:烤鸭纪念卡(定价为 1.8 元/枚)

项目效果:50 万枚烤鸭纪念卡。

项目成功关键和启示:

(1) 该烤鸭店高层意识到从 2004 年开始使用的第一代“烤鸭纪念卡”的形式和内容都需要进一步提升,便萌生了制作第二代“烤鸭纪念卡”的想法。该邮政局针对客户需求提出利用普通型邮政贺卡为载体印制其特有的“烤鸭纪念卡”的建议,使其成为具有双重抽奖效果的“烤鸭纪念邮政贺卡”;

(2) 推出个性化“中国邮政信箱”,并且破天荒地设置在该烤鸭店店堂内;

(3) 组织“百年邮政走进百年烤鸭店——品烤鸭,珍贵记忆‘邮’回家”主题活动,扩大烤鸭纪念卡发寄范围；

(4) 成功关键在于邮政产品与客户需求的高度吻合。

4.3.8 房产家装行业市场开发

1. 市场分析

房产行业拥有较强实力，注重自身形象塑造和品牌宣传，目标客户均为高端群体，市场竞争讲求差异化战略；房地产是一次性消费商品，人们对房地产的消费比较慎重，往往在购房前要对房地产市场的信息作长时间的考察分析。开发商在宣传推介时会针对楼盘档次确定其高、中、低端客户群，并根据不同客户选择不同的宣传渠道。

2. 营销要点

(1) 房地产行业可以在节日期间，以贺卡的形式向不同的广告受众有针对性地寄递带有楼盘销售信息的广告，起到节日问候和促进销售的双重作用；重点目标客户和业主也是房地产商赠送贺卡的对象，以情动人，体现企业的细致服务。

(2) 装饰行业可利用邮政数据名址，通过营销策划帮助客户选定目标客户，利用贺卡载体进行产品宣传，重点推荐使用普卡。

3. 行业贺卡项目分析表

房产家装行业贺卡项目分析表主要说明向不同的客户提供不同功能的贺卡，组织策划不同主题的活动，同时说明对应的贺卡邮寄对象是哪个群体。具体内容如表 4-9 所示。

表 4-9 房产家装行业贺卡项目分析表

目标客户	部门/负责人	营销机会点	推荐产品	寄发对象
房地产开发商	楼盘企划部（销售部）、楼盘全案策划广告代理公司	会员服务	贺卡型、信卡型、普卡型	老业主慰问
		新房推介、以旧换新	普卡型	邮政推荐数据
		新年慰问	幸运封、贺卡型、信卡型、普卡型	合作单位、内部员工新年慰问
房产中介	企划部（市场部）	会员服务	信卡型、普卡型	老客户（以客户自有数据为主）
物业公司	市场部	形象宣传、服务措施、新年问候	普卡型	所有业主（物业公司提供）
建材、装修装饰公司	企划部（市场部）	新年优惠、业务宣传	普卡型	老客户和收房业主

4. 项目策划方案模板

(1) 项目背景

近年来，房地产市场发展非常迅速，呈现空前的繁荣景象，同时国家宏观调控力度的不断加强，对房地产的开发、销售带来了巨大的压力，房地产行业竞争异常激烈。新年将至，如何更有创意地宣传楼盘，更有针对性地向目标客户、潜在客户推介房产信息，如何在更短的时间内吸引更多的目标客户是当前各房地产行业的营销重点。

(2) 邮政贺卡介绍

邮政贺卡是中国邮政集团公司发行的,专门为政府机关、企事业单位制作的个性化贺卡,是一种集祝贺、宣传、沟通、抽奖等多重功能于一体的传播媒介。邮政贺卡人情味浓、针对性强、保存期长、隐蔽性好、中奖率高,承载了中国的传统文化,是节日期间政府机关、企事业单位宣传形象、塑造品牌、维护感情、收集数据、促进销售的绝佳载体。

(3) 宣传方案

1) 宣传主题:新年新房新生活

2) 宣传载体:影视贺卡、幸运卡等

3) 设计推荐方案

目标客户:房地产开发商。

针对老业主:以传统型贺卡、信卡、普卡、幸运卡等形式进行新年慰问,同时还可作为新年联谊会的入场券。

具体见表 4-9,针对具体对象提供具体方案。

4) 目标对象

购房主、合作单位、内部员工、小区业主、二手房买主、装修公司的老客户和收房客户等(客户提供);中高收入人群、有车一族、时尚白领、个体经营户等(邮政提供)。

5) 费用预算(略)

(4) 邮政可以提供以下服务

1) 贺卡方案策划、产品设计服务。

2) 贺卡送货、收寄、兑奖提醒服务。

3) 名址数据、数据整理、数据清洗等相关服务。

4) 名址打印、祝福语打印服务。

5) 贺卡调查反馈信息。

(5) 效果分析

1) 向社会各界人士宣传公司形象,对公司楼盘销售、促进公司建设将起到积极的作用。

2) 年底向目标客户寄送贺卡,传递新春祝福的同时,宣传了楼盘(二手房屋)信息;借助春节期间人们的资金更为宽裕的时机,以贺卡促销宣传的方式鼓励潜在客户消费。

3) 通过向潜在客户寄送贺卡,直接发送到他们手上,展示公司的强大实力,彰显超前服务和主动服务意识,让客户作为公司的宣传者,把公司宣传给他(她)的朋友,达到口碑营销的目的。

5. 成功案例

开发项目名称:某轿车市场拓展贺卡

开发对象:某轿车股份有限公司

贺卡产品:贺卡型:2 版贺卡(定价为 5.5 元/枚)

项目效果:成功制作定制型贺卡 7.7 万枚,实现业务收入 42.35 万元。

项目成功关键和启示:

(1) 客户注重建立和培养顾客忠诚度、品牌美誉度;

(2) 做好客户的走访与维护,在维护中不断发掘客户营销断点,结合邮政在产品、数据、渠道上的优势,以服务嵌入客户的营销活动中,伴随客户共同成长,是实现客户终身价值和邮政函件业务发展的重要方法;

(3) 在内部环节上，要以满足客户需求为第一要务，整合内部资源，为客户提供快捷方便的绿色通道，从产品营销向服务营销转变。

思考题

1. 邮政贺卡业务的特点有哪些？
2. 邮政贺卡业务的种类有哪些？
3. 邮政贺卡揭标模式的意义有哪些？
4. 政府行业贺卡客户开发技巧有哪些？

第5章 国际商函业务市场开发与策划

随着全球经济一体化,更多企业的产品和服务走出国门。中国加入WTO以后,服务业的日益对外开放,加大了拓展海外客户群的需求,越来越多的跨国企业进入中国市场,任何一个致力于保持国际商业联系、进入新市场、获取新客户的公司都必须跨越国境,拓展范围。

直销邮件(Direct Mail,国内称"商业信函")是发达国家重要的营销渠道之一,发展潜力巨大。直销邮件收入在世界主要国家都有较大幅度地增长,如美国直销邮件收入年增长率为23%,英国为19%,瑞士为11%,亚洲的泰国也达到了20%,菲律宾达到了16%。

5.1 邮政国际商函业务

市场开发而引起的邮政业务全球化竞争,使邮政业务经营方式发生了深刻变化。随着国内市场逐渐成熟,有竞争实力的发达邮政主动出击,把国际业务甚至其他国家的国内业务作为向外发展的重点。近年来,竞争从快递业务逐渐渗透到国际普邮业务。以函件为例,据邮联统计,目前已有15个邮联成员在23个国家和地区设立了113个境外互换局(ETOES,Extraterritorial Offices of Exchange),专门在当地揽收国际商函。

5.1.1 邮政国际商函业务概念

国际商函业务即国际商业信函(IDM,International Direct Mail)业务,主要是指以广告等商业信息为内容,以信函为载体,以特定收件人为受众,以邮政投递网络为传播渠道的广告媒体,将客户所需传递的各类广告信息寄达国外、境外目标消费者的一种国际业务。

目前,全世界邮政都在积极开展国际商函业务,积极应对市场竞争不断加剧的局势。据万国邮联的调查显示,在市场竞争进一步加剧的形势下,有83%的成员国国际函件业务市场受到竞争影响。

Spring公司是由TNT、英国皇家邮政(Royal Mail Group)和新加坡邮政于2001年组成的世界上最大的国际邮政合资公司,从事国际函件业务。

德国邮政专门成立国际函件处,主要负责进出德国的信函运递业务、在他国开办的国际函件业务、国际增值业务等。2005年,该国际函件业务部门变为DHL国际函件公司(Global Mail),德国邮政世界网将所有德国以外的国际函件业务都归属到这个新的品牌下。DHL集团公司继续实施一站式销售计划并提供全球性的信函、速递和物流解决方案等一条龙服务。国际函件不仅可以从DHL的品牌中获益,而且还能通过国际信函同DHL速递、物流形成全球统一的组合产品,来吸引国际业务用户。

德国邮政国际函件业务的拓展重点分为三个地区:欧洲、亚太地区和北美。

积极开拓函件业务领域是法国邮政国际战略中的重要环节。法国邮政国际函件业务量在整个业务中所占比重不足 10%，但它的增长速度却是国内函件的 2～3 倍。法国邮政在这方面采取了积极的政策，不断满足用户的需要。为了给国际信函业务打开一个窗口，法国邮政决定在竞争非常激烈的欧洲继续谋求发展的同时，积极推进向世界主要市场的发展。

5.1.2　邮政国际商函的分类

邮政国际商函产品主要有以下几种形式。

- 国际商业信函
- 国际商业回函
- 国际邮资广告明信片
- 国际企业邮资封
- 国际小包
- 印刷品

其中，国际商业信函业务的概念在上一部分已经提出，下面对国际商函产品的其他主要形式进行说明。

1. 国际商业回函(IBRS，International Business Reply Service)

国际商业回函是专门针对商业客户开办的一种特殊业务，企业将印好回函地址的信封(邮简/明信片)随商函、商品货样(小包或包裹)或其他方式寄给客户，收件人利用这类信封或明信片回函，订购产品、服务或提出意见、建议，只需将其投入信箱(信筒)，不必支付邮费，邮费由企业按实际收到的回函件数统一向邮局交付，从而以最低的成本有效地提高回函率。针对大宗商业客户，一般国际商业回函与国际商函配套使用，用于客户信息调查表、客户意见征询等。

国际商业回函所适宜的客户群的共同特点是，急需了解国外的市场需求、收集客户的反馈信息和扩大自身以及产品的知名度。国际商业回函的使用流程如图 5-1 所示。

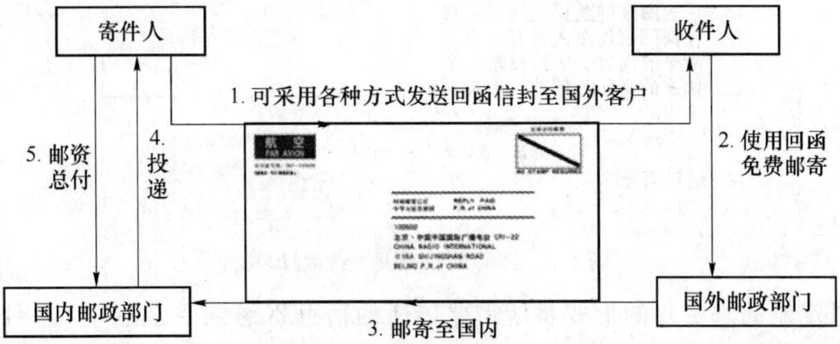

图 5-1　国际商业回函使用流程

2. 国际邮资广告明信片(International Postcard)

国际邮政邮资广告明信片，即在普通邮政邮资明信片背面印制各类广告或宣传内容的明信片。

注意，广告图案的题材要选择不对任何国家和个人具有伤害或敌意的内容，应该反映一个国家的文化、精神，增进友谊。

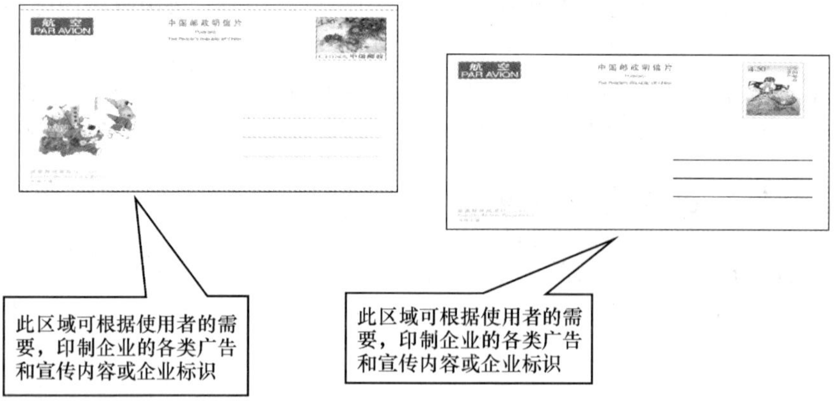

图 5-2 国际明信片广告选材

3. 国际企业邮资封(International Business Postage Envelope)

国际企业邮资封是在指定位置印制带有企业形象宣传内容的图案和文字的邮资信封，是企业对外进行形象(CI，Corporate Identity System)、产品、服务宣传的窗口，是企业与客户沟通的桥梁。国际企业邮资封的书写格式如图 5-3 所示。

图 5-3 国际明信片地址邮编示意图

企业通过定制的邮资封的形式将所需要传递的信息寄送到受众手中，达到与受众有效沟通的目的，同时带有企业标识的邮资封可以向受众传递企业良好的形象及专业的服务形态。在邮资信封的内部，可以选择信件、贺卡、广告单页、小册子、样品、目录册等各种形式的信息载体，传达有益的讯息。

5.1.3 邮政国际商函业务的特点

国际商函广告具有直邮广告的特点。国际商函广告是一种书面资料，可以避免一般中国企业在国外没有办事处，中国与外国有时差，没有英文流利的员工可以随时接听、应答外商电话的烦恼。国际直邮营销如与公司网站广告配合，可塑造一个现代化、国际化、专业化和数码化的企业形象。

国际商业信函业务是一个非常广义的概念，可以包括账单、会展邀请函、广告信、涉外企业所邮寄的节假日贺卡以及庆典邀请函等，它是以广告等商业信息为内容，以函件为载体，以特定收件人为受众，以邮政投递网络为传播渠道的广告媒体。它具有其他广告媒体不具备的优势。

(1) 保密性。首先，客户可以与客户直接对话而不让竞争对手知道；其次，客户可以免受其他媒介的打扰，直接获取客户的信息。

(2) 亲和力强。书信式的传情达意方式使国际商业信函具有非常大的亲和力，从而大大提高有效阅读率。

(3) 灵活性。客户可以运用不同的设计，直接向目标客户宣传推广。可以投寄信件、明信片、彩色小册子、免费样品，甚至联合营销宣传品，还可以在直邮中加入回邮工具，只要合乎资金预算和构想，一切尽在掌握中。

(4) 目标明确。通过对邮寄名单的选取，准确决定要接触的客户，然后在合适场合向他们进行一对一营销。

(5) 容易评估。可以通过计算回应的数目而评估其效用，更可以以此调整未来的预算和目标。

(6) 通达全球。通过借助遍布全球的国际邮政网络，可以在短时间内将所要表达的信息传递到世界任意角落，突破时空的界限。

而国际商业回函类似于国内的寄件人邮资总付业务，对于用户来说，一方面，在寄出的时候以国际商业信函为媒介，邮费方面基本上没有增加，使用户大幅度降低了获取信息或反馈的成本投入；另一方面，国际商业回函以其特有的功能从国外回函寄件人角度考虑，即回函无须支付邮费，而由回函收件人支付。该业务能够为国际商业信函与回函的使用者带来良好的反馈效果。使用国际商业回函可以有效地提高回函率，使生产经营者更加及时、准确、全面地掌握所需的市场信息，了解用户的反馈意见，为进行统计分析，制定产品策略，进行市场战略调整提供可靠的依据。

由于国际商函业务资费较高，国际商函用户往往耗资巨大而收效甚微，这在很大程度上制约了国际商函业务的发展。因此，可采取国际商函信函与国际商业回函相结合的方式，有效地提高回函率。

另外，明信片作为人们日常习惯使用的一种通信方式，有着广泛的社会消费认可基础，尤以邮资明信片使用更方便、广告接收率更高。

邮资广告明信片，是国家邮政局发行的正规邮品，具有升值潜力。邮资广告明信片上的邮资凭证，只有邮政部门有权印制和发行，所以它具有档次高，权威性强的特点，也是集邮爱好者收藏的珍品。同时，邮资广告明信片是一种新颖的广告媒体，可宣传企业形象、产品和其他商务活动，它可根据客户的需要制作精美的明信片画册，将公司的企业形象、产品介绍等进行设计包装，也可按照客户的要求将名家的山水字画、祖国的美好河山融进明信片中，制作成中、高档次，有文化品位的礼品送给国外客户、朋友，将其作为与客户进行沟通的有效选择。

5.1.4　邮政国际商函业务的服务流程

国际商函广告服务的宗旨是：以国际邮件的形式将企业的产品或服务推向国际市场，寻求产品客户和商业合作伙伴；使企业的产品跨越时空直接连通用户；同时为企业树立国际形象，进行国际商业宣传。

通过国际商函业务服务，可以帮客户达到以下目的。

（1）接触更为广泛的目标客户。客户不会愿意将钱花在对其产品或服务不感兴趣或不合适的人身上。

（2）使商家掌握主动。可以在自己最需要的时刻利用国际商函建立业务。

（3）培养顾客的忠诚度。维护一个客户的成本要比带来一个新的客户的成本低得多。商函客户发出的卡片或信件能使其客户感到正在与他们进行个人交谈，这会形成一条商函客户不愿割舍的纽带。

（4）建立客户信息库。拥有的客户信息越多，就越能有效地对他们开展营销活动，还可以利用这些信息查找谁是企业真正需要营销的对象。

国际商函业务相对于一般商函业务来说，主要是接受对象不同；相对于一般商函业务在国内范围内传递企业产品或服务信息的形式来说，国际商函业务旨在将企业的产品或服务信息传递给国外受众。因此，其服务流程与一般的商函业务的流程相似，即根据客户的个性化需求（如国家地区、行为特征、兴趣特征等）从邮政名址信息中心的数据中筛选出合适的数据，提供名址筛选、商函设计、信封打印、封装、运输、投递等一条龙服务，其中，商函内容可以是优惠券、打折卡、产品目录册、宣传手册、邀请函、调查函、会刊等，帮助客户实现新品推广、促销、销售机会获取、销售等目标。其具体服务流程如下。

（1）方案策划

好的营销方案是数据库营销成功的前提，邮政拥有专业的营销策划队伍，可为客户量身定制市场营销推广方案，帮助客户分析市场需求、目标受众、营销渠道、费用预算、投资回报等。

（2）名址提供

目前，邮政名址系统拥有上亿条国际名址数据，覆盖了世界240个国家和地区，提供灵活的数据查询组合。通过名址查询系统，客户可以精确地找到自己的目标受众，进而租用邮政的名址信息进行商函的发寄，从而节约客户的广告费用，提高营销效果。

（3）数据服务

利用邮政的数据资源优势，帮助企业规范其收集的各种客户数据，使其数据能够更准确地邮寄，实现企业与客户的良好沟通；同时使企业的客户数据增值，真正成为企业核心竞争力的一部分。

邮政能够提供的数据服务包括以下几方面。

数据清洗——对数据中的繁体字、标点符号、不规范用字进行标准化。

数据规范化处理——将地址切分为省、市、区县、街道乡镇、村、门牌。

数据的查重和关联——将不同渠道、时间收集的数据，去掉重复数据，进行整合。

地址邮政编码匹配——与标准地址匹配。

单位名称匹配地址、邮政编码。

（4）策划、设计、制作

邮政拥有一流的策划、设计人员，先进的硬件设备和场地，能够提供数据库商函策划、信函的内件设计及印刷、信封及内件打印、封装制作等服务。

（5）邮寄

邮政可以及时地将商函寄递到目标人群手中，并可利用先进的投递系统对商函进行跟踪与投递确认。

(6) 数据库建立与维护

中国邮政可以帮助企业建立数据库,协助企业管理数据库,提供录入、分析等服务;帮助企业维护数据库,提供咨询、技术支持等服务。

(7) 跟踪反馈

中国邮政提供邮寄后的跟踪反馈服务,根据寄发商函的情况,核算投达率,进行广告效果的评估。

5.2　邮政国际商函业务的市场开发

国际商函业务是中国邮政传统业务的拓展部分,随着中国经济不断的发展,国内客户拓展国际市场的需求也在不断的增加,如何寻找国际邮政业务未来的发展方向,如何更广阔地开发国际邮政业务的市场是十分必要的。为发展国际商函业务,中国邮政特别和邓白氏公司开展合作,对国际数据不断完善和充实,凭借中国邮政在数据库营销上的独特优势,以及对国际数据业务的了解,不断创新产品,拓展国际商函业务市场;同时认真调研,细分市场,着力进行邮政国际商函业务的市场开发。

5.2.1　邮政国际商函业务市场分析

国际商函业务不同于国内业务,由于各国国情差异较大,客户选择国际商函业务时需要面对的市场情况比较复杂。因此在对国际商函业务概念、特点等基本情况了解和掌握之后,首先要做好国际商函业务的市场调查与分析,进行客户梳理等营销拓展工作,找出要营销的对象,确定客户市场,进而制定出具体的营销方案。

通过对客户的梳理、分析,对国际商函业务市场进行调查,细分客户产品性质,进而确定国际商函业务的重点客户市场。

1. 有海外拓展需求的企业

尤其是玩具、服装类中小型企业、合资大企业、境外企业客户、产品全球化的制造业企业等。利用邮政自身的名址资源,为客户提供国际商函(产品目录、订购单等)的印制、信函封装、名址打印、邮寄、客户电子邮件跟踪及客户反馈信息处理等一系列直邮解决方案。

针对直销型的产品全球化企业展开国际商函的营销一般较易步入良性循环的发展轨道,如戴尔(DELL)。

DELL 计算机是某邮政局发展国际商函业务寻找的典型客户。DELL 没有经营柜台,信函广告和网络直销是它进入市场的营销方式,它的用户遍布全球,它的生产基地与客服中心位于厦门,DELL 经营模式的优势加上某邮政局优质的服务,使某邮政局作为 DELL 商函制作服务商成为必然。基本上每个月有近 15 万件的 DELL 公司国际商函从某邮政局寄发。此类产品全球化的制造业企业,邮寄的一般为产品目录,按印刷品交寄,客户在设计印制产品目录时一般都会注意到对印刷品重量的控制,都尽量控制在 50 克以内。类似 DELL 这类直销式的企业,其广告效果的评估非常直观,可通过电话订购量的统计来分析。据客户反映,商函寄发后一般电话呼入会产生一个峰值,广告效果非常明显。

某邮政局把为 DELL 公司提供的商品资讯邮寄服务向贸易业、金融业延伸,现已成功开发了邮寄进出口公司产品目录、贸易公司订购单、银行商务票据等业务。例如,潮海进出口公司用国际商函来邮寄产品目录，领将贸易公司邮寄家具订购单，汇丰银行邮寄商务票据等。

2. 在海外发行的杂志社、新闻媒体等

通过在海外发行的杂志中插入杂志订阅国际回函及信息反馈卡，增加客户的国际订户的数量，提高客户的服务质量。同时，邮政部门根据市场特点，针对有海外订阅要求的刊物、报纸、古籍书刊类，开发印刷品专袋业务，帮助其扩大出口量。

例如，北京国际广播电台为收集对节目的反馈，以往的做法是由国际广播电台在国外设立的记者站租用信箱，国外听众支付其本国邮费将回函寄到专用信箱，再由记者站汇总后定期寄回国内。这样做不仅成本高，而且未起到有效的收集作用。通过使用国际商业回函业务，回函数据有了明显的提高。据统计，从 2002 年 7 月 9 日至 2002 年 12 月 30 日，累计收到回函 5 634 封，回函量较以往上升了近 50%；从 2003 年 1 月 6 日至 2003 年 2 月 14 日，累计收到回函 2 830 封；"非典"过后，自 2003 年 5 月 18 日至 2004 年 2 月 2 日，累计收到回函 51 550 封。

3. 拥有国际客户名址库的企业

如航空公司、旅游公司、星级宾馆和饭店、通信公司、进出口公司、政府外事机构、民间外事机构、国际慈善机构、国际旅行社、银行、高校图书馆等，邮政为其提供包括营销活动、业务宣传等单册、印刷品、贺卡、邀请函、国际书刊征订单、账单（国际信用卡、国际话费账单）等的印制、信函封装、名址打印、邮寄、客户电子邮件跟踪及客户反馈信息处理等一系列直邮解决方案。

例如，荷兰依佩玛国际有限公司（RICK）为发展业务，在 2002 年 10 月份首次尝试制作了 1 000 封国际征询函，向卢森堡等十几个欧洲国家邮寄，取得了较好的效果，回复率达 25%。某邮政局想方设法搜集 RICK 所需要的国际名址信息，并经常把 RICK 的相关负责人请进当地的商函中心，让其进一步了解邮政的商函业务种类、制作水平。2004 年 1 月至 2004 年 11 月份，RICK 通过某商函中心制作的国际征询函达 4 万多件，为其带来了丰厚的收入，成为该局商函业务的一大亮点。后来一直保持着合作，2005 年寄发了 20 多个批次的国际商业征询函。

4. 提供会展的服务型机构

如国际会议中心、会展中心等。针对一些招商引资会、国际展览会、大型设备展销会、庆典、旅游节等，邮政为主办单位策划制作寄往国外及中国港澳地区的邀请函方案。要求在年初搜集全年将在国际会展中心举办的展会信息，根据各国际展的特点及当地邮政局的名址资源提供项目策划书，送交各展会的组委会或工作小组，大力推荐国际邀请函业务。因为举办展会的目的多半是为了招展、招商引资或者交流技术，国外受众显然比国内受众更有吸引力。中国邮政要多方收集有关投资机构、中介机构、考察学者、展览机构等国际名址。向组委会推介并提供邀请函的设计、印制、封装、邮寄、反馈统计等一条龙服务。

例如，北京某邮政局抓住为在北京国际会议中心举办的第 56 届世界国际灌排大会提供会展服务的契机，一举成功开发 6 000 枚国际邮资明信片，成为该局今年会展服务的亮点。从 2004 年会展产业初露端倪时，该局就及时把会展服务定位为高端服务，挖掘此中商机，为开发个性化邮品，拓展国际业务新品牌打开了新思路。

某邮政局每年年初搜集全年将在会展中心举办的展会信息，寻找到各展会的组委会或工作小组，大力推荐国际邀请函业务。该局已成功为中国投资贸易洽谈会、台交会、国际果蔬博览会、绿博会、建筑博览会等知名盛会提供服务，每年将寄发会议邀请函 20 多万余件。以中国投资贸易洽谈会为例，虽然会期定在每年的 9 月 8 日，但该局根据国际商务惯例都要提前近一年展开工作，每年的 10 月份左右该局进入邀请函的设计、印制阶段，在次年 1 月初要基本完成邀请函的封装、制作、邮寄工作，以便收件人能在新年的年初作好工作计划。由于邀请函的寄发范围是世界各地，邮政资费比较高，所以组委会要求邀请函的制作成品要控制在 20 克以内。这些注意事项在其他展会也同样适用。

某邮政局抓住义乌国际小商品博览会举办契机，大力开办会展招商函等国际商函业务，促进了国际函件业务的快速发展。另外还有各种庆典的邀请函，如厦门大学 50 周年校庆寄发给海内外的专家、学者、校友等的庆典邀请函。

5. 出口大宗印刷品业务的企业

近年来，越来越多的跨国公司将本国的印刷场地移至中国内地，利用各种渠道将印刷品运输到本国。通过市场调研，积极开发此类客户，可发展出口大宗印刷品业务。

邮政针对大宗印刷品业务的企业提供印刷品专袋(M 袋)服务，对于同一寄件人同时经由同一邮路寄交同一地址同一收件人的数件印刷品，可以封入一个或数个邮袋内寄发，称为印刷品专袋(M 袋)。此项业务为客户用邮提供了更大的选择余地，使客户用邮更加经济、方便。如果客户需交寄大量的印刷品，可使用印刷品专袋(M 袋)业务，印刷品专袋内每件邮件重量不受限制，但每袋总重不低于 5 千克，最高不得超过 30 千克，装寄印刷品的邮袋由邮局提供，但客户要自己提供收、寄人名址签牌。

概括来说，邮政国际商函业务集中为六大客户市场。

(1) 政府部门：包括侨办、外宣办、开发区管理委员会、领事馆等外事部门。

(2) 涉外企业：如三资企业、进出口贸易公司、货代公司、酒店、航空公司、国际旅行社等。

(3) 培训机构：如大学校园、外语培训机构、外文学院、出国前培训机构等。

(4) 民间联谊机构：如海外联谊会、港澳台胞联谊会、同乡会等。

(5) 会展机构。

(6) 印刷机构。

对于国际商函业务来说，找准目标客户市场是业务发展的基础，同时，对于不同的目标客户市场要进行深入分析，了解不同市场的特点，进行有计划、有针对性地业务拓展。

例如，假日经济对于国际商函业务的开展效果非常明显，可以抓住圣诞节、春节等节日，开发个性化明信片服务。圣诞节、元旦、春节、情人节是三资企业按照国际惯例邮寄贺卡问候关系客户、合作伙伴、国际友人的重点节日，也是邮寄书信、贺卡、礼品问候海外侨胞的重点节日。可结合有中国文化题材或与当地题材有关的邮票和外企的企业文化为企业设计个性化贺卡，邮寄给国际的商业伙伴。

5.2.2　邮政国际商函业务的市场开发基础

邮政国际商函业务市场的开发一定要建立在以客户需求为导向的基础之上。以客户需求为导向的市场开发模式，要求邮政提供的商函业务的各项服务都要围绕客户需求这一中心和目标，主要包括以下几方面的内容：第一是要根据市场环境和自身资源能力进行战略定位，确定目标市场和目标客户；第二是进行客户识别，细分市场和客户，明确客户特征及区域分布；第三是调查并分析客户的核心需求；第四是根据细分客户的核心需求，设计不同类别的服务产品，并建立与之相配套的营销客服流程及支撑体系。

另外，国际广告的作用与原理和国内广告并没有根本的不同。但是，国际广告面对的是世界各国差别迥异的市场环境，能否充分认识并在广告活动中体现各国市场的差异，是国际广告活动是否成功的关键。这是因为不同的国家和地区，有不同的社会制度、不同的政策法令、不同的消费水平和结构、不同的传统风俗和习惯、不同的自然环境、不同的宗教信仰，以及由此形成的不同的消费观念及市场特点，因此，邮政国际商函业务市场的开发还必须以市场环境的差异化需求为基础，在进行市场沟通和项目开发时，一定要充分了解客户的需求，掌握受众所在的国家特点，根据其不同国家市场的特点，进行深层次的市场开发。为体现邮政商函服务的专业精神，特别是在对一些涉外企业或拓展海外市场需求显著的客户进行国际商函的业务开发时，要注意以下几点。

（1）必须考虑进口国的经济环境。

（2）必须尊重东道国的风俗习惯。

（3）必须适应各国的文化。

（4）必须尊重各国的宗教信仰。

（5）必须遵守各国对广告的管制。

（6）要注意各国的自然环境、人民的收入水平以及国民的文化教育水平和各国的语言文化特点。

5.2.3 邮政国际商函业务的市场开发方法

市场开发的方法有很多种，其中最常见的一种方法就是目标市场法，国际商函业务市场的开发同样可以采用这一种基本的方法。首先通过对国际商函业务市场的调查与分析，确定目标市场，进行市场定位，进而针对准目标客户进行下一步的沟通，围绕目标客户的特征和需求去设计产品，实施具体项目的开发。

另外，关系营销方法也是国际商函业务市场开发中的一个很重要的方法。利用好相关的业务关系，可以为市场开发提供有利的机会。邮政良好的社会关系主要有以下几个方面。

（1）直接客户关系，即已经与邮政建立起来的商函业务的客户关系。

（2）间接客户关系，即通过邮政其他业务与客户建立的关系。

（3）亲戚朋友关系，即邮政广大员工多数居住在本区域内，且不少分散在区域内的政府、事业、企业等单位，这些关系是邮政业务市场开发中的重要资源。

通过上述关系，邮政可以比较容易地接触到相关的客户，为国际商函业务的市场营销提供方便。邮政部门还可以利用相关客户在前期业务上与邮政建立的良好合作关系，对有海外拓展需求的目标客户进行业务的拓展和渗透。

5.2.4 邮政国际商函业务的市场开发过程

国际商函业务的市场开发过程共有以下的七个步骤。

1. 市场分析

国际商函业务市场的开发中，对商函业务市场的情况分析尤为重要。一方面必须对接收商函国家的情况有较全面的了解，尤其是该国的经济状况，该国对数据保护方面的法规、广告法规、竞争法，产品和服务的竞争对手情况，当地消费者行为、需求、习惯等；另一方面需要分析开发国际商函业务的市场环境和当地企业的海外拓展需求。

2. 理解目标

国际商函营销、设计制作人员要了解客户需求，了解客户拓展国际市场的动态、动机、客户产品和服务的主攻方向（哪个国家、地区的市场）。一般来说，客户主要有了解国外市场需求，收集客户反馈信息，扩大自身及产品的知名度，创造新用户，保持现有用户这五个动机。应针对客户不同的目标推介不同的产品。

3. 了解目标群

目标群即国际商函推介的产品和服务所要到达的对象。在选择目标客户群以及策划直邮活动时，对于企业-企业(B2B)模式，要了解目标企业内部的运作情况、公司构架、决策制定流程等，以便将信息传达到正确的人；对于“企业-个人”(B2C)模式，要了解目标客户群的生活方式、对直邮活动的看法、对同类产品或服务的需求、最近的交易记录，以便将信息传达到感兴趣且有购买需求的人。

4. 确定目标客户

通过前期对国际商函业务的市场调查与分析，以及对目标群体的理解和筛选，要选准目标客户的市场，同时利用有效时机和市场情况选定目标客户。

5. 掌握相应的国际名址数据

因为商函业务的开发是以名址库数据为支撑的，离开了名址数据的支撑，商函业务的开发就失去了基础。目前，国际商函业务名址数据库通常有两种情况，一种是目标客户自有数据库，这是他们在不断的业务发展中日积月累下来的，另一种是目标客户并没有数据库，要求邮政提供。对于自身有相应名址数据的目标客户，他们常常为这些数据的准确性和采集而烦恼，邮政可以利用其优势，为这些客户提供数据信息清理、补充和更新等服务项目。对于没有名址资源的客户，邮政可以提供自有的国际名址资源，为其分析并提供需要的名址资源，这是商函业务开发成功的关键。名址数据可以通过以下渠道收集：

(1) 购买；

(2) 通过互联网搜集、整理相关名址信息；

(3) 利用国际会展活动、海外联谊会等政府及民间团体、中介机构收集国外相关行业、团体名址信息；

(4) 利用出口国际函件、包裹、汇兑、特快等名址信息；

(5) 租用。

另外，对这些名址一定要有相应的名址库维护更新制度，保证名址的有效性。

例如，北京的国际商函名址中心拥有数据内容丰富，分类科学的国际商函名址库。国际名址库数量近 144 万条，准确率高达 90%以上，覆盖全球近 60 个国家和地区。福建福州局积极通过海外联谊会等团体收集侨胞名址信息，同时整合西联汇款业务积累的国外名址信息，并购买了 156 个国家和地区的 25 万余条进出口公司及商贸公司名址信息。为了吸引各展会组织者使用国际商函业务，厦门局通过查询各种资料、在相关网站上下载、向名址信息公司购买等方法收集有关投资机构、中介机构、专家学者的国外名址信息。

目前，中国邮政集团公司非常重视名址库的建设，已开发了国际函件名址库，各地邮政名址中心可以登录名址信息系统进行数据的查询及筛选。具体流程如图 5-4 所示。

6. 制定有效的商函业务营销方案

在充分调查了解目标客户产品和服务的市场定位和目标消费群体定位的基础上，制定以数据库支撑的特别是精品数据库支撑的营销方案。在制定营销方案策划书时，要学会掌握现代营销理念和营销方法，善于从目标客户的目标市场战略、产品战略、价格战略中提炼有价值、有说服力的营销方案。将数据库提供的不同国情、不同层次的不同消费群体、消费行为习惯和特点的数据信息成功嫁接到目标客户市场营销的经营活动之中，使邮政提供的营销方案成为目标客户能够接受、愿意接受或者不得不接受的精品方案。

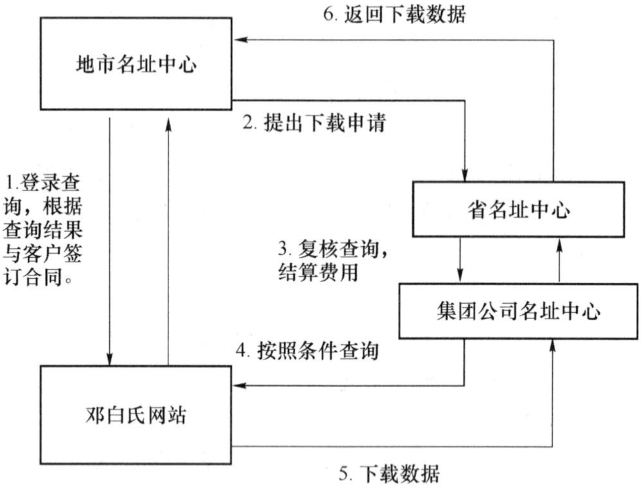

图 5-4 名址信息系统查询流程图

5.2.5 邮政国际商函业务的市场开发优势

1. 丰富的国际名址资源

自 2007 年开始，中国邮政和邓白氏公司开展合作，邓白氏公司拥有全球最大的商业信息数据库，其中涵盖 10 800 万家企业信息，大中华区有 300 万家企业，每天更新 150 万次，遍及全球 214 个国家。邓白氏公司以其拥有全球最大的商业信息数据库资源和优质信息收集和优化的流程在市场上遥遥领先。截至 2006 年 12 月，拥有超过 1.08 亿的商业记录，数据库在纵深度上不断增长。中国邮政通过与邓白氏公司的合作，对国际数据不断完善和充实，加强了对国际数据库资源的建设。目前，全国各地的出口规模也日益增大。为抓住这一发展机遇，中国邮政通过多种方式积极搜集、整合国外商函名址信息，建立、健全国际名址信息库。通过海外联谊会等团体收集侨胞名址信息，同时注意和发达地区开展合作，整合利用其已经开发积累的国外名址信息。

为了吸引各展会组织者使用国际商函业务，各地邮政还通过查询各种资料、在相关网站上下载、向名址信息公司购买等办法收集有关投资机构、中介机构、专家学者的国外名址信息。同时，在对国际名址数据的整合后，中国邮政通过对国际名址对象进行了行业、地区等信息细分，配合有代表性的成功案例，将其制作成图文并茂的业务推介宣传册邮寄给所有的有涉外关系需求的企事业单位，启发引导其使用国际商函，以壮大国际商函的发展规模。

2. 完善的服务支撑

依靠所掌握的个性化名址信息，邮政积极向各大展会的组织者推介国际邀请函业务，并提供邀请函设计、印制、封装、邮寄、反馈统计等服务。在业务发展过程中，邮政尝试建立国际商函项目小组，同时配备专职的客户经理，建立国际商函大客户资料档案，对大客户实行定期跟踪走访制，为大客户提供市场分析、媒体策划、广告设计、邮寄对象选择、商函制作、商函邮寄、广告效果评估等个性化服务，实施重点公关与大客户动态管理。

邮政商函策划部门还及时跟踪、收集各种资料，把握市场商机，制定详细的业务计划书，帮助客户解决在数据信息、发布时限等方面存在的实际问题，助客户开拓国际市场一臂之力。

3. 成功的案例引导

中国邮政开展国际商函业务以来，国际商函业务发展态势良好，在各地的努力下，不断开发出新的营销项目，不断取得新的收获，积累了大量的成功经验。在业务发展过程中，与许多行业的优质客户建立了良好的关系，利用国际商函业务的帮助，它们在海外市场拓展、产品宣传等方面取得了显著成效。

在今后的国际商函业务市场开发中，一方面可以借鉴以往成功案例的经验，另一方面可以用这些生动的案例，实现口碑营销的功用，打动潜在的目标客户，实现国际商函业务市场的开发。利用成功案例进行营销成功率高、可信度强，可以引发企业对国际商函业务产品、服务以及邮政整体形象的认可，让潜在客户真真正正地看见利益所在，从而产生兴趣并使用。

4. 良好的社会环境和积极的政策支持

商函业务是函件业务的重要组成部分，在民用信函使用量日渐萎缩的今天，发展商业信函是保证函件业务持续稳定增长的有效途径。现在全球经济一体化的节奏不断加快，我国的开放程度日益加深，对外经济合作日趋活跃，实行"走出去"战略的企业也越来越多，国际商函能够为这些企业提供很好的对外交流和信息发布的平台。国际商函的高收入也是实现国际函件收入增长的主要来源。集团公司非常重视国际商函业务的发展，在物质上给予支持，在政策上给予倾斜，投入大量的资金购买了邓白氏国际名址数据库，充实和完善了国际名址资源，为国际商函业务的开发和发展创造了良好的内外部条件，为商函业务的快速发展提供了强大的动力。

5.3　邮政国际商函业务的市场策划

直邮属于一种被动式营销，产品的特性、用途和优势比较难透过平面的邮购目录来完整表达，因此，在进行国际商函业务的市场策划时，要考虑与其他的媒体相结合，如先以平面数据寄达客户，让客户对产品、服务、促销活动等有一定概念，这时以电子邮件、传真等方式跟进，不但可节省时间，也可较快切入主题，提高成交率。

5.3.1　邮政国际商函业务的营销策略

目前在欧美等发达国家，人均年接收商函量在 600～700 封，而在我国尚不足 10 封，足可见商函在国际市场的被接受程度以及我国本土商函进入国际市场的广阔前景。伴随我国加入 WTO，2008 年奥运会的顺利召开及 2010 年上海世博会的举办，我国增强了对外经济技术的交流合作，国际商务往来、产品推介使用商业信函势不可挡，国际商函业务将拥有巨大的发展潜力。考虑到国际商函业务的特点，在开展此项业务的营销方面，可采用以下营销策略。

1. 市场策略

经过长期研究与探索，以国际会展、入境旅游、国际节日为主流的三大市场必将对国际商函业务的发展产生巨大的影响，成为专业拓展的重要驱动力。

(1) 国际会展市场

以北京为例，据统计，北京每年的国际展会已达 250 多个。在具备举办大型国际展览资格的全国近 250 家展览公司中，北京就占据了一半多；且由于中央国家机关、大型国有企业总部、跨国公司在华总部云集北京，权威机构集中，市场资源集中，具有发展会展业的基础，北京会展业也正处于把蛋糕做大的阶段。

为了邀请更多的参展商和专业买家，展会的举办方通常采用寄发邀请函的方式。大多数展会，在展期前的半年至一年内，相继分次地向国外邮寄邀请函。但是受到名址数量和准确率的限制，展会的规模和效果也往往受到影响。如何提供专业领域的名址信息，根据展览会的参展商和观众状况建立“目标观众体系”，吸引更多的专业观众，获得实际有效收获显得尤为重要。这正是邮政可以利用国际名址库、国际商函和回函参与和帮助解决的问题。

(2) 入境旅游市场

旅游业可能已经成为世界最大的产业之一。2012 年我国入境旅游人数达 2.7 亿人次，出境旅游者超 8 000 万人次，旅游总收入达 7 680 亿元。通过调研发现，由于外国人有发寄明信片的习惯，因此旅游市场对明信片业务存在需求，特别是在外国人聚集的涉外旅游饭店、国际青年旅舍以及旅游商场内，都在出售各式无邮资的明信片，但游客使用这类明信片十分不便，这便为我们制作国际邮资明信片提供了很大的市场。

(3) 国际节日市场

每年感恩节到圣诞节之间的五个星期，在西方国家被称为“圣诞购物季节”。以美国为例，中国是美国圣诞装饰用品和圣诞小礼品等应节商品的主要生产地之一。美国进口的玩具中 70%来自中国。根据中国海关总署的统计，2002 年中国总共出口了超过 14 亿美元与圣诞节相关的小商品，其中一半以上都出口到了美国。这个数据里面还不包括每年出口额为 150 亿美元的玩具商品。从中可以很清楚地发现，国家节日市场将至少给邮政国际商函业务带来三大机遇：①小商品批发市场：在圣诞节期间，服装、珠宝、玩具、精致的日用品都是出口市场所能提供的丰富产品，也是邮政业务增长的一个亮点；②节日期间留守国内的外籍人士市场：针对这些人，首先是要做好信息的统计工作，如有多少外国人在节日期间还留在国内、他们的国籍、他们所从事的职业、他们平时的兴趣爱好信息等，还应包括对于他们所属国家的节日文化和礼品偏好分析。这样，形成一个小型的数据库。邮政就可以在节日前向仍留在国内的外国人邮寄符合他们国家文化的礼品清单。他们可以自行购买之后选择通过邮政渠道寄往国外；③年轻人市场：在中国，圣诞节的消费市场主体是有着稳定收入的都市青年人，其中突出的是外企白领阶层。他们的工作性质使得他们有很多机会接触到国外的同事、客户、朋友。利用圣诞节联络大家的感情，邮寄一封情真意切的卡片就非常有必要了。针对这样的消费环境，邮政可以推出节日期间的特色邮政产品和业务(如现在的国际特惠邮资信封等)，定位为圣诞节期间增进人们感情的纽带，把目标客户选定在涉外的企业和人群中，利用节日的温情燃起国际邮政业务发展的火焰。

2. 产品策略

品牌是企业的一种无形资产，对企业有重要意义，有助于企业将自己的产品与竞争者的产品区分开来，有助于产品的销售和占领市场，有助于培养消费者对产品的忠诚度。邮政国际商函业务的产品策略的要点就是寻求品牌的支撑，着力打造市场认可的国际邮政商函品牌，加速产品更新。在当前空前激烈的竞争环境下，如果还按照邮政以往的产品更新方式必然使邮政从起始环节就处于被动。因此，必须主动寻求改变，加快产品更新速度，抢占有发展潜力的市场或还未发展成熟的市场。

(1) 国际商函整体品牌开发

通过报纸、户外广告等多种形式提高客户对邮政国际商函的熟悉度和认知度；通过严格定量化的产品、服务质量管理体系提升品牌价值；通过与政府部门联谊交流，提升品牌认知度和美誉度，带动业务整体消费；通过召开用户和社会监督员座谈会，互动沟通交流塑造品牌魅力，借助品牌魅力去培养客户的忠诚度，提高业务的市场感召力，进而拉动市场需求，扩大消费者群体，推动市场开发。

(2) 加快产品更新

根据前期的努力和经验积累，要继续依托会议邀请函、节假日贺卡、企业商函和回函、庆典邀请函来开发多种题材的个性化国际邮资明信片等国际商函新产品，寻找商函产品的突破口。例如，在发展国际贺卡业务时，邮政应针对外资企业的需求，精心设计独具中国传统文化特色的个性化贺卡。

另外，电子商务的迅速发展，为国际商函业务市场也带来了机遇。依靠传递速度快、制作周期短、制作寄送成本低、可以搭载多媒体信息等优点，电子商函业务开始积极抢占市场。而当数字签名、时间戳等技术提高了电子商函可靠性、可信度、完整性之后，越来越多的账单、合同等安全敏感信息也都可以以电子商函的形式传递。使用数字邮戳、加解密技术，商函用户与邮政商函中心之间、两地邮政商函中心之间都可以使用加盖数字邮戳的 OFFICE 文档与商函客户交流信息、签订商函电子合同。中国邮政可以在许可电子商函广告、电子对账单、电子合同等商函业务方面大显身手。

(3) 在主要国家需求邮政外的合作伙伴

以函件为例，据邮联统计，目前已有 15 个邮联成员在 23 个国家和地区设立了 113 个境外互换局，专门在当地揽收国际商函。邮政可以通过跟这些主要国家的境外互换局合作来互换当地的国际商函名址，一方面及时更新和扩充我们的国际商函名址库，另一方面通过对名址信息的分析来更好地开发国际商函产品。

(4) 同外资型企业合作开发产品

全球化产品的制造商、贸易商是邮政应当深入挖掘的潜力市场资源。这类客户群所经营的产品或者不受区域的限制，或者以国际贸易为主，或者只有生产基地和客服中心、没有经营柜台而以网络直销形式经营。因此国际商函正好可以成为其辅助的营销方式，使它的用户遍布全球。这种类型的企业在邮寄国际商函时，一般以产品目录为主，通常也容易向其开发国际回函，使其迅速得到国外客户的反馈信息。

3. 公关策略

(1) 寻找潜在客户

对于国际商函业务的潜在客户来说，其主要要素在于有需求和有资力两个方面。邮政营销人员在进行客户筛选阶段，首先需要考虑的是面对的客户是否有海外拓展的业务需求，是否拥有国际数据名址的资源等特点，通过对这些信息和市场的整体分析来界定潜在客户。例如，针对会展类的行业，主要开发展会公司拓展部和宣传联络部；针对产品推介类行业，主要开发业务部和投资开发部门；针对图书类行业，主要开发图书出口部门，等等。

国际商函业务潜在客户的来源主要有以下几个方面：

① 已有的用邮客户，如国际包裹、特快、汇兑、支局的国际大宗用户等；

② 业务推介会；

③ 业务征询；

④ 展览会；

⑤ 黄页目录；

……

（2）双向沟通

在进行与客户的沟通之前，首先要充分了解客户与企业的信息。

1）客户信息：拜访客户之前，竭尽所能地搜集对方的资料，如生活环境、所得收入、职业、嗜好、交友情形等。做这一类的调查对沟通时的帮助非常大，会给对方留下深刻的印象。

2）企业信息：除了了解客户本人的信息外，重点是了解所在企业的运行行业状况和企业竞争态势等。

在与客户进行沟通之时，要明确客户想要达到的目的及客户的关注角度锁定的是成本、安全还是效果，从而对客户进行有利的引导。如果面对客户的拒绝，如不需要、没有钱、不着急、不想要、不信任等情况，一定要仔细了解每个客户不考虑你的产品或服务的理由，利用先辨别问题，再依次解决的方法，找准客户利益点。

（3）分层次的优惠政策

在开发与培育国际商函市场时期，要对国际商函客户实行三优服务——优先、优质、优惠。很多外企在国外有交寄商函的经历，他们反映国外的邮政资费比较灵活，按客户分层次执行相同的资费标准，但享有正当理由的折扣。如用户的商函数据分地区提供、不需再分拣的可享受一定的优惠折扣。为鼓励客户配合邮政优化内部作业流程，减少劳动力投入，并将其有价值的名址为邮政所用，拓宽国际名址的收集渠道，应该考虑在保证邮资和制作成本的前提下，对国际商函的制作费进行分层次的优惠制度。

4. 服务支撑策略

（1）收集国际商函的邮路、时限等信息

商函作为商家不同时期的促销资讯往往具有很强的时效性。因此商家往往要明确商函在交寄局的分拣时间、通关时间、在途时间乃至到投递局当地的通关、分拣、投递时间，因为它们要求的是目标客户在第一时间收到它们的资讯，而不愿看到的是其竞争对手在它们商函寄发后迅速做出回应并捷足先登，所以数十万的商函从制作到寄发到投送，每一个流程都按小时计算。例如，某些国家和地区的邮政和海关是按公务员管理，他们的假期和作业时间与我国有所不同，可能因为对当地的长假错误的估算或不准确的时限会造成一次商函广告的无效投入。只有设身处地地为客户着想，才能真正留住客户的心。因此收集各国的邮路、投递时限等信息提供给客户是提升国际商函业务竞争力的保证。

（2）设置国际商函业务的市场分析员

假设拥有了信息齐全的数据库，也对各地的寄递时限了如指掌，那邮政也只具备了作战的武器，还欠缺文武双全的“战士”——市场分析员。要占领国际商函市场同样要知己知彼，才能百战不殆。要让商家对国际商函有信心，就必须站在商家的立场去分析它的潜在市场，提出有效的媒体方案实现广告效果。如有客户要邮寄工艺品的宣传，单单选择有工艺品需求的区域邮寄是不够的，还要了解该地区的宗教信仰和风土人情，否则不但达不到广告效果，反而适得其反引起收件人的反感。所以我们将不定时地邀请有外事经验的企业经办或政府外交人员、海外留学生等对邮政相关业务人员进行培训，开拓业务人员的视野，用国际的眼光运作商函，把市场做大。

（3）为国际商函的大客户配备专职客户经理

为了给商函大客户提供全程的专业服务，邮政要为每个大客户配备专职的客户经理。从大客户的市场调查、市场分析、媒体策划、广告设计、邮寄对象选择、商函制作、商函邮寄、广告效果评估等，提供贴心的一站式服务。只有这样抓住客户的需求，才能保证业务的存有量及增量。

（4）建设高素质人才队伍

为彰显名牌邮政商函的形象，首先要造就一支掌握科学技术、具有创新能力的专业技术人才队伍和掌握多学科知识、一专多能的复合型邮政商函管理人才队伍。尤其是针对国际商函业务来说，面对的市场环境相对复杂，更要求相关人员的专业性，因此，要定期对营销员、客户服务人员进行业务培训、考核评估，不断提升服务素质、技巧和效率，确保客服常规军的服务能力和水平，组建客户经理特种服务队，将服务工作推向更高层次。

5. 经营策略

（1）参与整合营销

仅通过单一的传统营销手段反馈率不高。直邮属于被动式营销，产品的特性、用途和优势难以透过平面邮购目录完整地表达。因此，策划一个国际商函项目时，要借整合营销之机，融入商函业务的开发，可与其他媒体相结合，如先以平面数据寄达客户，使客户对产品、服务、促销活动等有一定概念，这时以电子邮件、传真等方式跟进，不但可节省时间，也可较快切入主题，提高成交率。

树立“勿以量小而不为”的观念，采取稳妥试验方式，选好一个试点合作伙伴，通过方案营销实现业务零的突破，然后充分发挥示范效应，带动该行业市场的拓展。在开发与培育国际商函市场时期，经营政策上对国际商函客户要实行“优先、优质、优惠”三优服务。

（2）加强成功案例的宣传

开发新客户必须建立客户对国际商函的“信任度”，可通过宣传邮政的品牌和能力，参观商函制作中心等方式来提高信任度。如日本 DHC 化妆品专刊除了产品介绍外，还有一大张“真情分享留言板”，介绍的都是老客户的使用心得与效果推荐。这张看似无产值的印刷品，帮 DHC 赢得了首次消费者的信任，这些消费者进而成为 DHC 的长期客户。

一次成功的国际商函营销活动仅是一个小的项目，国际市场营销的成功需要不懈的努力。通过帮助客户策划合适的国际商函营销方案，建立和维护企业的国际名址库，必将实现客户和邮政的双赢 。

5.3.2　邮政国际商函业务的方案策划

方案策划是根据业务洽谈所要达到的目的而制定的，用来推荐商函业务产品的工具。方案策划按照其用途可以分为对内、对外两种。对内主要是用于自己评估、业务推进或寻求商机支持，对外主要用于营销及业务洽谈。

1. 策划书的内容

根据需要，对外的策划书可以是综合性的，也可以是单一的。由于一项业务往往需要经过多次洽谈才能成功，因此，策划书也是根据洽谈情况不断修改完善的，并不是一成不变的。从实际营销情况看，国际商函业务方案策划有以下两种。

（1）介绍邮政及国际商函业务品种的策划

这可以视为在经过市场调查，确定了目标客户之后，为了让目标客户对邮政产生信任，对国际商函业务有更好的了解，促使其使用商函业务的带有推介性质的“产品”说明书；也可以视为与营销对象洽谈业务的“敲门砖”或“下次再谈的引子”。这种介绍邮政自身和商函业务品种的策划书包括以下内容。

1）邮政简介。主要介绍邮政的性质、服务内容、邮政的信誉等。在邮政简介中，不仅要介绍本单位的情况，更要介绍邮政全程全网、“三流合一”的整体优势，使目标客户对邮政所具有的优势有一个基本的了解，使其产生信任感。

2）国际商函业务介绍。主要介绍国际商函业务的形式、特点、功能及服务流程，让目标客户了解国际商函业务可以为其经营提供什么样的帮助。

3）介绍成功的案例。主要介绍已与邮政建立合作关系的目标客户利用国际商函成功经营的案例，特别要介绍案例中这些客户在使用国际商函业务或与邮政建立关系后取得的成效。

4）服务承诺。包括制作投送质量、时限、保密等方面的承诺。

邮政简介和商函业务介绍的策划书，既可以在业务洽谈时使用，也可以在市场调查时使用。

（2）开发具体业务的策划书

这是在与目标客户进行了初步的业务洽谈或在目标客户对邮政及商函业务比较了解的基础上，为开发具体商函业务产品而制定的策划书，是主要围绕目标客户的需要，根据具体业务开发制度来制定的，主要包括以下几个方面。

1）合作的背景和意义。即与目标客户开展商函业务合作的理由，也就是为什么要让目标客户使用国际商函业务的根据。

2）合作的内容及服务方式。主要根据目标客户的需求、特点和邮政自身能力，提出合作的主要内容和服务方式。包括产品形式的选择、投放的时间、名址选择及对这个项目运作流程的设置及管理等内容。同时要根据目标客户的需要，确定提供一次的还是多次的、长期的还是短期的、单一的还是综合性的服务方式。

3）业务相关报价。包括商函设计、印刷、打印、封装、邮资、提供数据、数据维护等费用；另外可根据邮政的优惠政策、客户使用商函量的多少等情况酌情报价。

4）服务承诺。主要包括三个方面，一是保密承诺，对目标客户自己提供的商业数据信息，在业务合作中要承诺严格保密；二是投递质量承诺，邮政提供信息的，妥投率一般承诺在90%～95%，对于客户自备的数据信息要根据其质量先确认再承诺；三是制作质量的承诺，对于商函制作打印、封装等有要求的目标客户，要做出打印数量的正确率、打印格式的准确率、打印过程的完好率、打印的美观性等方面的承诺。

总的来说，国际商函业务方案策划书是根据目标客户的要求和需要进行策划的，也要根据目标客户的变化而变化。因此在制定策划书时，一定要遵循以客户为中心和帮客户赢的理念，从实际出发，从目标客户的需要出发，制定有心意并能够打动目标客户的策划方案来。

2. 方案策划的步骤

市场营销策划是一个科学的运作过程，对于国际商函业务来说，其方案的策划大致有以下几个步骤。

（1）市场分析

市场分析的第一步就是要了解现状，不仅包括对市场情况、消费者需求进行深入调查，还包括对市场上竞争产品的了解以及对目标客户情况的了解，主要是对市场形势、产品情况、竞争形势、分销情况和宏观情况的了解。现状了解是整个营销策划的基础，只有充分掌握了企业、产品的情况，才能为后面的策划打下基础。

了解了现状之后，下一步就是对情况进行分析。一个好的营销策划必须对市场、竞争对手、行业动态有一个较为客观的分析，主要包括机会与风险的分析、优势与弱点的分析和对于结果的总结。通过对整个市场综合情况的全盘考虑和各种分析，为制定应当采用的营销目标、营销战略和措施等打好基础。

(2) 产品组合设计

在策划阶段,要确保产品的组合能够满足目标国家的需要、国际商函推介的产品和服务性价比满足市场环境需求。确保产品和服务与寄达国当地的法规不相冲突,产品的质量、赠品、价格等达到目标群的预期等,并根据目标客户的需要,找出其卖点,并确定产品的价格、分销和促销的政策,选择适合目标客户的产品组合形式。

(3) 传达信息

直复营销的最佳操作手法,就是达到和你的顾客长期沟通的效果。因此整个国际直邮包所传达的信息(包括显性和隐性信息)应使用当地的语言表达,遵守当地的文化、价值观等。邮件的设计要内容生动、文字优美、符合国际惯例且无“中式英文”的通病,达到最佳营销效果。建议设计中至少要有寄达国的通用文字说明,中文用繁体书写。

(4) 反馈设置

反馈信息应到达何处,是本地还是外地,是用专用信箱、电话传真、网站还是其他形式反馈,都需要认真研究。进行反馈设置时,要注意与电子邮件、传真、电话等相结合,提供多种推进、交互、反馈渠道。

邮件是可测度的,在直接寄出之前,通常选择做一个测试,衡量锁定的名单及起草的内容是否恰当。对于开发一个国际商函项目,由于成本的原因,开始时量不要太大,视情形以不同方式、信封、内容及邮寄次数寄递。分批寄出后追踪效果,反馈效益,以此作为下次邮寄的改良依据。

(5) 名址分析选择

此外,名址库是国际商函业务发展的关键,在方案策划中要针对目标客户的特点和需要,正确地理解数据,并通过客户自有数据和邮政提供的国际名址数据中进行合理的初选、精选名址数据,向目标客户提供样本数据,同时要确定响应数据的采集方式,以便下一个营销活动方案的顺利实施。

(6) 邮寄

邮寄包括寄递的方式,邮寄时间(尤其是节假日);不同国家对寄递物品不同的重量、尺寸、禁限寄、封装等要求也要考虑在内。客户可能要寄递商品货样、小礼品、邀请函、问候卡片、调查函等。根据客户对时限、价格等的不同需要可向其提供个性化服务。

(7) 反馈处理

对电话呼入、电子邮件、传真、网站等渠道收集的反馈信息进行及时有效的处理,根据统计分析的结果,制定下一步策略。

例如,某保险经纪人对其现有保险客户的电话和交叉销售邮件的整合效果进行了检验。这些邮件的目的是劝说现有汽车保险客户对其住宅进行保险;劝说现有住宅保险客户对其汽车进行保险。在寄出邮件 3 天内得到了 5%的回复。他要求他的办公室职员在接下来一星期的每天晚上对没有回复的客户进行电话跟进确认。在电话攻势之后进行了分析,结果是几乎一半接收了邮件和电话的人们与他签订了订单。

5.3.3 邮政国际商函业务的案例分析

案例 1　某局利用国际特惠封开发国际商函和贺卡业务

1. 项目背景

青岛是全国重点的沿海开放城市,地理位置和自然气候较为优越,有着良好的国际投资环境。特别是作为2008年北京奥运会的唯一合作城市，其国际影响力正逐步扩大。社会条件和投资环境的变化，给青岛当地企业的业务发展注入了新的生机和活力。除了海尔、海信、青啤等几个国际著名的大企业外，青岛本地的民营企业也都成长迅速，在经济生活中的作用日显突出。其产品走出国门的愿望和能力越来越强。因此青岛具有大力发展国际商函的社会基础。

2006年中国邮政与国际著名的邓白氏数据公司签订了合作协议，利用其国际名址数据库开发国际商函。青岛作为国家局首批试点城市，掌握着利用国际优良数据资源发展国际商函的先机。恰逢国家局当时新推出的国际特惠封业务，对于开发国际商函有着积极的促进作用。

2. 营销方案

2007年邮政贺年卡开发之初，经过认真的市场调研，我局认为要在稳固开发国内贺年卡市场的同时，利用国家局今年提早推出国际特惠封的有利契机，将国际特惠封与国际名址库相结合，开发国际商函和国际贺年卡市场。我局赶制了一批高档国际贺卡内页，将其与国际特惠封结合推荐给客户使用。营销主要分为两个渠道，一是充分利用窗口资源，对在营业窗口办理国际函件、包裹、特快和西联汇款的用户主动推荐特惠封业务，扩大宣传面。另一方面对重点客户重点攻关，上门推介，做到点面结合，全面开花。对于采用国际特惠封交寄国际商函的客户，采用免信息使用费、免打印封装费的优惠政策；对于制作量在1 000枚以上的客户免费设计信封，制作量在2 000枚以上的客户，除免费设计信封外，利用贺卡内卡免费使用等措施以吸引客户。

3. 开发过程

(1) 做好前期培训工作

2006年8月和11月，国家局先后组织了国际函件业务和国际名址库使用的培训班。我局在参加完培训后，及时组织了包括全区范围内的分管局长、商函公司经理、营销员和全体支局长在内的国际商函业务的开发培训。着重从利用国家局国际名址库信息的角度讲解国际商函开发的要点，共同学习其他兄弟局的成功案例，并组织交流讨论，使大家充分理解和掌握开发国际商函的技巧。

(2) 明确攻关对象

在国际特惠封营销之初，我局先从自身掌握的企事业名址信息中进行了筛选，结合一年来使用邮政国际业务的单位信息，选出近二百家单位，按照隶属区域进行划分，由地面局负责分头攻关。

(3) 重点客户重点攻关

在了解到有家从事水产品生产的企业有使用意向时，我局派出营销骨干对其进行重点营销，经过沟通，该用户是一家长期从事水产品加工出口的企业，自身有着相对固定的客户群。2006年该公司推出了部分深加工水产品，但苦于缺少宣传手段。在充分了解了客户的需求后，我局在最短的时间内为其制定出产品宣传方案，推荐客户利用国际特惠封业务，内加新产品介绍和国际贺年卡，利用客户自带数据和我局的部分台商信息发寄国际商函。在宣传产品的同时，将新年的问候及时传递给用户，起到一举两得的效果。该方案最终得到用户的肯定，一次性交寄国际商函2 312封。

4. 营销效果

通过营销，成功开发了该水产品加工公司国际商函2 312封。由于这次发函使用了部分我局的数据，所以我们定时回访，了解情况。目前该水产基地已接到海外电话咨询近30个，起到了较好的宣传效果，客户非常满意，表示会考虑继续使用国际商函业务。另外，利用国际特惠封和客户自带数据成功开发了青岛市统战部、青岛市台办、青岛市南区政府、青岛市旅游局、青岛市外事办等单位的国际贺年卡和国际拜年信业务。

经过前期的宣传，青岛通利电力配件公司也将于本周与我局签订使用国家局国际名址库的协议，初步选定使用有关欧洲水电站及发电企业的近千条数据发寄国际商函。

5. 体会与总结

(1) 开发业务首先要找准目标，其次要有锲而不舍的精神，善于抓住客户的心理，充分利用自身的资源来吸引客户。

(2) 要做好客户的回访工作，及时了解客户的回函和回电情况，做好与客户的沟通工作。

案例 2　某局国际商函及会展项目开发

厦门位于中国东南沿海，是一座美丽的海港风景旅游城市。全市陆地面积 1 565 平方千米，户籍人口 142 万人，是最著名的侨乡和台胞祖籍地，是国家计划单列城市，是中国最早实行对外开放政策的四个经济特区城市之一，现已成为中国最主要的国际招商口岸之一。2005 年厦门市实现生产总值达千亿元。

2005 年某局深入贯彻国家局在上海召开"商函百团大战"会议精神，全面开展"数据为翼，商函腾飞"数据库营销竞赛活动，将数据库营销作为全年函件业务发展中的重要工作，取得较好成绩。商函数据库营销市场得到了进一步的拓展，商函收入占函件收入比重达 72.14%，全市人均函件量达 40 件/人。其中国际、中国港澳台商函 760 万份，占函件收入的 20%。现将 2005 年我局开发戴尔公司的香港商函、中国投资贸易洽谈会、厦门对台出口商品交易会国际邀请函的一些做法向各位领导汇报。

戴尔公司是全球 500 强企业之一，是领先的 IT 产品提供商，戴尔公司生产的产品均采用直销模式进行销售，而戴尔直销模式能够取得成功的关键还在于数据库营销。这正是我局为戴尔公司所提供的特色服务。为能向戴尔提供优质的数据库，首先我局通过代理公司向香港数据公司购置香港数据库，参与戴尔公司的数据库比对。戴尔公司将数据公司提供的数据与自身的用户数据进行比对后，整合出包含自己已有客户及潜在客户的数据，对其邮寄不同的产品目录册 DM。由于戴尔的营销模式就是运用营销数据库采用 DM 直销，客户大多是收到 DM 后拨打"800"电话订购产品的，因此数据库的质量及直邮广告的制作寄递时限直接关系到其产品的销售业绩。为此我局为戴尔开辟"绿色通道"，在接单 24 小时内完成制作、寄发，并通过挂专用袋牌全程跟踪 DM 的路由；在寄发后的 4 个工作日内从数据库中随机抽取一定比例的客户，以电话形式调查 DM 的妥投情况，对有变更的客户信息进行登记反馈。我局还专门成立了 DM 核查组及退信处理组，在 2 周内将所有退信按退信原因的不同分类汇总给戴尔公司，以便其进行数据更新工作。每当 DM 寄发后一周内，戴尔的"800"电话呼入就会产生一个峰值，戴尔公司根据这个峰值的高低及用户呼入所咨询的问题来测评 DM 的广告效果。准确的数据营销对象为戴尔带来的是销售量的突飞猛进，也增加了其使用 DM 进行数据库营销的频次，2005 年我局承接戴尔公司香港商函。

由商务部主办的中国国际投资贸易洽谈会(简称"投洽会")于每年 9 月 8 日在厦门举办。投洽会是中国目前唯一以促进双向投资为目的的全国性国际投资促进活动，每年有近 125 个国家和地区的 12 000 多名境外人士参加。为开发会展商函，我们专门成立项目组，前期通过项目组多次的上门走访，从组委会了解到组委会有很多项目要在中国投资贸易洽谈会上招商引资，我们向其提供营销方案，推荐利用国际数据库来邮寄展会的推介书和邀请函，吸引对口的外商来洽谈投资、参展、招商，取得组委会的认可。于是组委会与各国领事馆取得联系获取相关的商会信息，再以组委会的名义向各国商会寄发合作的邀请函，通过与各国商会的合作，由其提供该国相关行业的企业信息，由组委会向这些国际企业寄发会议推介书及邀请函。此外，我局还与组委会一起向境外名址信息机构购买相关的国际名址数据，并为组委会提供邀请函及推介书从设计、印刷、打印、封装、邮寄及退信反馈等一条龙服务。在邀请函寄发后取得了良好成效，并且一届比一届办得好，到今年已是第十届了，每年仅中国投资贸易洽谈会的国际邀请函业务可创收 20 多万元。在成功运作投洽会的国际邀请函项目后，我们把目标对准厦门对台出口商品交易会。中国投资贸易洽谈会邀请函主要邮寄的范围是国际，而作为与中国台湾地区一水相隔的厦门，对台的展会应是我们最大的优势。因此我们也牢抓这一点，以中国投资贸易洽谈会的业务开发为成功案例向厦门对台出口商品交易会(简称"台交会")组委会进行业务推介。台交会的参展产品基本上是中国大陆和中国台湾地区机电产品最高水平和技术的新产品、精品，展览面积 33 000 平方米。由于台交会行业性较强，基本以机电、电子产品为主，于是我局与组委会联合向邓白氏国际信息咨询公司购买相关的行业数据库推介给组委会，得到组委会的认可，每届均向港澳台及周边地区邮寄近 10 万份的会议邀请函，创收近 20 多万元。

以两展会为成功案例，我们把该项业务拓展到包括商务会展业在内的其他大型活动赛事、教育培训、文化交流等商务往来。项目组每年在开展工作前必先搜集全年将在厦门国际会展中心举办的展会信息及国际赛事信息、国际性讲座、各类研讨会信息等。且根据各类活动的不同特点，策划邮寄方案，大力拓展国际及中国港澳台地区邀请函业务。同时我们还配合会议或是赛事的组委会多方收集有关投资机构、中介机构、考察学者等国际及中国港澳台地区名址信息。向组委会推介并提供邀请函的设计、印制、封装、邮寄、反馈统计等一条龙服务。目前还成功为国际汽博会、国际马拉松赛、柴可夫斯基钢琴节、厦大学术交流及庆典等国际知名盛会提供服务，这些会议、会展、培训业的国际商函平均每年可创收 60 多万元。除此之外，我们还根据不同赛事的特点适时地开发其他国际函件业务，如利用国际马拉松赛在厦召开的商机开发了国际纪念封及国际明信片，在赛事举办过程中全程销售，受到了国内外参赛者、参观者的欢迎。

案例 3 "全球通"国际商函开发实现新突破

某局在对全市"两区一商一楼"(以下简称"211")市场开发推进的基础上，又结合实际，认真调研，细分市场，将目光投向国际业务市场，专门抽调人员成立了国际项目组，负责全区函包业务的开发。2011 年 5 月份，某局国际项目组通过前期的不懈努力和精准营销，先后与合肥市外事侨务办公室和安徽省外事侨务办公室成功签订了总计 4 000 枚的"全球邮"国际邮资信封业务，开创了全省外事部门制作"全球邮"国际函件的首例。

1. 细分市场，锁定目标

某局国际项目组成立后，立即着手收集客户信息并从中寻找合适的商机。在经过综合分析之后，项目组将国际函件市场细致划分为外资企业、大学、涉外宾馆、政府外事机构和出国劳务中介机构等五类，并将业务突破的重点放在"全球邮"国际商函上。

由于许多客户并不了解国际商函，对利用国际商函开发国外市场的方式持怀疑态度，开始攻关的效果并不明显。项目组决定先从政府外事机构入手，一是因为政府部门非常注重自身形象，业务往来也比较频繁；二是因为政府外事机构比较少，容易集中攻关营销。为此，营销人员先后走访了外贸局和招商局，说明来意之后，对方却表示信函方式早已不用，现在基本上都是通过电子商务实现业务上的往来。

虽然让对方委婉谢绝了，但项目组仍在交谈中获悉一条重要的信息，即政府近期将要组织一批人员出国考察，由外事侨务办公室负责组织协调，人员在出境前需要把个人资料制作成介绍信的形式邮寄到国外，便于境外接待工作的顺利安排。经过进一步了解，项目组得知以往外办都是通过买信封贴邮票的方式邮寄介绍信的。于是，项目组的成员立即携带"全球邮"设计样稿和实物信封上门，找到外办主任，详细介绍了"全球邮"业务的优势。这次，对方的态度有所松动，但对"全球邮"的实际使用效果仍持怀疑态度。

2. 大胆尝试，赢得合作

如何打消客户的疑虑呢？项目组回来后进行了讨论商议，最终大胆地提出了一个免费先让客户试寄的方案，让客户根据试寄的效果考虑是否使用。经过洽谈，项目组与外办达成了首批试寄 200 封的协议。试寄的效果相当良好，"全球邮"邮资信封不仅美观、大方，使用起来也非常的方便，外办对此相当满意，当即决定首批定做 2 000 枚，等使用完后再加印。市外办"全球邮"信封投入使用后不久，就传来了喜讯，省外办对这种形式也比较认同，经过一番简单介绍，就成就了另一单"全球邮"协议，首批印量为 2 000 枚。

4 000 枚省市外办"全球邮邮资封业务"的成功开发，引起了营销连锁反应，为下一步营销开了好头。该局迅速在全市范围内个性化复制、全面推广并梳理出 100 余家涉外企业及教育机构、外事部门的名址信息准备上门攻关。截至 2011 年年底，省教育厅和一家外贸进出口公司已答应印制"全球邮"邮资封，样稿已在设计中。项目组下一步准备将开发的重点放在大中专院校上，预计将在合肥市各大院校中推广普及"全球邮"。

案例 4　南通明远贸易有限公司国际商函案例

1. 市场背景

南通是纺织之乡，早在 1895 年就诞生了纺织与服装的渊源，古朴的蓝印花布，"绣山山秀，绣水水流"的沈绣艺术，它们无不记载着南通人与纺织、服装的不解情缘。在此基础上，经过多年的发展，南通成为中外闻名的外贸纺织、服装之乡。因此，我们将外贸服装企业作为我局国际商函的市场突破口。

2. 锁定目标，商函问路

南通地区服装企业较多，分成三类：一是服装加工企业，二是服装贸易公司，三是驻国内办事处。邮政需要确定哪种类型的企业需通过国际商函拓展业务。于是，根据培训资料，利用搜索的国际函件业务知识，我们整理制作了向企业寄递的营销策划书，内容主要有中国邮政和美国邓白氏公司（含邓白氏公司简介）合作内容与优势、国际名址库信息行业分类简表、国际商函知识、资费标准、利用国际业务招商和营销的优势等。首先从我局名址库中的外贸企业数据中挑选了一百家企业作为寄递对象，以对市场进行分析。在信函发出的十天后，我们进行了电话回访，在回访后，再对愿意接受此项业务的企业进行拜访。同时，在拜访时对意向性客户的公司规模、公司形式、寻找客户方式、企业发展进行了解分析，从而确认了市场定位点，即处于业务发展的中小型外贸服装公司，一般操作欧美单。

经过一段时间的拜访，我们发现南通明远贸易有限公司正在寻求拓展客户市场的新方式，我们带着策划书向客户详细讲解，客户一开始比较犹豫，因为我们并无现成案例可以供客户参考，为了解决客户的后顾之忧，我们详细分析了客户的业务种类，预发展的市场方向，为客户量身定制了一个搜索方案。

3. 成功开发，数据支撑

要做好国际商函，获得符合客户需要的国际名址信息，才是最重要的一环，营销员和信息分析员一开始完全根据客户的要求，只搜索到30多条信息，对此，我们并不气馁，在和客户协商的情况下，同时通过对国际外贸市场的了解，增加了搜索地区和国家，并对各项搜索条件进行调整，终于获得符合客户要求的数据。并通过省局下载，同时邀请客户前来查看我们整理过的数据，让客户进行适当选择，客户查看后非常高兴，说这些名址中竟然有他当前服务的客户名址。这也进一步增强了我们对国际商函名址库的信心。

4. 真诚服务，打动客户

虽然客户对我们的国际名址已经确认，但接下来，准备内件资料却让客户觉得有点困难，因为他们是一家小型公司，既没有画册资料，也没有操作经验，对此，我们建议在信封上使用"better service, better price, from competitive company in textile hometown"的直观的广告语。同时，利用周六、周日带上高分辨率相机，为客户拍了几十件样衣，一件件样衣经过整烫，再穿在模特身上，忙了一整天。第二天，又为客户拍了厂房，车间等照片，客户非常满意。同时对内件资料风格提出了建议，考虑到欧美国家的风土人情，内件采用欧式纹样压边框，古典花纹为底，色彩采用沉静优雅的墨绿色。同时采用渐变色彩增加通透感，其极具欧洲古典文艺复兴时期的风格。因考虑限重，我们很多想法未能实施。客户没有想到会有这么细致周到的服务，表示如果信息反馈好，将在下次让我们彼此合作地更完美。

5. 开发成效

虽然此次业务南通明远贸易有限公司只预订了600封国际信函，但客户对此次的服务非常满意，决定有了信息反馈后将继续与我们合作。通过此次的业务开发，让我感受到国际业务的市场是非常广阔的，客户需要的是实实在在的效果，只要我们拥有适合市场的产品和确切的名址信息，良好的服务，定能在国际业务上取得更好的成绩。

案例5　某局国际特惠封业务在金融行业开发案例

1. 背景与市场分析

温州是著名的侨乡，"七山二水一分地"的地理环境客观上培养了温州人强烈的"闯天下意识"。目前温州大约有40万的海外华侨，主要集中在欧美一些国家。老一辈华侨主要从事餐饮业和加工业（包括服装、皮革、鞋类、小商品等），通过几十年的辛勤劳动，积累了大量的资金。落叶归根的心理、报效祖国的愿望、国内日益趋好的招商引资政策和人民币升值的预期，促使近几年海外华侨纷纷归国，投入大量资金开办企业或投资地产。

根据中国加入WTO的承诺协议，金融业将最先对外资开放。而近几年，中国金融改革速度的加快，促使国内银行业竞争也日趋激烈。银行国际业务资金额大、利润丰厚，是银行业重点寻找的"奶酪"。可以说，谁最先拥有客户资源，谁就有先机占有市场。

中国邮政推出的国际特惠邮资信封业务，具有四大优势：一是印有中国传统特色的"麒麟送子"的图案，传递吉祥喜庆之意；二是可为客户度身定制，进行形象宣传，可提升品牌、加强交流、增进友谊；三是中国邮政在国际业务上的品牌价值，易培养客户的信任感；四是相对优惠的资费政策。

为加强对国际客户的市场分析，以促进国际业务发展，某局于2005年6月正式发文《关于采集国际业务名址信息的通知》，就邮政国际业务客户名址信息的采集、整理、维护和使用流程进行了明确规定，在温州邮政名址中心建立国际业务名址子库。

2. 营销策略与开发过程

(1) 落实名址中心人员对现有国际业务名址信息数据库进行针对性整理，形成有效的较高质量的海外侨胞数据库30 000条。

(2) 市场部组织了各营业单位的负责人和营销骨干进行了业务培训。培训中，学习了国家局和省局国际业务培训经典案例，分析了温州国际业务市场，明确了市局制定的促进发展的支撑措施和考核政策，着重灌输了数据库营销理念和注意事项。

(3) 市场部牵头书写了针对不同行业客户的策划书，随国家局下发的宣传资料发放到每个单位营销团队。

(4) 为避免多头营销，对客户进行了摘牌营销制，由摘牌单位承诺在规定的时限内形成承诺的开发数量和收入。各单位进展情况实行隔天上报市场部的制度。

(5) 由于准备充分，营销人员到各银行国际业务部针对国际特惠封业务进行推介的工作，收到了很好的效果。

3. 实施效果

(1) 温州市商业银行使用邮政提供的 2 000 条意大利侨胞名址，制作 2 000 枚国际特惠封。中国银行温州分行和建设银行温州分行国际部，分别利用邮政数据库制作了 1 000 枚国际特惠封。

(2) 上海浦发银行温州分行是温州地区国际业务份额最大的银行，经多次接洽，其最后选定邮政提供的侨胞数据库 18 000 条，制作国际特惠封 18 000 枚，并委托邮政制作贺卡和贺信(中邮广告)。

(3) 国际特惠封业务在温州是第一次有针对性地进行营销，银行方对邮政数据的准确性、国际特惠封业务的效果还持一定观望态度，不过均表示如果有效果的话，会加大投入。现与工商银行温州分行的合作在具体洽谈中，兴业银行、农业银行也表示了很大的兴趣。

(4) 截至 2006 年年底，该局共承揽国际特惠封 3.2 万枚。

4. 营销体会

(1) 高质量的个性化名址数据库，是中国邮政重要的竞争优势资源，将为邮政商函业务的突破性发展插上腾飞的翅膀。邮政要尽快制定、完善个性化名址的采集、整理、维护、使用的闭环作业流程。

(2) 根据客户实际制定个性化服务方案，来形成不同业务打包，做大收入规模。例如，浦发银行国际特惠封业务的制作。我们提出了利用“麒麟送子”国际邮资封为海外侨胞寄送贺卡，来表达银行新春祝福的形式，并提前设计了内页贺卡和贺信的样式。银行方对精美的设计和周到细致的服务表示了极大的认可，最终形成了国际特惠封、贺卡和中邮广告三项商函业务收入。

(3) 国际业务拓展中，侨胞数据是我们的竞争优势，所以要高度注意操作技巧和保密工作。例如，当我们为客户制作了国际特惠封后，服务工作要跟进，内页广告、贺卡的设计、制作，邮资封的名址打印、装封等工作都按客户要求高质量完成。最后客户大都会提出要地址信息，我们要注意的是：银行方只可浏览数据，不能下载打印数据；邮政可提供不完全的寄件清单，如清单上只注明每条收件人姓名和寄达城市与国名，详细地址保密。

(4) 设计制作中，要注意寄达国及收件人的种种禁忌。例如，夹寄贺信广告，广告要审核，确保合法性；银行的宣传措辞不能抵触国家颁布实施的《反洗钱法》；个别客户对银行来信敏感，特别在国外，税收方面及夫妻间对银行账目也保密，因此我们将信封的寄件人地址印为用户在我局的专用邮政信箱等。

(5) 有所为，有所不为。国际汇兑业务，尤其是西联汇款业务，是邮政重要的业务品种之一。所以在跟银行方利用数据库合作国际特惠封业务时，注意千万不要提供邮政国际汇兑名址信息,以免引狼入室,得不偿失。例如,某银行提出了要利用邮政西联汇款数据库制作国际特惠封业务,我们婉言谢绝。

案例6　某局国际商函业务营销案例

1. 背景分析

郑州属内陆省会城市,对外招商引资方面不具备优势。但为实现中原崛起,促进产业结构调整,提高对外开放水平的目标,市政府急需对外宣传和招商引资,将河南推向世界。

2. 市场分析

2007年1月,河南省政府在香港、澳门主办"中原文化港澳行暨2007豫港投资贸易洽谈会"。为配合这次洽谈会,河南省政府加紧筹备工作,通过各种渠道加强与港澳及海外企业、客商、朋友的沟通交流,邀请各方人士参加会议。

3. 营销策略

某局抓住机遇,精心拟写了《关于利用邮政数据库商业信函促进我市招商引资的建议》递交郑州市委书记。《建议》得到了市委书记的充分认可,并批复市商务局落实,将国际名址数据库商函向全市各级政府和企业推介,使其利用邮政国际商函协助政府进行招商引资工作。

4. 开发过程

一是某局从服务地方招商引资的角度出发,配合市政府组织召开全市"国际商函暨投资贸易研讨会",向与会各级政府、商务局、涉外企业代表介绍了国内外国际商函业务发展应用情况,重点推介了邮政国际名址数据库商函业务、国际邮资特惠封片的优惠政策及查询、办理程序。二是邀请商务局招商部门、企业负责人现场参观和查询国际名址信息,从世界500强企业中选择了与郑州市经济环境有较高契合点的20家企业试发,其中19家实现妥投。他们对此产生了极大兴趣。

5. 营销效果

郑州市商务局根据豫港投资贸易洽谈会的需要和日常对外联络需求,定制国际特惠封2.2万枚,用于寄发招商贺卡和招商商函。另外,市邮政局与郑州安图生物工程公司、金城国际公司等10家单位签订了使用国际特惠邮资信封发寄国际商函协议,共计6万枚。

6. 营销启示

政府招商需求逐年增长,借助邮政数据库开发商函业务的优势,服务于政府工作,取得政府支持,是拓展新业务的捷径。

7. 案例点评

河南省地处中原地区,不沿海、不沿江、不沿边,没有典型的外向型经济。就在这样的"三不沿"地区,某局紧紧抓住"经营政府"的理念,在国际名址库商函营销上取得了突破。邮政通过加强与政府合作,向政府提交利用数据库营销进行招商的方案,有效整合国内、国际商函数据库营销,最终使政府把国际商函作为招商引资的重要渠道。他们的做法值得我们学习和借鉴。

案例7　南京江宁局邓白氏、全球邮业务双破零

江宁局高度重视国际联动项目的发展,在市局举办邓白氏数据库业务推广后,按照市局的统一部署,在江宁分局内召开了业务推进会并成立了专项营销小组。一方面对区域内的相关企业逐一进行梳理,寻找目标客户;另一方面,对营业窗口有国际业务往来的用户进行重点宣传、跟踪。

功夫不负有心人,协盛纺织有限责任公司是江宁局的老客户,在国内业务与邮政有着良好的合作关系，营销员王小军在与客户沟通中了解到该企业面临竞争日益激烈的国内市场，准备积极开拓国际新市场。在得到这样的信息后，他敏锐地感觉到这是开发邓白氏数据库的潜在机会。在区局相关领导的重视下，江宁局马上积极行动起来，一方面上网了解了该公司的主要产品、规格信息；另一方面又精心准备了目前纺织品的主要目的地欧美等国的进口纺织品情况。在制作了精心的营销方案后，在市局名址信息中心的协助下，为该企业量身挑选了 10 000 多条数据信息并将数据的样本及时提供给客户。

客户接到方案和数据后，为邮政能提供这么具有针对性的营销方案和这么精准的数据感到非常吃惊，对邓白氏国际数据库营销表示了浓厚的兴趣，并决定从中初选 3 000 条试发。与此同时，某局借全局开展"全球邮"活动的契机，向客户宣传了"全球邮"业务的广告宣传和相关优惠政策。如果客户选择制作"全球邮"信封，既可以很好地在信封的广告位制作企业形象广告，体现企业的价值品位；又可以节省一部分邮费。客户对邮政为他们着想的服务所感动，当即同意定制 3 000 枚"全球邮"邮资封用于交寄该批商函。

预计该业务实现了邓白氏数据库、"全球邮"业务在江宁局的双破零。江宁局在该项目营销过程中，将两项业务很好地结合起来，既将两项新业务对客户作了很好的推广，同时又提高了客户的满意度。

案例 8　某局签下国际数据库商函业务新年第一单

为拓宽函件业务发展渠道，日前，某局以邓白氏国际数据库的推出为契机，紧扣全市招商核心项目，成功开发了第一单国际数据库业务——城西港区国际数据库商函 2 000 余封。

为确保该项目取得成功，进入新年以来，该局一是及时成立攻关小组，对整个项目的各个环进行了详细分工，保障了该项目的正常运作；二是进行了多渠道、多方位的沟通。针对九江市招商项目，积极主动向市政府相关领导汇报邓白氏国际数据库的优势，并筛选出 5 家单位，如城西开发区开发建设办公室、市对台办、市招商局、市外侨办等有国际业务需求的组织机构，分头攻关、推介国际商函业务；三是重点客户重点攻关，在了解到城西港区开发建设办公室有使用数据库招商意向时，该局在最短的时间内为其制定出招商宣传方案，推荐客户利用国际数据库资源招商，并以庐山为主图、内页以烟水亭为封面，以"魅力九江、商机无限"、"投资九江、共赢天下"为宣传语，以九江现代化城市为背景，以单个招商项目为主题，以介绍项目招商、投资政策和环境为内容进行印制。该方案最终得到城西港区领导的肯定，一次性交寄国际数据库招商商函 2 000 余封。

思考题

1. 国际商函业务是如何分类的？
2. 国际商函业务的特点有哪些？
3. 国际商函业务的流程是怎样的？
4. 如何定位邮政国际商函业务的目标客户群？
5. 如何做好国际商函业务的市场调查与分析，进行客户梳理等营销拓展工作？

第6章　无名址函件业务市场开发与策划

邮政无名址DM广告作为近年来强势兴起的广告媒体，得到了商家的认可。商家在新店开业、促销等商业活动中往往会选择多渠道的广告手段进行宣传，其中邮政DM广告是许多商家必选的广告载体，市场空间广阔。

6.1　无名址函件概述

无名址函件是中国邮政的一种区域派送函件广告业务。邮政部门通过密集的投递网络将印刷宣传品送达给目标区域的潜在消费者。

目前，邮政无名址函件业务主要是指“DM中国邮政广告”或称“中邮专送广告”。中邮专送广告为中国邮政集团公司直属的中国邮政广告公司在全国推出的邮政印刷品广告业务，经国家工商行政管理局批准，在全国范围内统一使用“中邮专送广告”媒体名称，省邮政信息广告公司及各地邮政商函广告公司经授权办理地方版中邮专送广告业务。无名址函件也被称为“DM中邮广告”、“DM中邮专送”、“邮送广告”和“邮政DM广告”等。

针对邮送广告，邮政局有统一下发的刊头样式，不得擅自更改，广告内容必须由专人审核，确保符合各项法律法规的规定。邮送广告每周都有固定发行期数。

中邮专送广告业务流程如下，根据客户要求设计样稿，进行广告审核，与客户商议定稿并签订协议，向客户收款，产品印刷和投送，宣传效果的跟踪和评估。

无名址函件主要采用铜版纸、胶版纸印刷，向广告目标消费群体提供服饰、餐饮、娱乐、家居、房地产、旅游等产品信息和消费资讯。无名址函件不装入信封，该业务主要用于企业的产品宣传、信息发布、促销活动等，针对性强，效果更为直接。

6.2　无名址函件的优势

与其他广告形式相比，广告主更青睐DM运作的自主性。其低廉的成本及极强的针对性、亲切感和真实性，受到企业经营者的青睐。无名址函件主要有以下优势。

1. 广告形式灵活

根据客户需要，内容、尺寸、数量和形式为企业量身定制。如可制作为单页式、折叠式、本册式等多种形式，以及专版、综合版等不同形式。

2. 发布渠道多样

客户可选择由邮局发行的各种有较大影响的报纸随报附送；也可以根据邮政名址库信息，直接、灵活、自由地寄递到客户选择的目标受众手中。

3. 信息容量大

不受篇幅的限制，可以详尽表述产品和服务内容，增强说服力，最大限度地满足广告客户的诉求需要。

4. 宣传效果好

中邮专送广告图文并茂、制作精美，比报纸有更好的宣传效果。

5. 可信度高

中邮专送广告是中国邮政统一品牌的直递广告，广告内容严格把关，可信度非常高。

6. 性价比高

与其他信息发布形式相比费用低，较为实惠。

6.3 无名址函件业务开发方式

无名址函件可以从多个层面进行业务开发、升级和创新，利用多种合作方式促进业务拓展。

1. 打造无名址综合平台

可以借鉴成功的无名址品牌运作方式，以当地“DM 邮送广告”为品牌，打造形象统一、适应面广、质量上乘、适合市场需求的拼版型无名址综合平台。

通过定期运作，聚拢客户资源，增强无名址产品影响力，实现无名址函件的规范化经营，打造邮政特色无名址产品。

2. 行业拓展，打造无名址专业、行业领域子品牌

在原有产品基础上，深挖无名址函件品牌内涵，拓宽产品形式外延，通过社会广告公司代理、行业协会合作等形式，以房产、汽车、家装、人才等行业为突破，开发无名址品牌、行业子品牌，充分利用社会资源，打造专业、行业领域无名址产品。

3. 抓好节日市场，捕捉热点话题，开发主题类无名址特刊

利用节假日，以主题特刊的形式，吸引大客户、行业客户资源关注无名址载体，提升无名址广告的档次与层次，拓宽无名址广告的客户面，提高无名址函件的社会认知度和区域影响力。

4. 与社会广告公司合作，进行广告代理合作

可以利用社会广告公司的客户资源，由社会广告公司代理邮政 DM 广告的揽收，邮政负责名址数据和投递。可以实现资源共享，合作多赢。

5. 丰富无名址函件投放渠道

一方面，通过增加邮政网点、邮亭、相关公共场所免费取阅等方式，扩大无名址函件的受众面；另一方面，可以尝试短信、网络平台免费订阅等方式，培养无名址函件的忠实阅读群体。在丰富投放渠道的同时，关注多渠道的整合式营销，将无名址函件与数据库商函、邮资封片、户外广告、出租车 LED 等渠道进行打包营销，为市场提供更多维的广告宣传产品。

6.4 DM 广告案例介绍

给 DM 找个好伙伴

“这次是看了中邮广告的家装优惠信息来家具城买家具的，登广告的几家看到我手中的广告后不仅按承诺打折，还送上一份节日小礼品。”家住江苏省淮安市世纪家苑小区，利用“五一”假期给自己新房选购家具的陈女士告诉笔者，“真没想到，我们新房刚装修好，邮政的广告就到信箱了。”

观点想法

陈女士可能不知道，她所收到的这张 DM 中邮广告，是 2011 年 4 月 25 日淮安市邮政局 DM 中邮广告业务开展对外合作经营后由合作方揽收、邮政负责投递的第一份广告，合作方共提供 7 家单位进入 DM 广告版面，并确定开发 5 000 份 DM，由邮政负责投递到指定的几处新落成的小区邮箱中。“这是我们淮安局直邮广告版面对外合作后的首笔投递业务，应该说是成功的一步。”淮安局数据服务中心主任说。

早在 2011 年年初，淮安局函件局就将 DM 直邮广告版面与社会广告公司合作提上议程。“广告版面对外招商寻找合作伙伴，就是让有信誉的广告或策划代理公司帮助我们发展直邮客户，提高直邮版面利用率，提高收益。”淮安局函件局副局长说。

寻找合作经营者是函件局加快直邮发展的创新举措。按照部分版面合作的思路，函件局主动与市局市场部和跑广告市场的营销人员进行市场分析，征求县(区)函件局意见，参照兄弟单位好的经验和做法，经过 10 多天的准备和讨论，决定将《DM 中国邮政广告》淮安版中的版面设置成四个行业板块，将其中的“家装行业”、“汽车行业”、“旅游和餐饮行业”板块进行对外招租，寻求合作经营者。3 月 11 日，淮安局 300 多封诚招《DM 中国邮政广告》合作方邀请信函及时寄发到全市有信誉、有一定实力的广告代理商手中。

此次寻找合作公司的基本条件是注册资金 50 万元以上，有代理广告许可证的广告或策划公司，要求合作的公司有一定的客户资源，并具备较强的市场拓展能力。“广告市场鱼龙混杂，选择合作的对象对邮政非常重要，我们首先要看其规模、业务和市场知名度。”淮安局函件局副局长表示。

“邮政广告还是有一定的市场吸引力的，虽然报了名，但我对一些环节不了解。今天来是想多熟悉熟悉。”3 月 17 日，前来报名并送广告合作意向书的陆先生说。到报名截止的 3 月 28 日，函件局共收到意向合作投标书 68 份。

投标谈判

经过上门了解，社会调查摸底，与广告、策划公司负责人当面交流等前期工作，函件局将收集的信息汇总，综合分析、比较后，决定向 11 家广告、策划公司表达合作意向。4 月 6 日，在 11 家广告、策划公司中，有 6 家广告、策划公司给予答复并正式递交了合作意向投标书。

4 月 11 日下午，由淮安局市场部牵头，纪检监察、计财、审计、函件局等部门参加的 DM 中邮广告版面对外合作投标会召开，6 家社会广告、策划公司分别对邮政寻求合作的“家装行业”、“汽车行业”和“旅游和餐饮行业”三个板块的代理费、投递费和使用数据库商函的邮资收入进行陈述。经过对合作意向书价格比较、陈述的服务能力状况、使用邮政资源的能力等进行汇总，最后，淮安局初步确定，淮安视点广告有限责任公司中标家装行业板块，淮安市欧尚营销策划公司中标汽车行业板块，而旅游和餐饮行业板块因标书报价太低而流标。

信誉算账

4 月 22 日，淮安局函件局与淮安视点广告有限公司和淮安市欧尚营销策划公司正式签订《DM 中国邮政广告版面合作合同》。合同明确双方合作时间为三年，合作的公司每年按照递增的原则上交规定的合作代理费、投递费和数据库商函使用费(纯邮资费用)；合同结束后，在邮政 DM 广告对外招租的过程中，享有同等优先中标权。“我们一方面看中邮政的信誉，还有就是直邮确实适合我们的业务发展和市场开拓。目前，用直邮来拓展汽车市场也是我们代理的一个新方向。”淮安市欧尚营销策划公司总代理对下一步利用直邮发展业务充满信心。而淮安局则承诺按照合同规定和合作方要求定时或不定时地发送 DM 广告，并提供 DM 使用信息反馈、投递精准率测评等其他服务。

“社会广告、策划公司不仅人员机动性大，在掌握信息量和时效上也比我们函件局强得多。与社会广告、策划公司合作经营 DM 广告，就是利用社会资源为邮政承揽业务，扩大 DM 客户和市场，将业务做大做强。”淮安局数据服务中心主任给笔者算了一笔账，合作方每年要缴纳一定的 DM 代理费；开发一家客户，需要邮政投递，结算给邮政投递费；如果需要使用数据库资源实行定向投递，还要另外缴纳一定的资费。“通过合作，就可实现代理、广告、函件和投送收入于一体。我们测算了一下，与社会广告、策划公司合作经营 DM 业务，一个行业版面一年就可实现收入 20 多万元，三个版面全部合作成功将是 60 多万元，而我们函件局不花一分钱成本。下一步就是要实现为旅游和餐饮行业寻找到合作伙伴，争取上半年合作成功。”

而中标的广告、策划公司对邮政 DM 广告的前途信心更足。“这次我揽来的四家家装企业刊登‘五一’黄金周打折优惠的 DM 广告及时发了出去。据了解已经起到了效果，也让我安了心。下一步就是几家新开业的公司营销和端午节策划，我正准备与函件局的领导进行沟通，想利用数据库商函将这批 DM 直接投递到特殊客户信箱中。”淮安视点广告有限公司经理告诉笔者。据他测算，首笔代理，他就能实现收入近 5 000 元。看来，这确实是“双赢”！

本案例摘选自 2011 年 5 月 14 日《中国邮政报》

思考题

1. 无名址函件的概念和优势有哪些？
2. 无名址函件业务开发方式有哪几种？

第7章 国内小包业务市场开发与策划

7.1 业务背景与含义

随着社会经济的发展，人与人之间的通信需求发生了很大变化，越来越多的人把手机和网络作为人与人之间信息交流的第一选择。与此同时，人们的生活方式也发生了很大变化，尤其是网络购物和电子商务的迅猛发展，使得物品的寄递成为一种普遍现象。在这些寄递的物品中，服装类产品所占比例超过了1/3，可以看出网购主要是满足于人们的日常需求。从服务的普遍性来看，以网购为代表的物品的寄递和当初以信息交流为代表的信件的寄递具有很大的相似性，因此可以把这些物品的寄递看作是邮政普遍服务的外延。网购市场的增长情况如图7-1所示。

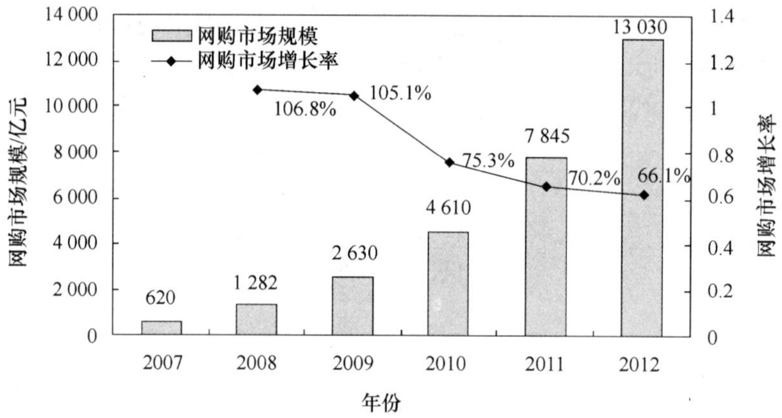

图7-1 2007—2012年网购市场发展

为了满足越来越普遍的物品寄递的需求，中国邮政于2012年8月适时推出了国内小包业务。目前该业务只提供批量交寄服务，不提供零散交寄服务，客户需要先和邮政企业签订用邮协议，以明确交寄流程、邮件规格标准、资费标准、付费方式、查询赔偿、安全条款等相关事宜。2012年网购商品的种类统计如图7-2所示。

概况来说，国内小包业务就是为适应社会经济发展而推出的，内件为轻小件物品，实行批量交寄，按址上门投递签收的函件业务。

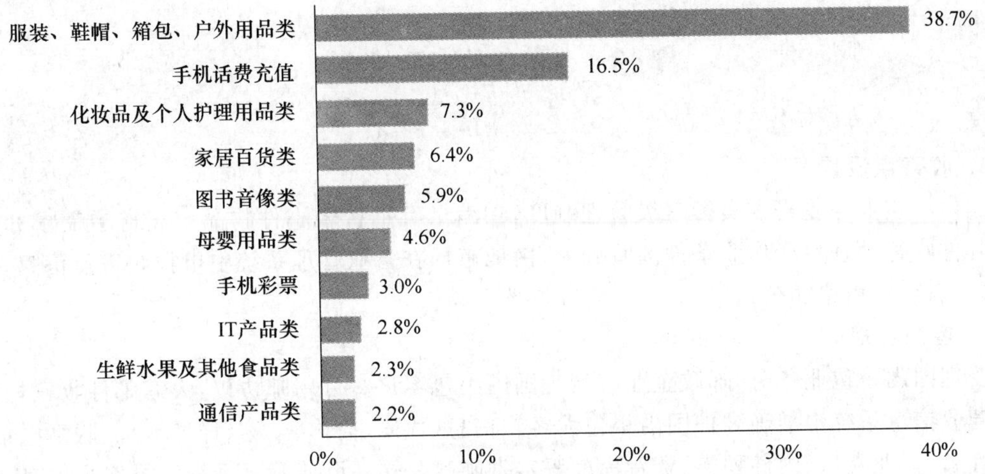

图 7-2　2012 年网络购物商品种类

7.2　业务特点

国内小包业务和其他函件业务相比,具有以下特点。

(1) 批量交寄:国内小包业务只针对协议客户,不面对零散客户。

(2) 预约投递:投递员电话预约收件人,并按址投递上门。

(3) 规格标准:单件重量不超过 3 千克,长、宽、高之和不超过 100 厘米,最长一边长度不超过 60 厘米;至少一面长度不小于 15 厘米,宽度不小于 10 厘米。

(4) 分区计费。

(5) 寄达时限:参照挂号信寄递时限。寄往省会城市 3～5 天,寄往地级市顺延 1～2 天(不含收寄日)。

(6) 其他服务,如提供全程实时跟踪查询信息、邮件的短信通知等;还会择机推出代收货款、保价等服务。

和其他寄递公司相比,国内小包还有覆盖城乡、通达全国的特点和优势。

国内小包的计费办法和最低资费标准如表 7-1 所示。

表 7-1　国内小包计费办法和最低资费标准

收寄(寄达)区		第一区			第二区	第三区
		江浙沪	粤闽	京津冀		
第一区(首重最低资费标准)	江浙沪	5	8	8	8	12
	粤闽	8	5	8	8	12
	京津冀	8	8	5	8	12
第二区(首重最低资费标准)		8			8	12
第三区(首重最低资费标准)		12			12	12

说明:1. 首重为 1 千克。此表格内的资费标准为分区的首重最低资费标准。

2. 山东、江西、安徽、湖北、湖南、山西、河南、陕西、辽宁、吉林、黑龙江、重庆、四川 13 个省(市)为第二区;宁夏、甘肃、青海、贵州、广西、云南、内蒙古、新疆、西藏、海南 10 个省(区)为第三区。

3. 续重 1 千克,分区的最低资费标准如下:寄往第三区及第三区寄出的续重 1 千克增加 3 元,其他均为续重 1 千克增加 1 元,不足 1 千克以 1 千克计算。

7.3 业务处理规范

1. 收寄点设置

国内小包业务收寄点实行三级管理制度，在满足有批量轻小件物品市场寄递需求并具备大宗邮件收寄处理生产作业条件的基础上，由地市局在营业管理系统中申报收寄点信息，省邮政公司审核后，由集团公司审批。

2. 客户注册

受理国内小包业务时，邮政企业应当与国内小包客户签订用邮协议，大宗邮件收寄处理中心在营业信息系统中准确维护国内小包大客户信息（代码、简称、全称、详细地址、联系电话、联系人姓名、行业类型、内件种类、资费标准等），省邮政公司在营业管理系统审批客户信息，并报集团公司备案。

3. 揽收与收寄

国内小包业务开办局要配备专职揽收人员，专门负责国内小包邮件揽收服务，实行定时揽收，确保每日揽收不少于 2 个频次。具体收寄方式有两种：

集中收寄，在集团公司指定的大宗邮件收寄处理中心完成收寄处理。

上门收寄，在客户指定地点，完成邮件收寄处理。

4. 封发与运输

（1）封发频次

国内小包每日封发频次不得少于 2 次，当日完成收寄的邮件不得在收寄点留存。

（2）封发时限

上午完成收寄的邮件应在上午赶发市趟有效频次，下午完成收寄的邮件必须于当日22:00前封发完毕交市趟。

（3）邮件交接

国内小包的交接有以下三种方式。

1）总包交接：使用营业信息系统，按国内小包业务种类完成总包封发，并生成清单、路单信息，封发时要保证信息与实物一致。国内小包邮件总包必须拴挂单独的“国内小包袋牌”，如图 7-3 所示。

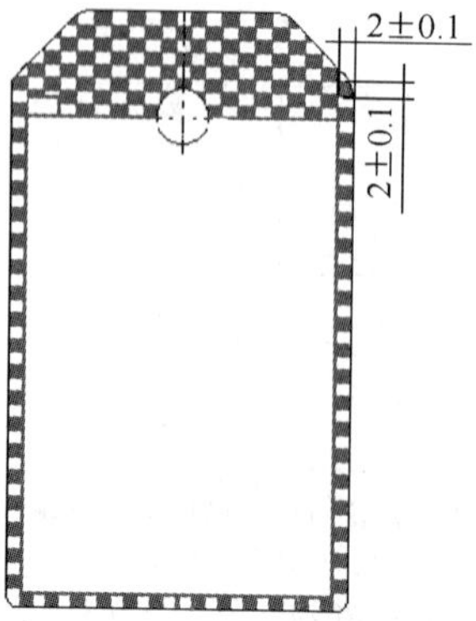

图 7-3　国内小包袋牌

2) 散件交接:大宗邮件收寄处理中心与邮区中心局同址作业的,可与邮区中心局进行散件交接,并对信息封发虚拟总包,虚拟总包内件不得超过 2 000 件。

3) 邮件直封:遇有寄往同一地市局重量合计满 20 千克(单个总包重量不超过 35 千克)或能够装满 2 号袋的,可采用直封方式封发国内小包邮件。

(4) 邮件运输

国内小包邮件发运次序列报纸之后,其运输方式、发运频次、发运计划、经转范围等比照包裹状邮件组织。

5. 投递

(1) 处理流程

接收邮件总包→扫描总包袋牌条码→扫描邮件条码信息→分拣下段→与投递员办理交接→电话预约投递→到达投交地点时电话通知收件人领取(或投交收发室)→对投交收发室或他人代收的电话或短信通知收件人及时领取→归班进行妥投、再投、退回等信息处理→转退邮件封发处理→当班邮件平衡合拢。

(2) 投递时限

按照地区不同,国内小包的投递时限也有所不同。

1) 城市

直辖市、省会及计划单列市:7 点前进口到投递部门的当日上午投递,15 点前进口到投递部门的当日投递。

一般城市:8 点前进口到投递部门的上午投递,13 点前进口到投递部门的当日投递。

同城业务以及客户有特殊要求的:应根据与客户协议约定适当增加投递频次。

2) 农村

原则上乡镇人民政府所在地每周投递不少于 5 次,农村每周投递不少于 3 次;在交通不便的边远地区,可按普遍服务标准核定的班期执行。

(3) 投递深度

国内小包提供的是预约并按址上门投递,但是由于农村和城市条件不同,客户要求不同,具体执行过程中也有所差别。

1) 城市

若收件人地址是住宅,投递员要按照邮件详情单上的收件人电话进行预约并按址上门投递。

若收件人地址是单位,收件人同意投递到收发室的,可直接投递到收发室,妥投后要以电话或短信通知收件人及时领取;收件人不同意投递到收发室的,投递员要电话联系收件人,在约定位置投交收件人。

2) 农村

按照国内挂号信函的投递深度执行。投递时要以电话或短信通知收件人及时领取。

(3) 对未提供收件人有效联系电话的可按照国内挂号信函投递深度标准执行。

(4) 自提服务

邮政企业可选定邮政营业、投递网点,便民服务站、报刊亭、社区服务点、物业、便利店、超市、智能包裹柜等为客户提供自提服务,客户在网上购物时可选择就近的自提网点,待国内小包到达自提网点后通过短信、电话通知客户领取。

7.4 业务开发

1. 目标市场

国内小包业务主要面向以网络购物为主的轻小件物品的寄递市场，具体来说有以下几种。

(1) 电子商务市场

国内小包业务主要关注于以天猫、京东等为代表的B2C客户和以淘宝、拍拍等为代表的C2C客户。对B2C客户来说，有的客户有自己的物流队伍，但是他们的物流并没有通达全国，因此国内小包可以作为这些客户寄递轻小件物品的有效补充。

(2) 电视购物市场

现在全国性和地方性的电视购物频道很多，以橡果国际、七星购物为代表的电视购物公司也很多，电视购物中的小电器、IT产品、母婴产品等轻小件物品的寄递都可以通过国内小包来实现。

(3) 直销企业

直销企业(F2C)是指将产品直接卖到消费者终端的生产制造商和产品销售商，这些企业主要销售渠道包括邮购、电话订购、实体店订购和企业自有网站销售等。

(4) 其他重点客户

除了以上客户之外，国内小包业务开发时还要关注银行、通信等行业的积分换礼品服务，一般来说这些礼品都在轻小件物品范围内，而且几乎所有的银行和通信企业都建设了积分商城，开始依托客户资源开展电子商务服务。

另外，国内小包业务的开发还可以关注国际小包的客户，看这些客户是否有国内寄递的需求。

2. 业务开发技巧

国内小包业务刚刚起步，服务质量尚不稳定，在寄递市场的份额还很小，因此在业务开发时，要整合内外部资源，打破专业经营限制，以客户为中心，实现与客户的合作共赢。

(1) 整合寄递资源，提供专业化寄递服务

在为客户提供国内小包寄递时，应该把邮政能提供的其他寄递服务(包括代理的速递物流的服务)打包展示给客户，让客户根据情况选择合适的寄递方式。

(2) 整合金融和营销资源，提供寄递与市场开发综合服务

为了实现与客户的共赢，在开发国内小包客户时，应该整合金融、物流等整体资源，依托邮政丰富的营销资源和强大的市场开发能力，为客户提供市场开发服务、数据库营销服务、金融服务等一体化综合服务，如可以帮助客户进行顾客关系管理，为客户提供包括邮编匹配、地址标准化、数据清洗、托管等数据服务。

思考题

1. 电子商务的高速发展为邮政小包业务的发展带来什么机遇？
2. 小包业务是否意味着邮政内部的竞争加剧？
3. 国内小包业务与普通包裹业务的区别有哪些？

第8章　商函设计与制作

美国广告人大卫·奥格威(David Ogilvy)曾经说过,这个世界是由空气、水和广告组成的。这一诙谐的说法表明了广告在我们的生活中占有的重要位置。在当下全新的信息时代中,直邮已经凸显出其独特的传播魅力——精准、有效,直邮产品为企业与目标人群搭建了“对话”的平台,因此更好地提升对话效果就显得尤为重要。要想在纷繁的传播媒介中彰显自己的优势,“创意”是根也是本。

现代直邮中商函的设计与制作是将客户的需求转变成承载信息的实物平台,但不能仅停留在这个层面。如何将客户的需求通过商函广告这一媒介更好地展现出来,是目前商函设计中亟待解决的问题。一方面,需要商函设计制作人员从广告的艺术性和独创性上下功夫,增强商函的观赏性,吸引客户的注意力要以好的创意为前提;另一方面,需要使商函设计的内容更好地与相应产品或服务的营销战略相对应,使商函广告的设计成为营销体系的重要组成部分,推动商函业务的进一步发展。

8.1　商函设计的理念

1. 商函设计的特点

所谓商函设计,就是按照商函特点和目标客户需要达到的目的所进行的(包括信封和内件的商函形状、图案、文案等)构想与创意工作。商函自成一体,无须借助于其他媒体。商函设计不同于其他媒体,它不受宣传环境、受众特点、信息安排、版面、印刷、纸张等方面的限制,具有以下特点。

(1) 针对性强

由于商业信函可直接将广告信息传递给目标用户,具有较高的选择性。在内容设计上可以帮助客户针对不同的消费者能力,不同消费习惯的消费群体,进行不同的文案、图片等广告内容的设计。

(2) 个性化突出

商业信函的客户可以利用自己或邮政名址数据,直接打印消费者姓名,将商业信息或广告直接寄到消费者手中,让消费者亲身体验独特的感受,接受商家的关注和关爱。

(3) 保密性强

邮政在设计、数据处理、商函制作过程中都有严格的保密措施,防止客户的广告内容和消费者信息外泄,具有很强的保密性和针对性。

(4) 创新性多

在为客户信封和内容的设计中,可以创新求变,按照客户营销的需要,设计成可读性强、观赏性高，能够吸引消费者注意，激发消费者购买欲望的广告信息。

(5) 实效性强

一张设计制作精美的广告信函或邮件，可以使消费者反复翻阅，了解产品的各项性能指标，促使消费者做出购买的决定。

(6) 附加值高

一个好的广告创意可为企业带来相当高的经济效益，增加其产品的附加值；同时也能帮助客户提高社会知名度，打响产品品牌。尤其是邮政还为大客户专门设计、开发专用邮资图案，成为这些客户对外交流的名片，得到了客户的欢迎，促使这些客户与邮政保持长期合作。

2. 有效的设计沟通

在商函设计中如何让设计转化为价值，如何引起受众的关注度，从而让传递的信息变活，有效的设计沟通至关重要。让观者能够通过对信息的获取，提升到对信息的解读，从而产生共鸣并与自身的需求相联系，加深对信息的印象。更重要的是要针对不同阶段的信息反馈，针对需求，及时改变商函设计的内容。

在普通消费者眼里，商函与街头散发的小报没多大区别。其实，要想打动并非铁石心肠的消费者，不在你的商函里下一番深功夫是不行的。在商函中，精品与垃圾往往一步之隔，要使你的商函成为精品而不是垃圾，就必须借助一些有效的广告技巧和设计手段来提高你的商函效果。有效的商函广告技巧能使你的商函看起来更美，更招人喜爱，成为企业与消费者建立良好互动关系的桥梁，它们包括以下几方面。

(1) 选定合适的投递对象

目标群体的选择是广告成功与否的关键，同时如何使商函主题和风格适应目标人群的胃口更是重中之重。

(2) 设计精美的信封，以美感夺人

消费者消费能力的提升，需要商函设计首先能够以生动的外观吸引观者的注意，加之以后的进一步沟通与交流。

(3) 提高开阅率

这是指诱因设计，信封设计一定要让观者能够在感兴趣的同时，对信函的内容有初步的了解。

(4) 情感策略

国外有一种模仿手写体的印刷字体，大大提高了信函的打开率和关注度，对观者充分的重视才能赢得受众的信赖。信函正文抬头写上收件人姓名，使其倍感亲切并有阅读兴趣。正文言辞要恳切、富有人情味、热情有礼，使收信人感到亲切。

(5) 形式新颖

商函产品的形式越来越多样化、多元化，外观形式的创新设计是抓住受众眼球的关键点。要设法引导消费者重复阅读，甚至当作一件艺术品来收藏。

8.2 创·意 直邮

商函的设计与制作是指将客户的需求转变成实物的过程。通过邮政途径，根据商务信息和广告内容的使用范围，分门别类地制作商业信函，选择有针对性的目标客户寄发。商函设计与制作的作用在于为商函业务前期的市场开发、策划、承揽，提供有力的支撑和保障。同时这个环节也是举足轻重的，即使前期的工作多么完善，没有创新的表现形式去抓住受众的眼球，也是枉然。

1. 领略创意的理念

"直邮"一词具有动词和名词两层含义，"精准传播"构成了其外在特有的性质，"有效沟通"体现了其内在固有的功能，一内一外使得直邮具有了独特的生命魅力。直邮的骨干和血肉是产品，产品形式的多元化使骨肉不断强大，而要真正成长为巨人，就要有灵魂及精神内核的滋养，而这种养分就是"创意"。

(1) 直邮 DM 的骨肉与灵魂

"广告"已不再是简单意义上的"广而告之"，而逐渐成为一种沟通的艺术。我们要在产品这个平台上，在实现双方诉求的基础上，营造出一种意境，去抓住观者的眼球。只有抓住了才会促使他去解读，而解读的过程也就初步实现了信息的传递，这个"抓"字靠的就是创意的策略。

产品如同上门服务的营销人员，是有生命的。成功的直邮产品设计不是将企业的标识、形象、宣传语进行拼贴，而是通过某种表现形式去"说"，而设计人员决定了产品将如何向观者表达，因此就不能独立于营销活动之外。在构建智能团队的现代理念下，设计人员也要加入其中，明确产品的营销理念，才能更好地去"说"。

(2) 说什么、怎么说

广告的创意通常都紧紧围绕着"说什么"和"怎么说"这两个问题来展开的。"说什么"是广告活动的核心问题，它为广告活动明确了方向，明确了广告的诉求点，诉求的目标和对象，并制定出通过广告活动拟达到的效果，是广告的战略。"怎么说"是广告创意表现的方式方法，针对广告的目标受众，选择与之相适的诉求形式，用独特的视觉语言来表达广告概念，这是广告"怎么说"这一环节的目标。它是广告具体实施环节的方式方法和操作技巧，是广告活动中较为具体的"战术"问题。

2. 让直邮设计走在时尚的前沿

直邮被誉为"纸上营销员"和"插上翅膀的营销员"，精准与个性化的目标消费者对种类繁多的各种广告营销已经审美疲劳，这就需要商函设计把握住时尚的脉搏，走在时尚的前沿。

(1) 直邮设计要更经典

现代直邮实现了邀请体验、问卷调查多种传媒功能，针对每一种功能，都要选择最细腻的剪裁方式，在细节处体现创意。集邮简、宣传单、明信片于一身可谓是一种更全方位与立体化的包装模式。

(2) 直邮设计要更百变

如果说抓住受众的眼球是纸上营销员迈出成功营销的第一步，那么吸引消费者去打开、去关注、去思考，就对设计创意人员提出了更高的创意要求。要突破平面视野，变身各类产品造型，将产品特征与消费者既得利益相关联，让信息的传递更具直观性与趣味性。

(3) 直邮设计要更炫目

数据库商函要打造视、听、触全方位立体化的造型新概念，将更多视听玩乐与多互动惊喜注入直邮纸媒，以便动感直面地传达产品特性和营造更直观的轰动效应。

3. 什么是好的直邮创意

一个成功的广告最本质、最核心的因素是什么？绝大多数的广告人几乎都做出了相同的回答:创意。

某著名广告公司的创作口号是:“抗拒平凡的创意”。广告本质上是发挥创意,运用一组设备与技术,去从事传播的一种艺术。大卫·奥格威在他著名的“神灯”法则里,对广告的新手提出了重要的戒律,其中第二条就是:“若你的广告的基础不是上乘的创意,它必遭失败。”对于商函广告来说,创意能够留住受众眼球,并完成接下来一系列营销活动中最引人注目的环节,是将广告赋予精神和生命的环节。

(1) 建立关联性

在广告中,广告主往往希望能够把产品的特点全部表现出来,而消费者则希望从广告中读出自己想要的利益点。那么,作为设计创意人的你能做的就是在这两者之间建立起合理的、紧密的关联性。要做到这点就必须充分了解产品和消费者。

(2) 了解产品,了解消费者

关于产品,广告主告诉了你些什么?关于产品,消费者告诉了你些什么?关于产品,销售终端告诉了你些什么?这三个“关于”决定了创意的成功与否。

(3) 在产品与消费者的需求之间建立起紧密、合理而巧妙的联系

产品与消费者之间的联系深深藏匿于产品的背后,隐藏在消费者的无意识中,赋予二者之间一定的联系,才能够真正地引起观者注意的目光。

在了解产品后,把你所了解和掌握的转化为消费者企图获得的东西,在产品与消费者的需求之间建立起紧密、合理而巧妙的关联性。这种关联性往往深深藏匿于产品的背后,隐藏在消费者的无意识之中,不易被人发现,但通过你的发现,却可以赋予二者之间一定的联系。这种关联性一旦被发掘出来就会释放出令人惊羡的创意光芒。

8.3 如何产生好的DM设计

DM可以理解为Direct Mail Advertising,是一种通过直接投递邮件来做广告的方式。DM不是单纯的广告,而是一种能够确切得到反馈的传媒手段。从设计的角度来走近、理解、认识商函是很重要的。

1. 信息传达对设计的要求

DM设计是需要用户响应的设计。如何从设计的角度理解DM?DM资料传递的信息是要说服客户,而不是泛泛沟通;让用户阅读完DM资料产生预期的行动。提高拆开率是关键的第一步,信息传达对设计的要求是DM的设计首先要让用户有拆开的意愿,否则信息将无法传达。

DM的设计首先要让用户觉得内容可信。这和品牌自身相关,但是专业的设计和文案,高的印刷质量,好的材质,也能给人可靠的感觉。另外,尽量了解用户需求,突出用户希望了解的信息。一些比较复杂的信息,可以通过版式拆解或是强调,提高用户的阅读效率,保证信息的有效传达。

2. 如何提高拆开率

直邮方面,应该设计哪些图形,哪些结构。设计的目的不仅仅是使这个信件看着漂亮,更重要的是使信件有效地传递信息。

（1）图形设计与研究注视的方式

德国的一个教授几年中对不同的年龄段和不同性别的上千人进行测试，发现 70%～80%的人遵循以下阅读和观看模式：图片更吸引人注意，然后大号的字体即大字标题，最后是正文。所以当了解了这些规律，设计就变得容易。在设计一个产品目录时，想要更好地吸引受众，可以遵循这种模式。

（2）暖色调比冷色调或中性色更吸引人眼球

我们看书的时候是从左到右读，一页一页读。但是我们看直邮时，是随便翻、浏览这个东西，所以一定要注意吸引读者的注意。研究发现，右上角一般是我们最先看到的，再回到左上角。人们在阅读杂志时，右上角图片的注意力比左上角的图片注意力高 20%。所以可利用颜色来吸引注意力。

（3）大的插图比小的插图更吸引人

（4）文本所用的颜色

通常大部分的文本用白纸黑字，更容易让人理解。不同的颜色对读者理解文本会有差异。

尤其要避免的一点是，不要在黑色背景上写字。在背景中各种颜色是为了吸引人的注意，浅色背景上的文本会好理解。不同的色调，会产生理解上不同的差异。

（5）反白文字的使用

很多公司使用黑色的背景搭配反白的文字，吸引人注意。但是一定要注意的是，只有短标题或非常短的文案才可以用反白文字，如果长文本的黑色背景会令人的眼睛不适应，所以不要把这种搭配用在文案的主体部分。因此，在文案中一定要慎用反白文字，研究表明，不同颜色背景上的文字，会使受众产生不同的理解。

（6）插图必须有助于销售

插图必须能够表现你的产品是用来做什么的？如果你看到插图感兴趣的话，才会继续阅读。插图的使用可以证明所说内容的真实性。例如，美容手术前后效果的对比，减肥前后疗效的对比，通过图片的注释来对比说明，加强效果的传输。

另外，插图的使用是让人更好地去理解产品，而不是让人疑惑。因此，在使用插图的时候一定要强调图文的相关性，图文必须相匹配，插图的使用要能够支持并增强信息的传达效果。

因此，在直邮设计中，要使用最恰当的图片，因为人们首先看到的是图片，必须首先能够引起人的兴趣，对产品或服务提供有力的支持，进而通过文字进行具体的表现。

3. 数据库商函设计的视觉传达

20 世纪前期美国最具影响的文案撰稿人，为广告下了“纸上营销员”的著名定义。作为与终端目标客户直接交流沟通的商函广告，设计的形式感表现会直接导致广告的成败。广告不同于其他视觉艺术形式的核心内容就是信息的传递，将这一内容体现得尤为重要的就是直邮商函广告。

一封成功的直邮广告的关键就是要抓住受众的眼球，只有留住观者的视线，才会完成信息的传递与沟通。因此“纸上营销员”的形式美感和创意理念就成为商函广告设计的主导。

在信息大爆炸的今天，人们逐渐进入了读图时代，对各种信息的接受有 83%是通过视觉获得的。平面广告设计三个最基本的要素是色、形、字；同样在商函广告设计中，它们如同三根不同的“琴弦”，“形”的创意设计阐述了产品或服务的理念，“色”为商函注入了情感的因素，“字”则是信息传递与沟通的急先锋，每一根弦都有着各自的角色，不同形式的配合会奏出不一样的旋律。

（1）形的创意

商函广告设计是为理解搭建桥梁，图形是人类信息传递的原始形式，是一种没有国界的桥梁，是人类最本源的信息传递方式，能否将商函广告中图形这种视觉语言“说好”、“说精”、“说美”，具有成败在此一举的地位。

1）图形创意思维

图形表现如同语言表达，需要逻辑和策略，成功的设计要考虑在图形的表现形式中解决“如何说”的问题，同时要说得好、说得巧、说得妙、说得有效。

商函广告图形创意设计首先要注意的是信息点简洁、单纯、明确、清晰，而不是简单地将各种信息以某种版式排列而已。越简洁的形式越能够引发人们的注意和思考，一个简洁的创意和艺术处理就能强有力地把意念表现出来。

2）简约突出了主体

对于商函广告图形创意而言，首先要确定什么是最重要的，即主信息或第一信息。设计主题要以产品的第一信息为根本诉求点，并把第一信息通过简约单纯、明白无误的创意图形更加强烈地表达出来。

世界著名的《沃尔沃——安全别针》广告，没有广告词，没有繁杂的背景，大面积的空白，突出了一幅形状像沃尔沃车的安全别针的图像。简洁明了地将“安全”这一主要信息传达得入木三分。

有时什么都说，反而等于什么都没有说！

然而在实际工作中往往与之相反，在一些广告主看来，似乎什么都是重要的，期望着一次投入，就能够把企业或者产品、服务的信息都传出去。这种大而全的思想在消费者看来则完全是另一回事。多个信息和多个含混不清的图形可能产生相互干扰，从而把第一信息耽误了、埋没了。

事实上，人的每一个心理活动领域都倾向于一种最简单、最平衡和最规则的组织状态，弗洛伊德的节省原理告诉我们，任何一个心理事件的发动都是由一种不愉快的张力刺激起来的，这个心理事件一旦开始之后，便向着能够减少这种不愉快的张力的方向发展。

3）受众的关注特点要求直接

商函广告图形创意诉求要尽可能单一，也是因为消费者所能接触到的每封商函的时间、注意力和耐心都是十分有限的。好的图形创意往往很简单，也就是最大限度地利用受众的接受机会，传达最能使消费者留下深刻印象并为其所接受的信息。丰富多彩的结果只能使受众眼花缭乱，不得要领。

消费者给每封商函的时间是十分有限的，接触的时候常常是漫不经心的，投入的关注往往是很弱的。消费者经过一个户外广告只有几秒钟的时间，浏览到报纸上的广告也只有几秒钟的时间，接触到网络上的一条广告同样也只有几秒钟的时间，对一封商函的注意也难以超过十秒钟的时间，消费者关心的只是他们需要关心的商品或服务特点。

如果图形创意忽视了这一点，花费大量时间与精力诉求众多次要的特点，就会欲多则寡。由于不能在有限的时、空中传达无限多的信息，这就要求图形创意在诉求上讲究单一。

4）营造独特的视觉语言

鲁道夫·阿恩海姆曾说过，一个物体或对象之所以被选择出来加以关注，有两个方面的原因，“一是它与周围一切事物相比显得突出；二是它合乎观看者的需要”。这两点对于商函信息的传达具有重要的启示，第一，商函要引人注目必须与众不同；第二，商函传达的信息与观者的相关性越高,传达的效果就越好。

就商函图形创意而言,独特的说辞显得尤为重要,想要在极端的注视中夺眶而出,设计要具有生命的差异性,表现形式、角度、手法的与众不同,突破常规,出人意料就可能产生出奇制胜的效果。

(2) 色的情境

色彩是商函广告设计艺术美的一个重要表现要素,是产生视觉冲击力和感染力的重要条件,具有先声夺人的力量。商函设计一定要利用色彩的象征性表达特定的主题,更要利用色彩间的相互配合,创造出完美的艺术效果。

马克思说:"色彩的感觉是一般美感中最大众化的形式。"色彩会让人产生感觉、知觉、记忆、联想、感情等心理活动,在视觉艺术中具有不可忽视的作用。

1) 色彩的象征

商函广告色彩一般由图形、底色、标题三个部分的颜色组成,色彩基调主要由主体图形和大面积底色决定。色彩的象征来源于人类潜移默化地对某些事物的习惯性认识,太阳、火焰通常呈现为红色或橙色,水和冰雪通常呈现为青白色或浅蓝色。当把对触觉的认识转移成视觉的认识,人们就自然地将色彩分为暖色、冷色和不冷不热的中性色。

① 色彩与视觉

每一种色彩都有其相对固定的情感,但根据观看者个体的差异常有不同,而色彩的微小变化也常会影响其情感的表达。

商函设计中红色性格不稳定,根据不同的使用方式展现出热情、恐惧、活力等多种情感。红色对人视觉的刺激性很强,是商函广告表现中常用的颜色。红色容易引起人的视觉注意,使人兴奋,但看的时间长也容易造成人的视觉疲劳。

但在红色中加入少量的黄,会强化其活力,更趋于躁动、不安;加入少量的黑,会使其沉稳,趋于厚重、朴实;加入少量的蓝,则会削弱其热烈的性情,更雅致、更柔和;加入白形成的粉色更显得温柔。

商函广告设计中黄色因其较高的明度是颜色中比较容易发生变化的颜色。只要在黄色中混入少量的其他颜色,其色相和性格均会发生较大程度的变化。倾向冷色的柠檬黄性情高傲;相反,倾向橙色的中黄则是一种有限度的热情、温暖和高贵。

商函设计中蓝色有清新宜人之感,常作衬托和背景使用,其安静、平和、朴实而内敛的性格易于同多种颜色进行搭配。在蓝色中配合少量其他颜色,一般不会对其颜色的表现力构成影响。

绿色因其柔顺、恬静、舒适在广告设计中经常被使用。绿色中庸、平和。黄绿色趋于活泼、友善,具有生命的意义;深绿色老练成熟,更具有高贵、传统的意境。

紫色给人一种神秘感。红紫感觉气质高贵优雅;有白色成分时,变得优雅、娇美,并具有女性魅力;紫粉色温和委婉,具有明显的女性气息,被普遍用于女性产品的设计。

白色纯洁干净、不可侵犯。乳白色或香槟色给人一种香腻油滑的印象;而偏蓝的白色则让人感觉清冷、洁净;有紫色倾向的白色让人联想到薰衣草的芳香。纯洁的白色可以表现出少女特有的美好、诗意和梦想。

② 色彩和味觉

色彩对味觉也是有影响的。如偏绿的黄色往往用来表示酸味的食品,会使人想起柠檬的味道。

人们平常食用的食品，本身都有颜色。各种食品的颜色长期作用于人们的视觉，使人们产生味觉的联想。如甜味多用粉红、红、橘黄等颜色表现；紫色则常代表香芋特殊的香味；酸多用黄绿色表现；苦味则常用中药所呈现的灰褐色或橄榄绿色表现；鲜红色是表现辣味的最佳选择；红、橘黄、柠檬黄是表现美味的颜色等。色彩的味道感觉对于商函广告设计很有意义。

③ 色彩和触觉

氧化铬绿会使人联想到青铜器上的锈斑，从而能给人以坚硬的感觉；粉红色使人联想到花瓣，从而产生细腻柔弱的感觉。色彩给人们的这些感觉，都与人们的生活经历有关。低纯度的紫色和藕荷色让人感觉柔软、细腻，富有浪漫气息，可以表现出很好的梦幻效果。

商函设计中的浅褐色和土色在此处可表现出某种沧桑感，能够展现出时间和岁月的痕迹，适合表现具有传统文化意味的设计。

④ 色彩与嗅觉

嗅觉是人类感官中最无形的，是对日常具有某种颜色事物所具有的味道的相关联想，人们有时还会说到“有香味的色彩”，例如，绿色代表香草型，粉红色代表花香型，黄色代表果香型。设计者在设计化妆品的广告时，就可以利用这种规律。绿色往往让人联想到自然清新的味道。

2）色彩感情规律在商函广告设计中的运用

对色彩的控制能力，对色彩的物理特征和心理特征的把握，需要设计者有敏锐的感受力与深刻的观察力，这需要在生活的点滴中观察、积累、感悟。

① 用华丽色彩提高商品身价和档次

金色与墨绿色、紫红、棕色相搭配可表现复古奢华的风格。华丽色调可以采用了墨绿色与金黄色的搭配，同时配合繁复的花纹底图和光效果，表现出了西方古典主义的风格，从而为产品提升档次。

② 利用色彩表现商品的特性

红色、橙色、黄色等是可以促进人食欲的暖色调，同时具有喜庆的情感，常常用于包装食品类和庆典等。冷色、金属色和灰调子的渐变色彩通常用来表现科技企业或是高科技产品；粉红色、紫色等柔和的暖色调常被用于女性服饰等日常用品；粉红和粉蓝是婴儿色，常常用于婴幼儿的产品和服饰。

③ 运用色彩的明快感使读者产生愉悦感

一般来说，暖色、纯色、明色以及对比强烈并富于调和感的色彩具有明快、活泼、愉悦的感觉，比较适合广告色彩的运用。

高纯度的色彩在吸引人的眼球的同时能带来欢快、跳跃的情绪。

④ 运用色彩的兴奋感刺激读者注意

色彩具有使人兴奋与沉静的不同感觉。通常红、橙、黄等暖色以及明度高、纯度高或对比强烈的色彩给人以兴奋感。相反，蓝、蓝绿等冷色以及明度低、彩度低或对比柔弱的色彩给人以沉静感，无彩色的灰色和黑色也给人以沉静感。

设计中，除一些特别需要冷色的产品外，多数时候要运用使人兴奋的色彩来刺激读者的感官，使读者兴奋，注意广告内容，并产生兴趣，从而留下深刻的印象。即使是一些以冷色为主色的广告也要在明度及点缀色的对比上提高色彩的兴奋程度。

低纯度的单色照片具有明显的历史感，很适合表现宁静、平和的场面。

设计过程中色彩的选择需要建立在一个专业的调研基础上，必须仔细分析产品的特质、同类型其他产品的用色情况；同时也要考虑广告的目标受众的特点和爱好。

(3) 字的内涵

广告设计中的文字要素一般由标题、内文、广告语和附文组成。标题是表现广告主题的短文或短句,是一则广告的核心;内文是对广告语的深度阐释,清晰地表明广告的诉求对象和诉求内容,向受众提供完整而具体的广告信息;广告语是指表达企业理念或产品特征的、长期使用的宣传短句;附文是广告信息的进一步补充说明,是广告文案中附属的文字。

字体设计是在文字本身的信息传达功能上附加形象化、艺术化的特征。在需要的情况下,字体设计可以打破原有文字的笔画、结构、字形特征,但这不意味着字体设计可以漫无边际、完全自由。

在设计时要顾及,是否合乎行业和商品的形象;是否符合推广策略的概念;若对象为企业,能否体现企业的文化理念和可信赖性;若对象为商品,那么主要购买对象的人群是否喜欢;有无亲切感;是否清晰易认;是否符合一般审美规律等。归纳起来,文字设计必须遵循准确、可读、美观三个原则。

1) 准确性原则

商函设计中的文字是企业或商品与消费者之间信息沟通的主要桥梁,字体的个性化特征符合产品、企业或广告语的个性特征,将抽象的理念可视化,从而达到锦上添花、推波助澜的作用。能否选择或设计合适的字体、字形直接影响了信息传达的准确性。

2) 可读性原则

为将信息传达到位,除特殊目的外,商函设计中的文字都应具有可读、可识别的功能。文字设计不能以牺牲文字本身的信息传达功能为代价。

3) 美观性原则

字体设计是整个商函设计的一个重要部分,字体设计的形式美应符合整体设计的风格、韵律、节奏。

4. 版式结构的变化与特征

文字、色彩、图像等视觉要素通过版式设计的组合与再加工可以显现出复杂而多变的面貌。寻找其中的规律,并能应用规律找到可以准确有效地传达信息的方法,是商函广告版式设计研究和学习的目的。

(1) 商函设计的版面构图

商函版式设计是对版面的经营和规划,是对版面进行艺术化或秩序化的编排与处理。

1) 版式设计的目的与原则

通过设计商函广告版式,可提高画面视觉冲击力,加强商函对于消费者的诱导力量。有力而正确的传达能吸引消费者的注意力,使其在消费者心中留下深刻记忆。

① 版式设计目的

商函中的版式设计的目的是要协调组织多种设计构成要素,达到平衡与和谐;考虑文字的配置及大小等,使之成为可快速阅读的信息;画面形式统一,重点突出,有视觉引导。

② 版式设计原则

商函广告中的版式规划应根据商函产品本身的功能性要求,依照原则设计视线的流动路线,把握明确、层次分明的标准。

③ 视觉流程

人们在观看一个空白平面(纸)时,首先会注意到平面(纸)的四个角(从左上角开始顺时针绕行一周,并构成形状的感觉);然后视线自然地停留在中心偏上一点的地方。而这种视觉的习惯又是可以被视觉元素所影响的。如何科学地运用这种习惯,通过一定的手段来引导视觉流程是商函设计的一个重要命题。

良好的阅读流程是商函可以完整、准确传达信息的基础。各种视觉构成元素之间的关系及秩序必须适应人的视觉流向的生理和心理特点。视觉流程的形成是人类的视觉特性所决定的。受生理结构限制，人眼只能产生一个焦点，不能同时把视线停留在两处或更多的地方，人们可以做的只有先看什么、后看什么，依照一定的顺序浏览、观察。

（2）视觉流程的影响因素

1）受排版顺序的影响

如横排版，人的视线是左右方向的；竖排版，人的视线就是上下方向的。

2）受视觉主从关系的影响

商函是一张完整的画面，欣赏画面比读文章多一层审美行为，所以阅读既要有从左至右、自上而下的阅读方式，又要有环顾画面整体确定画面的视觉中心，从而完成阅读及审美，最后确认主题的全过程。

一般情况下，商函的视觉中心是广告的主题产品、文字或图像，其次是辅助性文字和形象，最后是补充信息点的文字、标志和图案。版面编排不是信息量在版面中的简单罗列，而是需要在众多构成要素中凸显视觉主体和信息主体，尽可能使其成为受众视觉流动的起点。此外，在编排中还应以多种标示引导阅读，逐步地诱导受众按照期待中的视觉流程进行视觉流动。

多数情况下，商函的主题产品、文字或图像比其他部分要大，但有时也根据设计需要反其道而行，将其安置在体量区域较小但位置明显的地方，从而起到"四两拨千斤"的作用，在视觉上仍占主体优势。

5. 商函创意设计需要考虑的因素

被称为纸上营销员的直邮商函，首先要引起客户的注意；接下来激发客户的兴趣，使客户把广告读完、看完；一旦激发了兴趣，还必须撩起客户想拥有产品或接受服务的愿望；最后，说服客户付诸行动，并告诉客户怎么做。消费心理学研究表明，为实现最高目标，我们在信件的创意设计上就要充分考虑以下影响元素，注意引导客户，以达到预期效果。重要的是，我们必须对商品了解得非常清楚、对市场情况或消费者的购物动向有所把握。

（1）引起注意

如果你知道你的顾客想要什么，那么获得他们的注意力并不困难。只要考虑到你的商品的最大的优点，或者能够提供的服务，然后渲染一下就可以了。

文字也可以是强有力的注意力争夺者。开头必须能够引起顾客的兴趣，使人可以轻轻松松地读下去，开头不要使用一大堆艰涩的词汇，当以"我们有一个好消息想让您知道"这样单刀直入的写法，会更能引起消费者的兴趣。还要避免使用套语，例如，"一年之计在于春……"这样的开头就未免陈词滥调了。因此，如果将它改成"常言道，一年之计在于春……"这样看起来就好多了。但是要注意不要太肤浅。一个专业的作者知道如何使用"从细微处"开始写作，如果正确使用"每周你浪费了多少计算失败的时间"这样的观点可能会更成功。

那么在实际设计过程中究竟如何来吸引客户的注意呢？通过以上的分析可以从以下四个方面进行考虑。

1）从最吸引人的利益点开始：首先前提是做好前期对客户的市场调查，了解到客户的各方面需求。如果企业知道他们的客户想要什么，那么就可以把最大利益点的产品和服务发给客户，以最生动突出的形式展现给他们。这样可以使更多的客户最大限度地感受到商函的商业价值。

2）设计特别，造成视觉冲击：针对商函面向的不同推介单位或个人，设计出针对不同目标客户喜好的商函广告。从宣传载体的形式到具体的平面设计风格，色彩、画面、字体都要迎合目标群体的阅读喜好，若无法把握他们的风格和品位，至少请将宣传画面设计得具有视觉冲击力，给人耳目一新的感觉。

3）使用大标题：为了突出商函中产品或服务的特性，通过一些艺术性的文字将推荐产品的主要性能通过大标题的形式展现出来，使目标客户一目了然地了解到产品的自然属性。

4）创造视觉冲击：在商函的设计过程中要注意文字和图案的完美结合，不仅要使目标客户对商函的设计风格予以认可，同时也是利用商函这一平面媒介提供的画面对客户不断形成新的视觉感官刺激，从而达到营销的目的。

（2）产生兴趣

兴趣的激发是购买行动发生的重要环节，一定要在考虑到目标受众需求方向的同时进行自我展示，不能盲目地夸大。

1）演示利益点：既然你已经获得了顾客的注意力，那就不要让他们失望。用你所售商品的重要的、相关的说明保留顾客的兴趣。

2）别怕长文案：对于需要详细介绍使消费者明白功能用途的产品，不要害怕文字过长或图片过多，直到把问题阐述清楚为止。但过于冗长的文稿会有可能影响阅读的欲望，所以，有时加上“您觉得如何？”之类的问句，增强了交流感和面谈式的亲切感受，读起来会更舒服。

如果文稿较长，可以插入小标题，或在总要的地方使用粗体字，或者换行的方式安排文字的排列等，总之就是以各种方式使顾客不会生厌。

3）使用副标题：在用一个主题无法对产品或服务做出全方位的概括时，应该设定一个语言表达具体、生动而且能对主题做出有力补充的副标题。

4）保持逻辑上的合理顺序：对于商函广告中涉及的产品或服务的类别、性价比、促销方式等因素应按照产品宣传角度的不同加以调整，突出强调的卖点应尽可能提前，保持逻辑上的合理性。

5）使用短词、短句和段落：短小、简单的语句能够最好地抓住读者的兴趣。确实可信的就是日常用语那样的。例如，读者会厌倦“我们保证最终所售商品的质量和服务”这样的陈词滥调；替换一下，试着这样说，“我们拥有成百上千的顾客，如果您对我们的服务不满意，我们将会把您的钱退还给您”。这样说更证明了质量和服务。

6）尝试使阅读者参与进来：当企业得到客户的关注时，不要让他们失望。通过销售的产品的一些重要细节信息紧紧抓住客户的兴趣。如果用“一个月大减价”或“让您不费吹灰之力”的标语，应该再配上一副吸尘器的图或者至少加上一段有力的文字描述。要注意标题突出主题，一目了然，文案最好简洁通俗，还可以增加一些互动栏目，鼓励消费者参与。

（3）产生欲望

现在是用你的商品真正刺激顾客的地方了。它给顾客一个机会去想象他们拥有了你的商品或使用了你的商品后会是什么样子。

1）提供试用装、样品及演示

产生欲望是激起客户购买产品的关键，这个阶段需要给客户一个想象自己已经拥有以及使用产品后的场景。可以向客户提供一些试用装、小样或者其他免费体验的机会，让客户亲身感受一下产品的美妙与优质；也可以以一些煽动性的词语详细描述客户使用产品或服务的感受。激起欲望的关键是在企业所提供的产品能给客户带来的利益上而不是产品的特色上。

2）卖的是利益，而不是产品特质

构建欲望的关键是着眼于商品的优点，而不是特征。特征告诉你这个商品拥有什么，如“超快的互联网连接”。其优点从另一方面来说，告诉你那些特征是如何提高你的生活质量的。一个超快的互联网连接会让你“在网上听音乐没有不和谐的停顿，使你在较少的时间内做更多的工作”。同时，为鼓励更高回复率，要把咨询电话、店铺地址、网站地址等回复方式醒目地标注出来。若希望客户订购产品或提供数据，可以附上回邮信封或明信片，方便他们做出响应，这些回复也就保证了不间断的营销活动。

（4）使用优良的制作工艺

商函的制作工艺可以是多种多样的，但一定要保证精良。例如，你可以用一张新的滑雪夹克的漂亮图片来构建顾客的欲望；也可以对滑雪夹克作一个详细的描述，滑雪夹克微纤维是如何通过调节你身体的温度使你在高处保持温暖，在斜坡上保持凉爽的，以激起顾客的欲望；或者两种方式一起使用。

（5）记住广告

记住的目的是可以让有购买需求的受众直接选择我们的客户；对于暂时没有购买需求的，当他们需要的时候，会第一时间想起我们的产品。

1）使用人性化的面孔和故事：在广告设计中通过贴近生活的某些故事或人物展现其中，有时也可利用明星效应，促成对商函本身宣传的产品的关注。

2）和其他的传播活动联系在一起：将广告的宣传与其他的人员推广、网络营销相结合，增加目标客户的满意度。

3）使用第三方证言：能用第三人称的称谓说明产品或服务的特性及内在价值。

4）使用调研数据：在商函广告中加入一些定量的元素，增加可信性。

5）使用“问题与答案（Q&A）”：通过一问一答的情景对话方式将目标客户最希望了解的相关产品或服务的性能一一介绍，在增加广告的生动性的同时加深客户对广告的认知。

6）提供放心承诺：保障所介绍的产品或服务出现问题时客户进行追究的权利。

（6）发生购买行为

1）要求收件人做的事情要简单容易：对那些对提供的产品或服务有购买意向的目标客户，应减少对方不必要的购买流程，简化整个交易过程。

2）直接讲，别含糊不清：对于在商函广告中要体现的宣传主题，要牢牢把握住并直截了当地说出来，不要含糊不清，混乱表达。

3）考虑短平快：强调语言的精练，用尽量少的话语和适当的语气表达商函广告的主旨，同时信件传达应快速有效，保证信件的准确并按时地到达客户手中。

4）在回复的表格里着重提利益：通过表格的回复了解到客户对产品的具体需求，如若达成购买意向，所需产品的价格期望值和所需产品数量必须包括其中。既然你已经获得了人们的注意、兴趣和欲望，就不要忘了向他们索取订单。只说一句“现在买吧”是不够的，给他们一个强制性的理由，让他们到你的店里来或者直接打电话到你的公司。

例如，“我们只提供 25 件这样了不起的滑雪夹克，先来先得”，强制顾客行动。“这个主题 11 月 23 号到期”也会有这样的效果。专业的邮寄者注意到，当给主题加上有效日期的时候，他们就会收到更多的反应。

你甚至可以把这种紧急性应用到服务行业中，“如果你希望我们准备你的纳税申报单，请在 2 月 15 号之前打电话到我们的办公室约定”。

5）把大部分的回复表格预先填好，让读者操作更简单。

6）提供多种联系方式，如电话、传真、邮箱等：尽最大可能方便目标客户，开通一切可能的联系方式方便最后购买行为的达成。

总之，对目标客户的要求既要清楚，又要直接。对客户的要求尽量简洁，不造成客户操作上的负担；文字上的表达要简单清楚，使客户在最短的时间了解到操作的具体方式。

6. 数据库商函设计流程

商函设计是一个系统的过程，我们必须从设计的人领域的坐标中找到准确的定位，明确商函广告的内涵、作用和意义，以及商函广告在企业产品或服务的整合营销中的环节，才能在根本上把握设计的理念。

商函设计的流程从狭义上讲是指广告作品从创意设计到制作印刷的过程，而从广义上讲则包含从前期沟通、调研到后期传播推广的完整过程。商函设计是一个反复的过程，设计思维存在于从客户委托到设计完成这一过程的每个阶段。客户提出的任何设计要求都可以有多种解决方案，而且他们在创新性、实用性和预算方面也都各有不同。

（1）制定设计任务书

这是商函设计进程中的第一个阶段，也是关键的一步。商函设计是要通过静态的视觉要素传达产品或活动的信息，为了能够更准确地传达广告主的意图或产品的特点，首先要与广告主达成明确的共识。

设计任务书是问题的总结和策略的指向，它将设计中所需要阐明的信息点和要素做出整体的构建和规划，作为之后创意设计工作的参考点。好的任务书可以体现对客户的认知，从而产生更好的创意。

设计者应给自己提出以下问题：

- 传播目的；
- 目标受众；
- 受众对该产品的认知程度；
- 受众目前对该产品的评价；
- 想让受众知道该产品的哪些信息点；
- 想让受众对该产品有什么看法；
- 产品的主要特征；
- 竞争者的主要特点；
- 产品所需要的定位；
- 过往的效果；
- 市场调查。

（2）设计主题风格的提出

设计主题概念的提出，必须以顾客为核心，来源于顾客的认识、需求和感觉，并使用顾客的语言来表述。如果一味地将广告主的宣传需求放在首位，对信息内容进行罗列和叠加，并不会真正地打动观者，一定要让商函能够回答以下问题。

1）它是否传达一个要点？

这个重要的信息点处于信函的哪个位置和以什么样的形式呈现，才能最大限度地提升吸引力和重视度。

2）它是否清楚地传达了这个要点？

设计形式是否具有足够的创意性、感官性、人文性、艺术性等审美需求。

3）它对产品的承诺是如何表现的？

一个好的创意，一个出乎意料的奇思异想，除了第一步能给人以感官上的冲击外，第二步就应有一种非逻辑的但却是智慧的冲击，直接深入到人们的内心，与人们内心深处潜藏着的生活逻辑相契合，这就是人们常说的“有了感觉”。好的创意的最高标准就是使人突然间产生一种感觉，这是一种不同于感官知觉而又高于知觉的心灵感应。

4）这个承诺对顾客而言有意义吗？

消费群体逐渐趋于理性化和个性化，设计主题和表现方式一定要基于对消费者诉求的全面分析，从他们最想获得的利益入手，真正地挖掘出有质感的表现手法。

（3）收集资料

设计创意的第一步是收集原始资料。一方面是宣传所需的特定资料，包括产品、商标图像，产品名称，企业名称和标准色样等；另一方面是你在平时连续不断累积储存的一般知识资料。我们都在不停地诉说对产品以及消费者深入了解的重要性，而事实上，大家却很少为此努力。然而，假如我们研究的够深够远，几乎都能发现，在每种产品和某些消费者之间，都有其相关联的特性，这种相关联的特性就可能导致创意。

（4）设计编排

这个环节就是在画布上的真正创作，这个阶段一定要做到成竹在胸，也就是要对成品在思维意识上首先形成最终的样式，不可走一步算一步，当然在不断的完成中，思维的跳跃会涌现很多新的点子，但这些都要在对整体有所把控的前提下才会产生。

整体的编排要有主有次、疏密得当，如对于熟知的产品和服务，就要将近期推出的活动作为主要信息点在最重要的位置进行阐述。

设计编排的主要内容包括以下几个方面：

- 插图——插图的形式要与设计主题、形式风格等相吻合；
- 商标——商标的位置和诉说方式要根据宣传需求而决定；
- 商品——商品的信息介绍包括图片和文字，主次要分明；
- 标题——这是宣传的主要部分，要在形式设计上符合整体风格；
- 说明——简约而不简单是重点；
- 企业——企业形象的宣传可以根据具体的宣传内容设计形式语言；
- 色彩——色彩语言的选择是很重要的一环，对于色彩的选择要从大众认知的角度考虑，而不是以自己的喜好为主；
- 空白——以往认为要充分利于每个空间，但这样反而使信函的视觉缺乏舒适美感。好的留白可以更好地表达主题。

（5）审查定稿

在设计初稿完成后，要充分听取客户的合理意见。有些客户可能更多地从自己的角度出发，而对作品提出质疑，这些疑问一定要有所预见，并从理性的角度加以解释，不能盲从也不可固执己见。修改后打出样稿再次审定，签字交付正式制作，此时设计作品就诞生了。

思考题

1. 在进行商函设计之初，如何进行全方位相关因素的考虑？

2. 如何使商函的策划设计与营销理念相结合？

3. 如何进行图形设计语言的创新？

4 要使直邮信件有效地传递信息，在设计中要注意图形的创意和结构，请结合自己的学习说明图形的创意方法。

5. 一个成功的商函广告最本质、最核心的因素就是“创意”，你对好的创意是如何理解的？

第9章　商函售后服务与管理

市场竞争战略在不断演变着，大致经过了产品竞争—品牌竞争—服务竞争三个阶段。进入21世纪，科技水平日益发达，各个公司在质量、价格、品牌上已难分高下，企业的营销威力大大削弱，于是，市场竞争越来越体现在服务领域。服务经济时代正迈开大步朝我们走来。

服务经济的中心思想是产品和品牌的升华，即建立在这两者基础之上，通过各类优质服务为企业赢取长期利润，以维持企业的长久发展。因为今天的顾客已不再满足于物质上的拥有，他们所追求的是更高层次的满足感。为了达到此目的，售后服务得到重视，并在服务经济时代里显得尤为重要，优质的售后服务将引领市场潮流，服务竞争将主导市场竞争。当下，不少企业已打破专业化分工的界限向下游流通环节渗透。掌握零售终端和售后，以期望增强服务竞争的能力，顺应服务经济时代的潮流。世界上许多曾经靠销售各种产品获利的知名公司也察觉到这一趋势，正迅速地将自已转变为提供服务的公司，从以前的自主生产商品迎合市场慢慢转变成以顾客需求为前提生产商品，并通过售后服务不断满足消费者的后期要求，尽显企业的人性化、服务的专业化。因为，他们共同明白一个真理：在“顾客是企业的生命”这样一个大环境下，只靠产品的质量已经不能形成市场竞争的优势，必须给产品增加附加服务价值，才能赢得顾客的青睐，为企业保驾护航！

9.1　做好客户售后服务

商函业务市场开发实际上是商函业务客户的开发，商函业务市场开发售后服务也就是客户的售后服务。即邮政对通过市场营销已经建立起业务关系的客户，为保持发展这一业务关系而开展的营销后续经营活动，就是通过持续服务来增强与客户的关系。美国哈佛商业评论指出“公司利润的25%～85%来自老客户，吸引他们再来的因素，首先是服务质量的好坏，其次是产品本身，最后才是价格”。通过辛苦拼搏成功开发了一个客户，还只是全部工作的开始；使现有客户成为长期客户，不断地为邮政带来稳定的客户资源是我们工作的重点，这就要求我们必须做好客户售后服务工作。

9.1.1　做好客户服务的意义

在目前市场竞争中成功的企业都会把很大精力放在已有的客户身上，因为其竞争对手也总是虎视眈眈地企图抢走客户。因此，搞好客户售后服务关系到企业能否稳固客户资源、牢牢地占领市场，并且进行深度开发，为企业带来持续效益和长远发展。

1. 维系好现有客户能使企业用有限资源得到更好的效益

在目前市场开发中，有资料证明成功开发一个新客户所需成本是维系一个老客户的6倍，而且企业还要花费更长的时间，才能使新客户达到原有客户服务需求的程度。失去现有客户不只是失去一项业务，还失去了对现有客户持续开发所带来的新的利润。同时，还要增加吸引新客户取代原有客户的成本。所以在成功开发一个新客户举杯庆祝的时候，千万不要忘记做好对现有客户的维系工作，使其成为商函业务的重要来源。

2. 维系好现有客户能使邮政服务水平得到不断的提高

商函市场开发是满足客户需求的过程，但客户的需求是不会一直不变的，在其发展中还会提出新的需求，邮政服务在满足客户新的需求的过程中也在不断地提高本身的服务能力。因此，满足客户新需求既是一个深度开发的过程，又是不断提高服务水平的过程。邮政商函业务就是在不断提高开发能力，不断提高服务水平的过程中，不断满足客户的需求，做好售后服务。

3. 维系好现有客户同样能为企业带来新的客户

不断满足了现有客户的需求会在客户中建立良好的诚信度，起到积极的示范效应，而新客户会在现有客户成功的业绩面前主动提出服务的需求，然后企业用为现有客户的服务方式为新客户服务，可以起到事半功倍的效果。据美国汽车行业的调查，一个满意的客户，会引发 8 笔潜在生意，至少有一笔成功，而一个不满意的客户会影响 25 个人的购买意愿。因此，以良好的服务与现有客户建立良好的业务关系和信誉关系，会产生积极的辐射效应和市场效应，使更多的客户慕名而来，要求邮政提供商函业务服务，这样的连锁效应也是企业得到潜在客户的有效途径，是邮政品牌效应的必然结果。

9.1.2　客户售后服务的主要方法

邮政商函业务提供的是服务，而不是具体的产品，因此客户售后服务的内容与单一产品的售后服务是不同的。单一产品的售后服务是满足产品消费者方便、满意地使用产品，而商函业务提供的售后服务是帮助客户持续开发市场，吸引更多消费者的服务。客户随着营销活动的不断发展，其对邮政服务的需求也是动态的、发展的，会产生新的需求，邮政商函业务提供的售后服务必须要随着客户的需求变化进行及时的跟踪，了解和掌握客户对邮政商函服务的反映，做出相应的对策措施，最大可能地满足客户的要求。邮政商函业务客户售后服务方法主要有以下几方面。

1. 把客户利益放在第一位

客户需要邮政提供商函业务服务是为了赢利，邮政服务好了，客户赢利了就会与邮政保持长期的业务联系，邮政也会取得相应的利益。营销员在接触客户的初始就要记住与客户建立良好关系，在思想上要树立客户利益放在首位的理念，把服务建立在满足客户需求的基础上，把做好客户售后服务当作达成长期合作的唯一途径。如果营销员能够获得客户的信任，邮政服务获得客户的偏爱，双方良好关系才能长久。营销员在与客户联系中要以真诚的态度对待客户，认真了解客户的需求和服务中存在的问题，向客户提供真正满意的服务，让客户从服务中真正获得利益，只有这样才能与客户建立长期稳定的良好关系。

2. 经常和客户保持主动联系

营销员在与客户开展业务活动后，不能无事不找客户，等客户有了业务需求才与其联系，而要在平时始终与客户保持联系，加深彼此的了解。要把握联系的时机，如在客户周庆活动，主要负责人生日，重要的节日主动表示祝贺，效果一定比较好。在用语方面要亲切随和，不能生硬勉强。在联系对象上除了与主要负责人联系外，还要与客户的助手、秘书及相关人员发展关系，这些人不仅能平时帮助营销员提供有价值的信息，还可能影响决策人，甚至可能成为以后的负责人。与客户保持联系的方式有多种,主要有上门拜访、电话问候、信函祝贺等形式。平时有可能的情况下要亲自上门,这样可以加深彼此影响。如果没有时间也可以通过电话、信函的方式保持联系。电话方式比较方便、及时、随意,但缺少深度。信函方式在联系方面比较灵活,感情比较亲切,客户收到一张精美的贺卡,加上亲切的问候,一定会非常高兴。当然信函方式也要避免内容看起来像广告和公文,显得刻板僵硬。在与客户联系上除了祝贺外,还可以对客户使用邮政服务表示感谢,询问服务过程中还有哪些需求。

3. 力争让客户始终感觉满意

客户满意是服务的最高标准和基本要求,搞好客户售后服务是力争客户满意的重要手段。因为即使已结束了第一次交易,客户仍然会存在各种疑虑,营销要主动为客户排解疑惑。广告投送结束后,营销员要为客户及时收集与反馈投送效果的信息,如果能为客户提供商函投送后的实际有效的信息,客户一定会觉得满意。账单在投送前要主动帮助客户修改邮政编码、名址信息。投送后也要主动帮助客户修改错误的信息,减少因错误信息而增加客户的投入,并给邮政本身也带来无效投送的工作负担。广州函件局专门为客户开发了账单信息查询修改系统,受到了客户的欢迎。营销员需要定期检查客户的满意情况,除个别询问的形式外,还可以通过发放征询单的形式,对多个客户进行定期满意度测评,在测评中了解每个客户的满意情况。对客户满意的方面可以作为为其他客户服务时的借鉴,对客户不满意的地方可以及时进行补救,在为其他客户服务时可以避免同样问题的发生。成功的营销员对待老客户会比新客户更加热情周到,甚至会付出更大的努力。

4. 尽力化解服务中产生的矛盾

服务与被服务是一对矛盾,在服务中难免会发生差错使客户不愉快,也有可能因客户在一些方面不理解或误解而发生不愉快。化解矛盾的方法首先要分析产生的原因,不同产生原因要用不同的化解方法。帮助分析客户的问题,如是邮政服务质量问题而造成的客户不愉快,要敢于承担责任,努力纠正自己的过错,想方设法给予补救;如是客户的原因造成的,要耐心帮助客户分析原因,商讨解决问题的办法;如是意料之外原因造成的,自然灾害、重大政策变化,要向客户说明情况,力争得到客户的谅解。如果化解矛盾是积极有效的,会让客户觉得你是诚实可靠的,反而会得到与客户继续合作的机会。

5. 要耐心地倾听客户的抱怨

耐心倾听客户的抱怨是基本态度,同时也是妥善处理问题的基本条件。良好的态度可以使大事化小,小事化无,也不会激化矛盾。在客户抱怨时营销员千万不要一味地向客户解释或辩解,甚至极力推卸责任,这样只会浪费时间和令客户更加反感。对待客户的抱怨,首先要虚心接受,大多数客户的抱怨只是发泄一下不满情绪,消除心中的怨气,使心理得到平衡。客户就是有抱怨,也不一定会让邮政有形式上的补偿。在听完客户抱怨后要分析客户抱怨的原因,是服务中发生了问题,要与客户商量解决问题的办法,力争使客户得到满意的答复。当然有时客户的抱怨也会是一个误会,对待这样的抱怨千万不能得理不让人,甚至讽刺挖苦客户,也要耐心地听完客户抱怨,再作耐心解答,让客户知道是自己的误解,在这种情况下客户对邮政会产生更强的信任感。

6. 努力改进服务中的问题

邮政客户售后服务关键要讲信誉,服务中难免会发生问题,尤其是当已经给客户造成了一定损失的时候,在这种情况下,妥善处理是明智的选择。首先要尽力想办法挽回损失,而不是推卸责任。如果客户的损失已经无法挽回,则要考虑给客户进行一定的补偿。千万不能因邮政利益要受到损失而拒绝给客户提供补偿。在法治经济的环境里,客户因此把邮政推上法庭,邮政既要承担经济责任,又要面对社会信誉的损失。积极地挽救或补偿客户的损失,也只是暂时的补救措施,对待服务中的问题要举一反三,提出整改措施,防止类似事件再次发生。对已有损失的客户,要主动提出进一步的服务对策和方案,帮助客户在最短的时间里取得新的效益,尽可能弥补以前的损失,继续成为邮政的客户,企业也有了补偿损失与得到长期利益的机会。

7. 提供"绿色通道"优质服务的附加服务

优质服务的附加服务主要有优先服务和扶助服务。大客户在进行营销活动时都有一定的活动计划,在时间上必须要给予保证,任何环节上有脱节,都会造成延期影响,使整个营销活动失败,因此对这类客户要给予优先服务。邮政在商函制作、发运、投送每一环节都要开设"绿色通道",在时间上给予充分的保证。扶助服务主要是邮政提供综合服务、派驻服务和客户代表制。要邮政提供综合服务的主要是大的邮购客户,它们要求邮政在进行商函广告制作与投送服务的同时,还要求邮政为其提供物流配送(收寄包裹)、货款收取等一条龙服务。对特大型的客户,邮政还要提供派驻服务,在客户处成立专门服务处,将邮政的服务流程与客户的作业流程紧密地结合在一起,形成有效的生产链,极大地方便客户,加快了客户的物流和货款的周转速度。客户代表制(客户经理制)是指定营销员专门联系一个客户,为客户提供商函业务策划、制作、投送、售后服务等一条龙服务。提供"绿色通道"服务,邮政不一定要有新的投入,只是在作业流程上进行重新组合,既能减少不必要的环节,提高邮政的服务效率,又能给邮政带来最大的效益。

8. 提供优惠价格的附加服务

优惠价格的附加服务主要是指邮政通过价格政策和新设备投入,给为邮政带来长期高效益的客户在服务价格上给予一定的优惠,帮助客户降低运作成本的附加服务。在价格政策上对大客户给予一定的优惠,看起来邮政收入有所减少,但客户会因为受到优待,而长期成为邮政的忠实客户,尤其在目前各种媒体竞争客户非常激烈的情况下,价格优惠是最能体现附加服务的竞争手段。新设备投入附加服务是指邮政为了拓展服务能力,引进新设备和新技术,以满足客户需求的服务。该项服务最主要是降低了客户的运行成本。目前有的省、市邮政投入新的封装设备,可以进行塑料材料封装,改变了单一纸质材料封装,极大地降低了客户的运作成本,从一定程度上给客户得到了实惠,受到客户的欢迎。邮政在优惠价格方面提供的附加服务,虽然从表面上减少了收入,加大了投入,但客户不会因为成本降低了而保持原来的商函业务的投入,反而会将节省的费用加大商函广告投放量,去争取更多的消费者,邮政也从中得到了相应的收益,更重要的是赢得了客户的赞誉,增加了长期合作的机会。

9. 数据信息的附加服务

数据信息的附加服务主要是指邮政在为客户提供商函制作、投送的同时,还为客户开拓市场提供有针对性的消费群数据信息,以及帮助客户提供数据维护、营销情况信息分析反馈的附加服务。邮政商函数据库的建立为客户迅速寻找目标消费群,抢占市场提供了方便。数据库营销不但是邮政商函业务市场开发的需要,也是客户开展营销活动的必需服务内容。邮政在为客户提供数据库营销服务的同时,还增加了为客户维护数据库的服务,帮助客户修改邮政编码,修改消费者的地址信息,提高了客户商函广告的投送质量,加快了资金的回笼速度。客户营销情况的分析反馈,为客户及时掌握消费者的购买动态提供了方便,使客户能迅速调整经营策略和实施计划,邮政也在提供服务中提高了服务的能力,顺应了现代服务业发展的趋势。邮政商函业务要发展必须掌握主动权，通过服务方式的转变，创造新的服务手段，以优质、满意的服务，稳定客户，争取客户，已成为邮政发展的必由之路。

9.2 客户售后服务的管理

9.2.1 制定客户服务管理制度

客户售后服务的管理是通过对现有的客户进行分类，收集整理客户的基本资料，对客户的运行情况进行适时的跟踪；通过建立相关制度对邮政内部进行有效监控，及时发现服务中出现的差错进行实时纠偏，对客户新的服务需求做出相应的对策，最大限度地满足客户需求的工作。主要包括以下几个方面。

1. 建立客户档案

建立客户档案是为了方便对客户的管理，提供更好的服务。通过建立客户档案对不同客户进行分类，对同一类客户给予相同的服务，避免客户间产生攀比。对单一客户掌握其发展方向，为最大化开发客户用好现有资源。对客户分类还能了解客户的规模、效益、发展方向，以便邮政提供相应的服务。

(1) 客户档案的基本资料

建立客户档案基本形式是客户资料卡，其中包括客户的基本资料、客户特征、运行情况三个方面，营销员在第一次拜访客户后就要开始整理并填写“客户资料卡”。随着时间的推移，要注意对其进行不断的完善和修订。“客户资料卡”建立后不能置之不顾，否则就会失去其利用价值。因为客户的情况总会不断地发生变化，所以对客户的资料也要随之进行调整。通过调整剔除陈旧的或已经变化的资料，即时补充新的资料，在档案上对客户的变化进行跟踪，使客户管理始终保持动态化。

(2) 客户档案的运用

建立客户档案是为了科学管理分类，有效的利用，合理开发客户。营销员利用客户档案可以分析客户运行现状，掌握客户的发展动态，制定服务计划和对策，更主要的是营销员可以用有限的时间，为客户提供最大化的服务。

1) 营销前查看档案

营销员在每次访问客户前，先要查看客户资料卡，因为客户资料卡内详细注明客户的每一次营销活动的情况，商函广告投入数量，成功营销活动的业绩。资料卡还包括客户材料的库存数量。营销员通过分析后，可以作为拟定营销计划的参考。

2) 寻找重点客户

要从众多的客户资料中找出重点客户，找出重点客户的目的是为了对这部分客户给予重点服务。重点客户不仅要包括现有客户，而且还要包括未来客户和潜在客户。这样可以为选择新客户、开拓新市场提供资料。

3) 灵活运用资料

建立客户档案是为营销工作服务的，所以客户资料收集整理后要加以运用，要能进行更详细的分析，使死的资料变成活的资料，提高客户管理的效率。在分析时要区分出最佳客户和最差客户。最佳客户是喜欢邮政服务的，是最有发展前途的，是好的客户，是营销员必须用心服务的客户；而最差的客户是没有发展前途的客户，营销员也就不需要再浪费时间维护这样的客户。

2. 建立客户管理的规章制度

建立客户管理的规章制度是为了加强邮政内部各服务环节的质量管理，使营销员在服务过程中能得到有效的控制，可以及时发现服务中存在的问题，及时进行纠正，对责任人可以进行有效的考核，做到服务段落清楚、责任明确、监控有力，为客户提供满意服务。邮政商函业务售后服务通过有效的管理，解决持续服务问题，加强内部监控，搞好服务管理。

(1) 建好服务档案

建立服务档案是为了对客户服务过程进行有效监控，档案主要内容包括制作、投送服务质量的记录、营销员基本情况、服务过程的记录、客户满意度测评结果、对服务中差错纠偏记录、年终服务总结记录。对大客户可以单一建立服务档案，对中、小客户可以集中建立服务档案。服务档案基本由负责客户服务的单位建立、保管。上级主管部门要定期对服务档案建立、使用情况进行检查。

(2) 用好服务档案

建立服务档案不能流于形式，要随着营销活动的展开，随时作好详细记录。负责客户服务的单位要定期通过服务档案记录资料，对服务情况进行跟踪分析，找出服务中存在的问题，及时提出纠正措施。对负责服务的营销人员存在的问题，要及时进行教育，帮助其端正服务态度，增强服务意识。平时还要加强对营销人员的服务技能培训，尤其对新开发的服务项目，必须要通过严格的培训，合格以后才能实施。

(3) 完善考核制度

负责服务的单位还可以通过服务档案对营销员进行服务质量的考评，对营销业绩好、客户满意度高的营销员及时给予表扬与奖励；对营销业绩不好、客户意见大的营销员及时提出批评与处罚，改进不大的，可调离营销岗位。完善的考核制度能促使营销员做好客户服务工作，提高客户的满意度。

(4) 制定好服务工作的实施计划

实施计划的重点内容是围绕客户需求、提高服务工作措施、新开发的服务项目而制定的。实施计划要有明确的责任部门和责任人，实施计划推进的时间节点以及考核的要求。

(5) 建好服务工作会议制度

服务工作会议制度要明确会议的召开时间，一般情况下负责客户服务的单位一个月举行一次，上级部门一个季度举行一次；要明确会议基本内容和议题，主要有对上一阶段的服务工作情况进行总结与通报，分析客户对服务情况的反映，针对存在的问题提出整改措施，布置好下一阶段的服务工作。服务工作会议不能流于形式，会议内容一定要实，会议前一定要做好充分的准备工作，有的议题事先要通过认真调研，充分征求意见。会议上分析、总结、通报的内容必须真实可靠，有说服力。对好的典型及时进行交流推广，对服务中存在问题的人和事必须严肃批评，确实起到举一反三的作用。

(6) 建立检查制度

服务工作同样也有检查稽核。检查服务质量，要检查服务管理制度是否建全，管理措施是否到位，服务中发生问题是否及时整改，有无预防措施。对存在问题可以通过发整改通知单，要求相关单位限时整改。定期开展问卷征询，了解客户对邮政服务情况的满意度，并对征询情况进行分析，找出客户不满意的原因，及时提出整改措施，还要在一定范围内进行通报。稽核工作主要是为了防止邮政内部擅自降低资费，向客户作违反政策规定的承诺，扰乱经营秩序的不正当营销行为。这些情况既会损害邮政本身的经济利益，又会在客户中造成对邮政资费政策，服务质量不信任的恶劣影响，极大地伤害邮政在社会中的信誉。对服务和经营中违反纪律的人和事要发现一起严肃处理一起，决不容许滋生和蔓延。

(7) 引进先进的管理方法

客户售后服务工作是一项长期而复杂的工作，是以客户需求为焦点，不断满足客户需求，不断改进与提高的过程。所以在自己构建服务管理体系的总结提高的基础上，还要主动引进先进的管理理念与方法，用科学的方法做好客户售后服务。目前在邮政内部有不少省、市开展了 ISO9000 服务质量贯标工作，通过社会专业咨询公司指导帮助，对服务工作流程进行再造，来达到对服务质量的全程监控的目的，效果非常明显。

1) 确立服务质量方针

人民邮电为人民是邮政服务的长期宗旨，安全、迅速、准确、方便是邮政服务的基本方针。各地在确立服务质量方针时必须要简明扼要、通俗易懂，紧紧围绕邮政服务的基本方针展开。在确立服务质量方针过程中，要充分发动全体员工一起参与，共同制定，并且要在员工中广泛宣传，切实做到耳熟能详。

2) 明确服务质量指标

制定服务质量指标要以客户需求为焦点，以满足客户需求为关注点，用可考核的量化形式确定下来。服务质量指标必须切实可行，太高无法完成会造成负面影响，太低起不到提高服务质量的要求。服务质量指标要在执行中逐步加以修正、提高，一般情况每年修正一次。服务质量指标明确后要层层分解，明确主要责任部门和责任人，然后围绕服务质量指标制定确保完成的措施。

3) 建立服务质量管理体系

服务质量管理体系包括为客户提供服务的所有内容，所有涉及的单位和具体岗位，以及相关人、财、物的配备，对这些内容都要进行详细的描述。服务质量管理体系的建立过程，实际是服务质量管理流程按科学的质量管理标准进行质量管理流程的再造，要对每一项服务内容按服务过程、部门和岗位职责、质量标准进行详细的描述，包括在服务中所使用的表格与单册，以及与客户签订服务合同的格式，最后形成服务质量管理文件。服务质量管理文件是服务质量管理运行、检查、考核的标准和依据，也是对客户提供服务的承诺，一旦确立后不能随意改动。如果确实需要修改的，必须要通过一定的程序进行。

4) 建立服务质量管理组织

服务质量管理组织由领导小组、工作小组(机构)、服务质量管理部门、内部审核员(机构)组成。领导小组由单位主要领导、相关职能部门的负责人组成，单位一把手亲自担任组长。领导小组每年要召开两次服务质量管理评审会议，对本单位服务质量管理体系的运行情况进行评审。主要内容包括听取服务质量管理体系运行情况汇报，服务质量指标的修订，对服务中发生的不合格问题提出整改措施，对为提高服务质量做出增加人、财、物配备的决定以及重大服务活动的安排。对体系文件需要修改的，则提出修改意见，交管理评审会议审议。大的单位还要组建专门服务质量管理部门，负责对体系运行情况进行监督与检查。部门要指定专人作为内部审核员，负责体系运行监督、检查、考核。为了保证体系正常运行，每年要组织一次对体系运行情况的内部审核活动。

5）加强教育培训

教育培训要贯穿于服务质量管理体系建立、运行的全过程，要求全体员工对服务质量方针、服务质量指标、体系文件中涉及的岗位职责、本岗位的操作流程，做到心知肚明、自觉遵守、熟练操作。在体系文件修改后，一定要对员工进行再培训。部门要将操作流程与岗位职责做成画板，张贴上墙，督促员工自觉按规定要求操作。对内部审核员要组织专门培训，要求做到对整个体系了如指掌，并且要通过社会咨询机构的考试，取得资格证书后才能上岗。

9.2.2 客户售后服务的质量监控

商函业务客户的售后服务，不仅反映在营销的服务态度和服务质量上，还体现在后续支撑环节的服务质量上。后续支撑环节是商函业务售后服务重要一环，涉及营销成果最后实现，客户深度开发，与客户维持长期关系。这些环节的售后服务主要体现在商函制作、商函内部分拣和商函投递三个重要环节上。因此，搞好这三个环节的质量监控是做好售后服务工作的关键。

1. 商函制作环节的质量监控

商函制作主要有打印数据处理、信封和内页打印、信件封装、信件发运等环节。商函制作质量监控，就是对这四个环节的质量把关。

（1）打印数据处理

要注意数据量与客户实际制作量相符，否则会影响客户满意度。要注意名址的分段，分段不好会使地址出现缺损，使信件无法投送，而且还会影响打印的美观。要注意对邮政编码进行核对，对邮政编码不全的要帮助补齐，无法补齐的不要打印。在数据处理好后要进行试打，确认无误后才能进行批量打印，否则会造成物料的浪费，给客户带来损失。

（2）信封和内页打印

要注意内页与信封匹配，防止张冠李戴。在打印开始时做好内页与信封的校对，也要进行试打，在有可能的情况下数据处理后与打印前最好请客户进行确认，确认无误后再进行以后操作。在打印过程中还要进行不断抽查，确保整个打印过程中不发生差错。

（3）信件封装

信件封装如同产品的最后装配，发生差错将使整个产品面为废品。在封装前要做到生产制作单与信件、内页三核对，必须准确无误。机器无法封装时，人工封装同样也要做到三核对。要加强在封装过程中的检查，对不合格品一定要重新加工合格后才能发运。

（4）信件发运

要做好发运的计划，对数量大、分多天制作的信件更要作好详细的交接记录，防止信件漏发错发，尤其有时限要求的信件一定要保证及时发运，否则会影响客户的营销时效。

2. 内部分拣环节的质量监控

（1）机器分拣

商函信件大部分是分拣机自动分拣，分拣机有效地加快了分拣速度与分拣质量。在日常工作中要加大上机率和识别率，要加强机器的保养，防止卡信造成信件的破损。对破损邮件要及时进行处理，保证完好无损。

（2）手工分拣

对无法上机分拣的信件，则要通过手工分拣。手工分拣要按址分拣，既要分拣准确，又要分拣迅速，所以在平时要通过业务练兵，提高员工的业务技能，防止出现分拣差错。对邮政编码不准的要及时修改，保证所有商函信件都能及时处理完毕。当商函信件集中且量大时，要与商函信件制作部门保持联系，合理组织生产，确保当班邮件当班清，不能发生延误。

（3）信件发运

在发运过程中还要防止成捆成袋邮件误捆误发，要确实作好勾挑核对，防止出现批量差错，如果发生将不但给客户造成极大的损失，还会给邮政信誉造成极大的伤害，所以一定要做到万无一失。

3. 投送环节的质量监控

邮件投送是整个营销活动成功与否的最后环节，也是展示邮政独特网络优势的重要环节，其中投送体系的健全、信箱配齐、投送准确率和妥投率、投送信息的反馈，都是确保投送质量的必备条件。

（1）投送队伍

中国邮政集团公司近期专门召开会议，强调了要加强投送队伍的建设，因为只有建立了强大的投送队伍才能确保邮政服务完全到位，才能成为市场营销的坚强后盾。目前有的省、市将投送队伍与商函营销部门整合在一起，形成市场营销、商函制作、投送一条龙服务体系，极大地促进了商函业务市场的开发。有一支庞大的投送队伍和齐全的投送体系，也体现了邮政的网络优势。

（2）信箱配置

信箱配置同样是确保商函业务市场开发的必备条件。因为客户使用商函广告开展营销活动，如果信箱不配齐，就无法保证商函的投送数量和质量，进而影响客户的营销质量。另外，商函业务客户选择商函业务品种具有保密性的要求，没有信箱无法保证客户保密的要求。所以配齐信箱防止信件放在箱外造成泄露，也能保证其广告能投送给有针对性的消费者。目前，保护个人隐私已成为社会公众普遍关注的问题，如果信箱不全，则个人的隐私就得不到保证，也会影响到商函业务市场的开发。

（3）投送准确率和妥投率

投送准确率和妥投率始终是衡量售后与邮政社会信誉度的尺度。目前要克服商函大多数是广告，投与不投，投送准确与否无所谓的思想。如果投送质量不好，既影响到客户的营销活动，给客户造成损失，又损害了邮政的经济效益和社会信誉。随着社会公共事业的发展，账单业务不断增多，这部分商函信件中有消费者的交费凭证，投送不到或投送不准都会影响消费者和客户的直接经济利益。所以要加强投递人员的职业道德教育，要使投递人员懂得凡是邮件，只要进入邮政渠道都要保证万无一失的投送到位，不能有漏投、错投、延误，甚至不投的情况发生。

（4）投送信息反馈

当前是信息社会，谁掌握信息多，掌握信息快，谁就掌握了市场开发的主动权。邮政数据库营销的基本名址数据，主要来源于投递部门，平时的数据库维护信息也要投递部门提供，所以投递部门信息反馈与否，信息反馈准确与否直接关系到数据库的准确性，保证数据库能及时得到更新，支持商函业务的开发。对客户来讲，邮政不断提供新的数据，就可以利用邮政服务平台持续开发市场，商函业务也随之不断拓展。

总之，如果不能让顾客满意，那么企业所受到的负面影响是非常巨大的。要真正将企业的服务理念落到实处，提高顾客的满意程度，必须加强对售后服务部门的监督和考核。售后服务部门的监督原则：在实施监督时，必须贯彻监督和执行分离的原则，不能和售后服务部门有利益上的相关关系。监督部门只能把自己掌握的情况向有关部门通报，由执行部门对售后服务部门进行相应的奖惩。因此,企业可以成立专门的售后服务监督机构,如监督部,负责采取各种方法对售后服务的质量进行全面的监督。

(1) 开通客户投诉热线,鼓励客户投诉

很多人认为对售后服务部门的监督和考核只需记录公司收到的对售后服务的投诉次数就行了。但这是远远不够的。实际上,如果顾客对服务不满意,95%的人是不会投诉,而仅仅是不再光临该企业,停止购买该企业的产品。因此,监督售后服务部门的最好方法是方便客户投诉、提意见。公司可以向顾客公布企业的投诉电话,由监督部派专人接听、记录,鼓励顾客通过热线电话投诉不良售后服务,提出不满。当然,如果企业的经济条件许可,把热线电话设成800 免费电话就更理想了。另外,已经建立企业网站的企业也可以在网上设立相应的栏目,方便顾客通过互联网向企业投诉。

(2) 主动打电话

向顾客征求意见其实也是收集顾客意见、方便顾客投诉的措施,每一次售后服务后都要求顾客填写意见反馈表,由顾客对本次售后服务的质量做出总体评估。售后服务部门必须定期(如每周)将这些意见反馈表交给监察部,并由监察部派人打电话给客户抽查、核实情况。监督部可以主动打电话给接受了售后服务的客户,了解售后服务情况,征求客户意见,并做好记录、整理工作。

(3) 服务过程中填写顾客意见反馈表

可以设计顾客意见反馈表,让顾客进行填写,服务人员对意见反馈表进行详细统计分析,制定相应的措施和策略。

(4) 监察部定期拜访客户

除了电话沟通外,监察部也可以定期组织人员拜访重要的客户,收集客户的意见和建议。当然,也可以组织恳谈会、邀请客户参加来达到这一目的。

(5) 设置"啄木鸟"

"啄木鸟"是一种形象的比喻,指企业内部不暴露身份的工作人员,起到一种监督其他员工工作的作用。监察部可以在售后服务部门派驻一名可信的员工充当"啄木鸟",平时照常工作(当然其工作量不能太大),但同时对售后服务中心的工作进行暗中监督,并做好相应的记录工作。

(6) 在公共场合放置建议表格

在目标客户经常出没的场所设立建议表格发放点,方便顾客取用,填写意见和建议反馈到企业。

思考题

1. 做好商函售后服务的意义有哪些?
2. 商函售后服务的主要方法有哪些?
3. 如何进行有效的客户售后服务质量监控?
4. 如何建立好客户服务管理制度?

第10章 商函业务中的计算机技术

10.1 数据仓库与数据挖掘

10.1.1 数据仓库简介

数据仓库概念始于20世纪80年代中期，首次出现是在被誉为“数据仓库之父”Bill Inmon的《建立数据仓库》一书中。随着人们对大型数据系统研究、管理、维护等方面的深刻认识和不断完善，在总结、丰富、集中多个行业信息的经验之后，给出了数据仓库更为精确的定义，即“数据仓库是在企业管理和决策中面向主题的、集成的、与时间相关的、不可修改的数据集合”。

所谓主题，是指用户使用数据仓库进行决策时所关心的重点方面，如收入、客户、销售渠道等；所谓面向主题，是指数据仓库内的信息是按主题进行组织的，而不是像业务支撑系统那样是按照业务功能进行组织的。

所谓集成，是指数据仓库中的信息不是从各个业务系统中简单抽取出来的，而是经过一系列加工、整理和汇总的过程，因此数据仓库中的信息是关于整个企业的一致的全局信息。

所谓随时间变化，是指数据仓库内的信息并不只是反映企业当前的状态，而是记录了从过去某一时点到当前各个阶段的信息。通过这些信息，可以对企业的发展历程和未来趋势做出定量分析和预测。

而信息本身相对稳定，是指一旦某个数据进入数据仓库以后，一般很少进行修改，更多的是对信息进行查询操作。

依据上面的定义，有人可能会把数据仓库简单地理解为仅仅是一个大型的数据存储机制，是一个静态的概念。实际上，数据仓库更像一个过程，这个过程涉及数据的收集、整理和加工，生成决策所需要的信息，并且最终把这些信息提供给需要这些信息的使用者，供他们做出改善业务经营的正确决策。数据仓库的重点与要求就是能够准确、安全、可靠地从业务系统中取出数据，经过加工转换成有规律的信息之后，供管理人员进行分析使用。因此数据仓库是一个动态的概念，应该称为数据仓库工程(Data Warehousing)。

1. 数据仓库带来了什么

每一家公司都有自己的数据，并且许多公司在计算机系统中储存有大量的数据，记录着企业购买、销售、生产过程中的大量信息和客户的信息。通常这些数据都储存在许多不同的地方。

使用数据仓库之后，企业将所有收集来的信息存放在唯一的一个地方——数据仓库。仓库中的数据按照一定的方式组织，从而使得信息容易存取并且有使用价值。

目前,已经开发出一些专门的软件工具,使数据仓库的过程可以实现半自动化,帮助企业将数据导入数据仓库,并使用那些已经存入仓库的数据。

数据仓库给组织带来了巨大的变化。数据仓库的建立给企业带来了一些新的工作流程,其他的流程也因此而改变。

数据仓库为企业带来了一些“以数据为基础的知识”,它们主要应用于对市场战略的评价,和为企业发现新的市场商机;同时,也用来控制库存、检查生产方法和定义客户群。

每一家公司都有自己的数据。数据仓库将企业的数据按照特定的方式组织,从而产生新的商业知识,并为企业的运作带来新的视角。

2. 为何要建立数据仓库

企业建立数据仓库是为了填补现有数据存储形式已经不能满足信息分析的需要。数据仓库理论中的一个核心理念就是:事务型数据和决策支持型数据的处理性能不同。

企业在它们的事务操作中收集数据。在企业运作过程中:随着订货、销售记录的进行,这些事务型数据也连续地产生。为了引入数据,必须优化事务型数据库。

处理决策支持型数据时,一些问题经常会被提出:哪类客户会购买哪类产品?促销后销售额会变化多少?价格变化后或者商店地址变化后销售额又会变化多少呢?在某一段时间内,相对其他产品来说哪类产品特别容易卖呢?哪些客户增加了他们的购买额?哪些客户又削减了他们的购买额呢?

事务型数据库可以为这些问题做出解答,但是它所给出的答案往往并不能让人十分满意。在运用有限的计算机资源时常常存在着竞争。在增加新信息的时候需要事务型数据库是空闲的;而在解答一系列具体的有关信息分析的问题的时候,系统处理新数据的有效性又会被大大降低。另一个问题就在于事务型数据总是在动态的变化之中的。决策支持型处理需要相对稳定的数据,从而问题都能得到一致连续的解答。

数据仓库的解决方法包括:将决策支持型数据处理从事务型数据处理中分离出来。数据按照一定的周期(通常在每晚或者每周末)从事务型数据库中导入决策支持型数据库——“数据仓库”。数据仓库是按回答企业某方面的问题来分“主题”组织数据的,这是最有效的数据组织方式。

10.1.2　数据挖掘简介

数据挖掘(Data Mining)是从大量的、不完全的、有噪声的、模糊的、随机的数据中提取隐含在其中的、人们事先不知道的、但又是潜在有用的信息和知识的过程。数据挖掘,又称为数据库中知识发现(KDD,Knowledge Discovery in Database),也有人把数据挖掘视为数据库中知识发现过程的一个基本步骤。知识发现过程由以下步骤组成:①数据清理,②数据集成,③数据选择,④数据变换,⑤数据挖掘,⑥模式评估,⑦知识表示。数据挖掘可以与用户或知识库交互。并非所有的信息发现任务都被视为数据挖掘。例如,使用数据库管理系统查找个别的记录,或通过因特网的搜索引擎查找特定的 Web 页面,则是信息检索(Information Retrieval)领域的任务。虽然这些任务是重要的,可能涉及使用复杂的算法和数据结构,但是它们主要依赖传统的计算机科学技术和数据的明显特征来创建索引结构,从而有效地组织和检索信息。尽管如此,数据挖掘技术也已用来增强信息检索系统的能力。

下面看一下数据挖掘到底能做什么事情呢?

（1）数据挖掘能做的事情

- 分类（Classification）；
- 估值（Estimation）；
- 预言（Prediction）；
- 相关性分组或关联规则（Affinity Grouping or Association Rules）；
- 聚集（Clustering）；
- 描述和可视化（Description and Visualization）；
- 复杂数据类型挖掘（Text、Web、图形图像、视频、音频等）。

（2）数据挖掘分类

以上七种数据挖掘的分析方法可以分为两类：直接数据挖掘和间接数据挖掘。

1）直接数据挖掘

目标是利用可用的数据建立一个模型，这个模型对剩余的数据，对一个特定的变量（可以理解成数据库中表的属性，即列）进行描述。

2）间接数据挖掘

目标中没有选出某一具体的变量，用模型进行描述；而是在所有的变量中建立起某种关系。

分类、估值、预言属于直接数据挖掘；后四种属于间接数据挖掘。

（3）各种分析方法的简介

1）分类（Classification）

首先从数据中选出已经分好类的训练集，在该训练集上运用数据挖掘分类的技术，建立分类模型，对于没有分类的数据进行分类。

例如，

① 信用卡申请者，分类为低、中、高风险；

② 分配客户到预先定义的客户分片。

注意：类的个数是确定的，预先定义好的。

2）估值（Estimation）

估值与分类类似，不同之处在于分类描述的是离散型变量的输出，而估值处理连续值的输出；分类的类别是确定数目的，估值的量是不确定的。

例如，

① 根据购买模式，估计一个家庭的孩子个数；

② 根据购买模式，估计一个家庭的收入；

③ 估计物业不动产的价值。

一般来说，估值可以作为分类的前一步工作。给定一些输入数据，通过估值，得到未知的连续变量的值，然后，根据预先设定的阈值，进行分类。例如，银行对家庭贷款业务，运用估值，给各个客户记分（Score 0～1）。然后，根据阈值，将贷款级别分类。

3）预言（Prediction）

通常，预言是通过分类或估值起作用的，也就是说，通过分类或估值得出模型，该模型用于对未知变量的预言。从这种意义上说，预言其实没有必要分为一个单独的类。预言其目的是对未来未知变量的预测，这种预测是需要时间来验证的，即必须经过一定时间后，才知道预言准确性是多少。

4）相关性分组或关联规则（Affinity Grouping or Association Rules）

决定哪些事情将一起发生。

例如，

① 超市中客户在购买 A 的同时，经常会购买 B，即 A→B（关联规则）；

② 客户在购买 A 后，隔一段时间，会购买 B（序列分析）。

5）聚集（Clustering）

聚集是对记录分组，把相似的记录在一个聚集里。聚集和分类的区别是聚集不依赖于预先定义好的类，不需要训练集。

例如，

① 一些特定症状的聚集可能预示了一个特定的疾病；

② 租 VCD 类型不相似的客户聚集，可能暗示成员属于不同的亚文化群。

聚集通常作为数据挖掘的第一步。例如，“哪一种类的促销对客户响应最好”，对于这一类问题，首先对整个客户作聚集，将客户分组在各自的聚集里，然后对每个不同的聚集，回答问题，可能效果更好。

10.2　邮政名址库系统

本节主要从以下四个方面进行介绍：名址库建设概况，基础地址库的建设与管理，组织机构库的建设与管理，个性化名址库的建设与管理。

10.2.1　邮政名址库建设概况

通过本单元的学习，可以了解到中国邮政有哪些名址库系统，每个系统有哪些数据，这些数据的来源以及不同系统间数据的关系是怎样的，当前邮政名址库的管理和维护模式是怎样的。

1. 中国邮政名址库系统组成和建设历程

中国邮政当前的名址数据库系统组成和建设历程如图 10-1 所示。

2. 中国邮政当前拥有的名址数据

在名址系统中，数据共分为三大类：基础地址数据、组织机构数据、个性化数据（精品数据库），其核心是围绕着基础地址库展开的，其中，

基础地址库：主要由省市县、乡镇街道、门牌、单元室四部分构成，数据已覆盖全国所有省市，总量达到 1.3 亿条。数据应用于商函、报刊、集邮、两网互通等邮政业务领域。

组织机构库：主要包含全国法人单位数据及产业活动单位数据。数据总量为 670 万条；内容涵盖单位名称、地址、邮编、法人、电话、行业、经济类型等内容；数据主要应用于商函、报刊、两网互通等邮政业务领域。

个性化数据库（精品库）：截至 2012 年，全国已有 28 类精品库，总量约 1.2 亿条。内容包括农村干部、外企、金讲台、夕阳红、私家车主、中小学生、网络一族、公务精英、中高收入、白衣天使、外出务工、白领女性、工商英才、婴幼儿等精品库，主要用于支撑商函的发展。

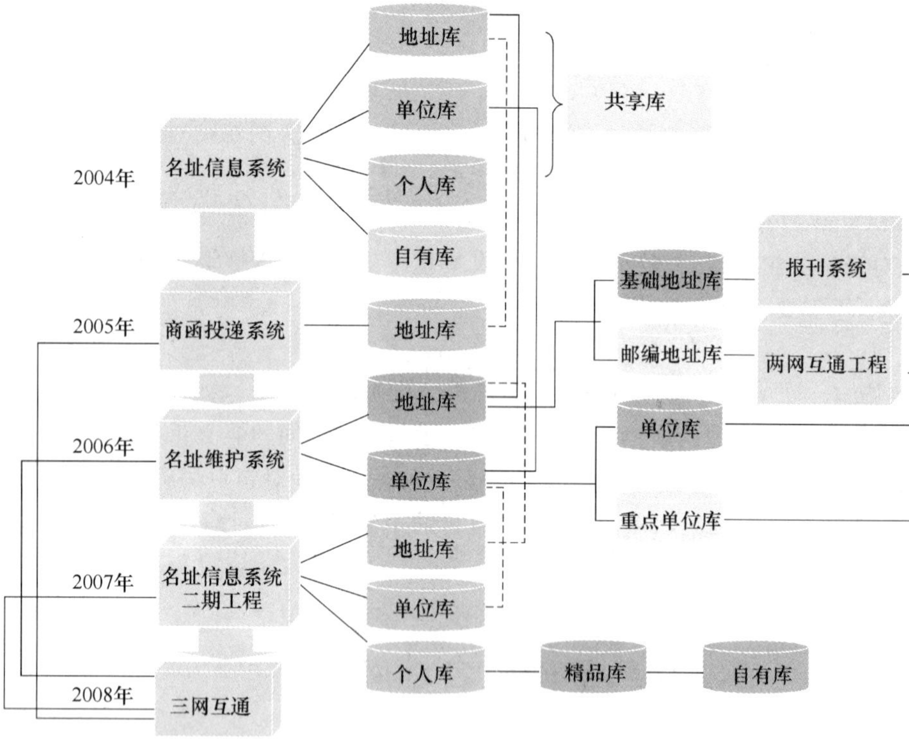

图 10-1 邮政名址库系统建设历程

3. 中国邮政名址库管理和维护模式

中国邮政采取三级管理、四级维护的模式对名址数据库进行管理和维护。三级管理模式如图 10-2 所示，集团公司名址中心管理省名址中心，省名址中心分别管理所属地市名址中心。

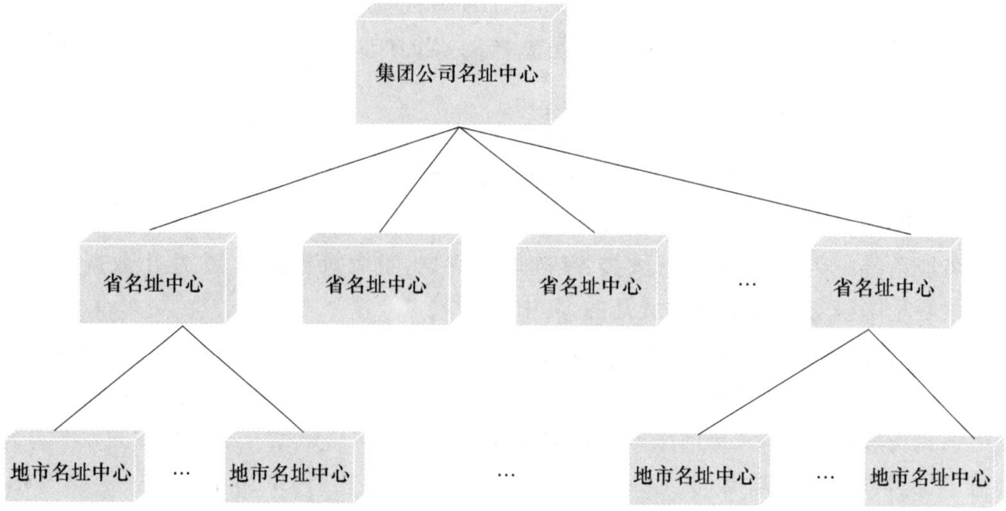

图 10-2 邮政名址库系统三级管理模式

四级维护模式如图 10-3 所示。投递端通过名址维护系统中的 CS 平台维护投递段的门牌和单元室；地市名址中心通过名址维护系统中的 BS 平台维护地市街道信息，同时审核投递端提交的门牌和单元室是否正确；省名址中心通过名址维护中心维护本省市县的信息，同时负责审核地市名址中心和投递端维护的地址信息；集团公司名址中心负责维护省市县信息。

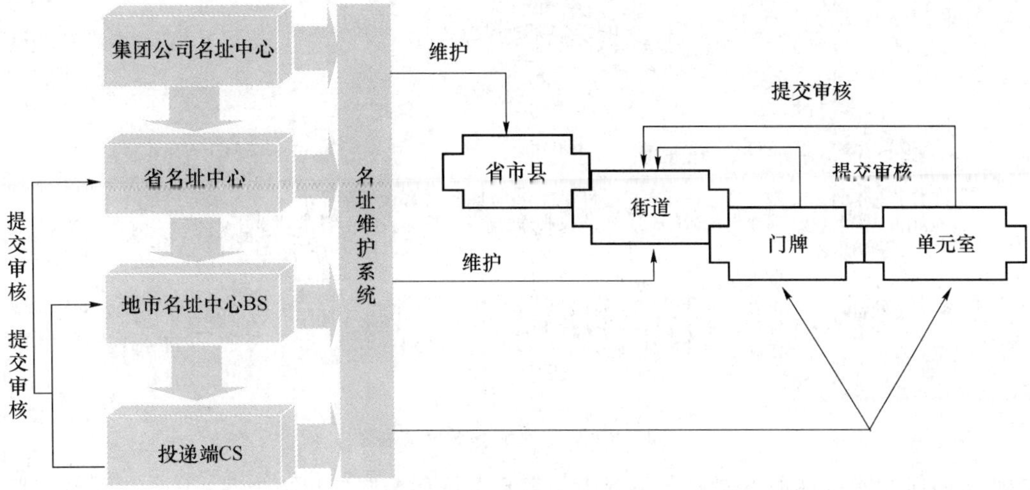

图 10-3　邮政名址库四级维护模式

10.2.2　基础地址库建设与管理

通过本单元的学习，可以让您了解什么是基础地址库，明白基础地址库是邮政最有价值的一个数据库，是构建整个名址系统的核心，它除了可以支撑报刊、两网互通以外，本身就蕴藏着巨大的应用潜力，应该得到合理的利用；同时，目前所拥有的 1.3 亿条的基础地址数据并没有人们想象得那样好，还存在着很多的问题需要解决。

1. 什么是邮政基础地址库

邮政基础地址是以国家标准地名为依据，结合邮政自身特点，按照一定规律分层、分段后形成的邮政通信地址(现在它还是一个行业内标准，只是为邮政通信使用)。它为人们正确书写通信地址提供了方便，也是邮政分拣、投递、商函、物流等业务子系统的重要的基础性数据。

2. 中国邮政基础地址库建设

(1) 中国邮政基础地址库的建设过程

2004 年 6 月开始建设基础地址库，采用“先大省后小省，先城市后乡镇”的原则进行，经过五个阶段的建设，截至 2006 年 8 月，全国 346 个地市全部完成基础地址库的建设，数据总量 8 110 万条。

(2) 建设基础地址库的原因

建设基础地址库的目的是为了发展商函业务，同时可以利用基础地址库做一些其他的应用。用一个例子告诉大家为什么说建设基础地址库是为了发展商函业务。

有一个叫张三的人，他与邮政的关系，如图 10-4 所示。他在邮政办理了不同的业务，涉及报刊、电子汇兑、集邮、储蓄等，在不同的业务系统中，他留下了不同的信息。如果能够将这些信息关联起来，就可以分析出张三的消费习惯和个人喜好等特征，在今后开展商函业务的时候，可以根据他的特点，提供有针对性的商函。

而类似张三这样的信息，每天都会大量地从邮政的各个业务系统中经过，如果可以将所有这样的信息提取出来，进行关联，通过数据分析、挖掘就可以建立一个真实有效的客户模型，为商函业务寻找客户的时候提供理论和技术支持。

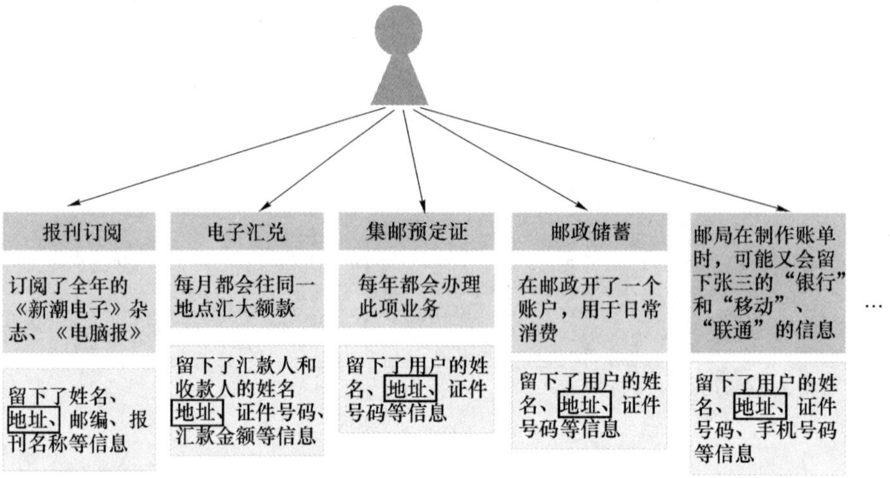

图 10-4　基础地址库对象关系图

那么如何才能将这些不同业务系统中的信息关联起来呢？可以发现，不论办理哪个业务，张三产生的信息里面，“地址”都在其中，而一个人的地址信息相对来说是稳定的，如果可以按照“地址”这个信息，将各个系统中的信息进行关联，建成名址信息库，对于商函业务的开展的作用必将是巨大的。

但是，张三在办理不同业务的时候，由于种种原因，他填写的地址信息如下。

报刊业务：北京建国门内大街 8 号中粮广场 6 层 601

集邮业务：北京市建内大街八号中粮广场六层六〇一

电子汇兑：北京建国门内大街中粮广场 6 层 601 室

邮政储蓄：北京市长安街中粮广场 601

⋮

上面填写的信息都应该是正确的，而且应该是一个地址，如果是投递员处理，没有任何问题；但是将这些信息发送给计算机，由于没有标准化的基础地址库将这些地址信息进行校验、标准化，计算机没办法将这些信息识别成一个地址。这对于不同业务系统中通过地址信息作关联的准确度影响是巨大的，对于名址库数据商函应用也将产生不可估量的损失。只有建立一个标准化的基础地址库，才有可能将各个系统中样式多样的信息统一成实用的名址数据库。

例如，将张三的地址通过基础地址表进行表示：

北京市　东城区　建国门内大街　8 号　中粮广场　601 室

进行清洗规范后，形成标准地址：

北京市东城区建国门内大街 8 号中粮广场 601 室

这样分布在全邮政各专业库中，互不相连、互不共享、存放各异的信息数据都可以通过基础地址库进行关联，同时将客户手中的商函数据进行清洗，以提高商函投递效率。从这个角度说，基础地址库是名址数据库的核心，是商函业务能否做大、做强的关键因素。

(3) 基础地址库的作用

基础地址库的作用体现在以下几个方面。

1) 规范地址

将不同书写方式的地址整理成计算机能够识别的统一的规范地址。

2) 有利于整理名址信息

地址规范化后进行信息整合是信息整理的主要工作内容。

3）有利于利用基础地址库开展商函营销

基础地址库本身含有的属性可直接用于商函营销。

4）规范其他业务系统的地址

可作为规范的地址提供给其他业务系统使用。

5）基础地址库是整个名址库分析、挖掘、匹配、进行数据清洗等服务的基础。

(4) 建立怎样的基础地址库

中国邮政将建立按一定的层次和格式存放的基础地址库，包括：到末端地址点的详细地址，邮政编码(投递道段等)，地址的基本属性等。

(5) 如何搜集和录入地址数据

1）基础地址结构

基础地址结构是以地址层次关系为依准的树状结构，如图 10-5 所示。

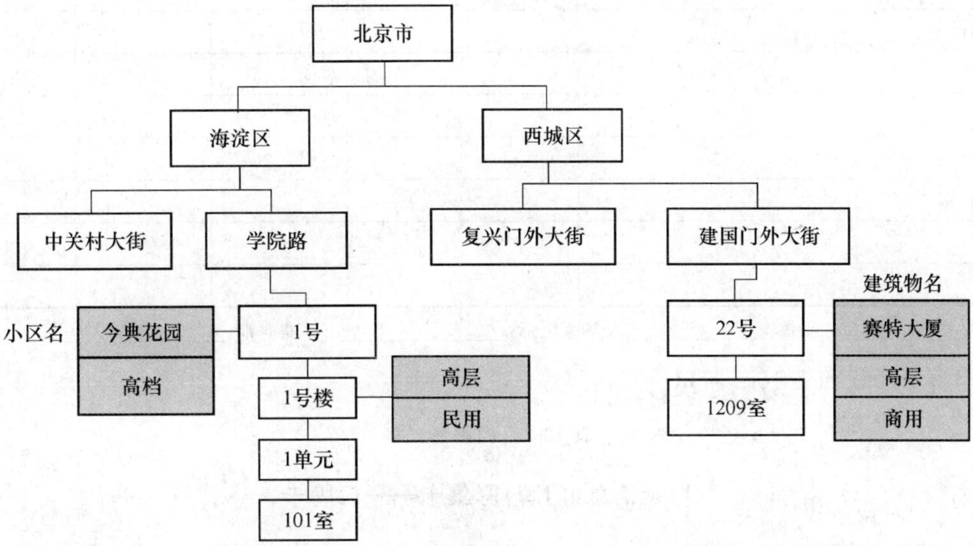

图 10-5　基础地址结构层次

举例说明地址拆分，如图 10-6 所示。

将地址“广东省肇庆市端州区端州五路甲 11 号万寿园小区 1 号楼 4 单元 402 室”进行拆分。拆分的原则是将一个完整地址分成四层，第一层是省、市、县，第二层是乡镇、街道，第三层是门牌，第四层是单元室。所有的地址都要求按照这四层进行整理。

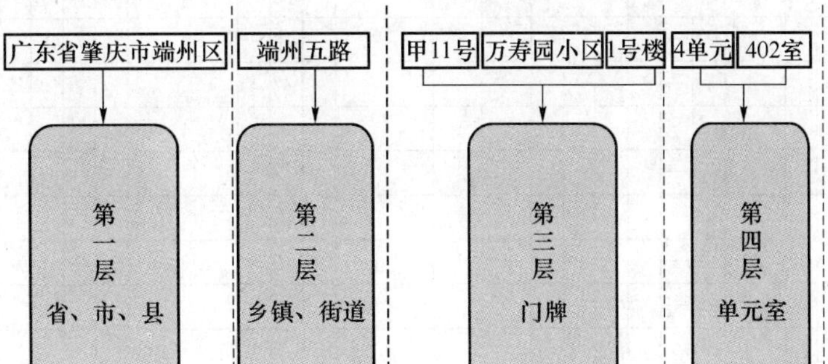

图 10-6　层次结构图举例

2）地址采集

地址采集可以使用地址采集卡，分为街卡和门牌卡两种，街卡形式如表 10-1 所示。

表 10-1　街卡形式表

地址信息(乡镇、街道)采集卡——街卡

________省/区/市________地市________县/区　　　　第　页　共　页

投递部门：________　邮政编码：________

序号	街名	别名	单号	双号	全条
1					
2					
3					
4					
5					
6					
7					
8					
9					
10					

采集人：______　审核人：______　联系电话：________　采集日期：____年___月___日

门牌卡形式如表 10-2 所示。

表 10-2　门牌形式表

地址信息(门牌)彩集卡——门牌卡

________省/区/市________地市________县/区　　　　第　页　共　页

投递部门：________　邮政编码：________　街名：________

序号	门牌地址							属性															
						起止号		小区属性				建筑物属性											
	门牌	单元数	单元称谓	每单元层数	每层室数	起号	止号	名称	档次			名称	形式					性质			档次		
									高	中	低		高层	多层	平房	别墅	院落	商用	民用	两用	高	中	低
1		—		—	—																		
2		—		—	—																		
3		—		—	—																		
4		—		—	—																		
5		—		—	—																		
6		—		—	—																		
7		—		—	—																		
8		—		—	—																		
9		—		—	—																		
10		—		—	—																		

采集人：______　审核人：______　联系电话：________　采集日期：____年___月___日

所有的地址名词的定义和采集属性在集团下发的文件中都有明确规定。如，

小区：由开发商建设并被政府正式命名的，由多座建筑物组成的一个区域，如某某小区、某某园、某某宿舍楼、某某家属院等。

建筑物：小区内或街道上独立的单个多层建筑。如某某号楼、某某座、某某大厦等。

行政村：指政府为了便于管理，而确定的乡下边一级的管理机构所管辖的区域。两者的关系是自然村一般小于行政村，也就是说，几个相邻的小村可以构成一个大的行政村。这个行政村由一套领导班子（支部、村委会）管理，但可以把几个自然村分成几个组，每组一个组长，这些自然村都要受行政村村委会和村支部的管理和领导。

小区的属性如表 10-3 所示。

表 10-3　小区属性表

名称	填写要求	项目说明
小区名称	必填	
小区别名	选填	小区曾用名、简称；多个使用逗号分隔
小区档次	必填	档次：高、中高、中、中低、低
邮政编码	必填	
行政区划	必填	
小区地址	必填	县以下，小区段（含小区段）以上的所有段的集合
户数	必填	系统自动生成，统计小区段下挂的所有地址
邮政信箱数量	选填	
非邮政信箱数量	选填	
商函是否准入	必填	选择方式（默认是准入）
无姓名商函是否准入	选填	选择方式
无名址商函是否准入	选填	选择方式
投递局	选填	填投递商函的机构名称，多个时用逗号分隔
环线	选填	一环、二环、三环、四环、五环、六环、七环、内环、外环、中环（选择方式）
地铁或轻轨	选填	地铁或轻轨沿线描述
所属片区	选填	如 CBD 商圈或居住区描述
是否通邮	选填	选择方式
入住时间	选填	从 1900 年到 2007 年，以首次入住时间为准（选择方式）

3. 基础地址库的维护

基础地址库的维护也是按照一定的标准进行的，总体地址维护和基础地址维护的流程分别如图 10-7 和 10-8 所示。

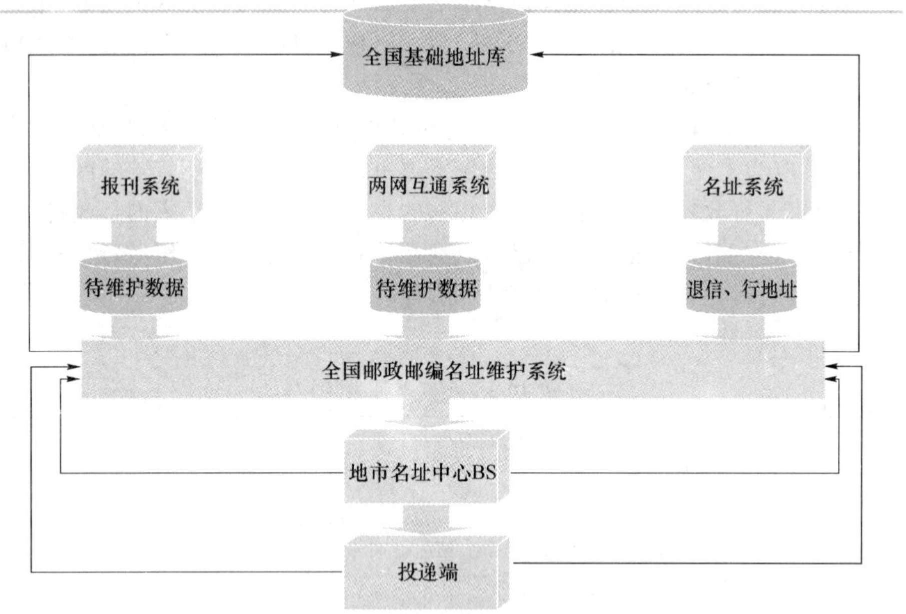

图 10-7　总体地址关系维护图

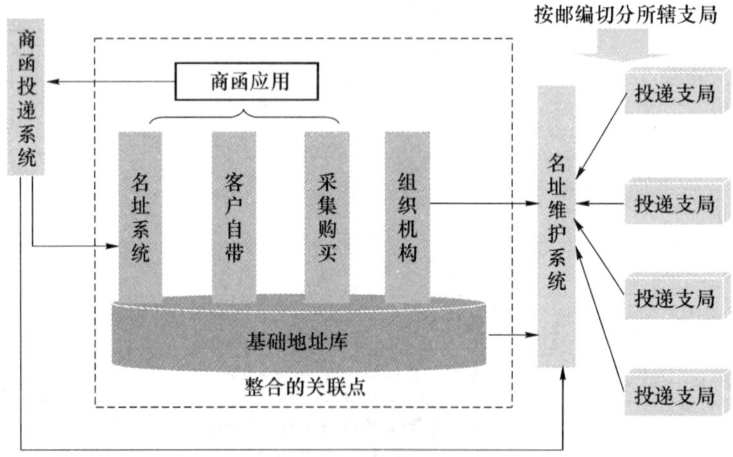

图 10-8　基础地址维护图

4. 基础地址库的应用

基础地址库的应用可以分为两大类:直接应用基础地址库和对基础地址库进行更深层次的应用。

(1) 直接应用基础地址库案例

天津邮政名址中心利用基础地址库进行数据库营销

1) 整体背景

2003～2005 年两年期间,天津市的楼市异常火爆,新开盘了一些具有国际顶级、面向高端客户的公寓、别墅等楼盘,赢得市场的青睐,房地产广告市场也如火如荼。要想在房地产广告市场中分得一块蛋糕,就得推出有自己特色的产品。

2）分析市场

天津市邮政函件局通过市场调研、分析研究房地产广告市场特点，总结出了这样的一个结论：都市楼盘的消费阶层已悄然形成。不同楼盘针对不同阶层的客户群体，相应的广告投放就要求有针对性。邮政数据库商业信函的特点恰好迎合了房地产商有选择性地投放广告的需求。

3）提炼数据

基于市场的需求，天津市邮政函件局集思广益，对天津邮政地址库进行了分类工作，综合价格、地理位置、配套设施等诸多因素划分出了高、中档个性化小区地址库，其中高档小区库数据 20 多万条，中档小区库数据 40 多万条。

4）市场营销

10 月 9 日适逢第 36 届世界邮政日，天津市邮政局在金皇大厦举办了“邮政商函广告产品推介会”，产品受众主推房地产商。推介会让津门房地产商较全面了解到，除广播电视、报纸杂志、网络和户外广告之外的又一种全新的广告媒体——商业信函。此次取得了很好的效果，先后与宁发、顺驰、万科等数个大客户签订了合同。累计利用地址库发寄商函 100 多万件，其中 10 月和 11 月两个月的地址库使用量就达到 50 多万件。

通过天津局的案例，我们可以看出：

地址库本身具体极高的商业价值，其广阔的市场等待着我们去开发；

地址库虽已建成 1.3 亿条数据的规模，但可用性并不是很高，缺少对这个大而全的地址库的有效的分析、研究，缺少少而精的地址精品数据。

(2) 基础地址库深层次应用——数据服务

1）邮政数据服务的含义

利用邮政的基础资源优势，帮助企业规范其收集的各种客户数据，使数据能够更准确地邮寄，实现企业与客户的沟通；同时使企业的客户数据增值，真正成为企业的核心竞争力的一部分。

2）邮政数据服务的内容

数据清洗——对数据中的繁体字、标点符号、不规范用字进行标准化。

数据规范化处理——将地址切分为省、市、区县、街道乡镇、村、门牌。

数据的查重和关联——将不同渠道、时间收集的数据进行整合。

地址邮政编码匹配——与标准地址匹配。

单位名称匹配地址、邮政编码

数据分析——通过对客户数据的标准化处理，采用数据仓库技术。实现对客户数据的数理统计分析和数据挖掘，帮助企业筛选具有特征的目标客户。

3）数据服务案例——光大银行

光大银行信用卡部为核实申请人的诚信情况，将申请人的地址与单位信息发给集团公司名址中心。

名址中心先将地址与地址库中的基础地址进行匹配，再将单位名称与组织机构库中的单位进行匹配。

名址中心将匹配后的结果反馈回光大银行，作为个人征信的一个环节。

目前，众多银行、保险、物流、邮购、数据公司对邮政的地址库都有着浓厚的兴趣。

5. 基础地址库的质量与考核

(1) 基础地址库存在的问题

1) 基础地址库存在的问题

当前邮政基础地址库存在的问题比较多，例如，虚假地址造成邮件无法投递；小区地址量过少，影响商函匹配率；基础地址不规范造成数据匹配率较低，如错层问题；邮编地址库交叉规则过多，影响营业员前台找地址及其邮编的速度，影响了两网互通的匹配率，造成邮件投递时限的延长；报刊段作为基础地址的街道将对其他专业（商函、两网互通前台找地址邮编）有较大影响；组织机构直接放在基础地址中将大大减少有效组织机构库的数量。据美国邮政不完全统计，美国邮政因为地址质量问题，导致全年投递成本增加23亿美元。

2) 基础地址库存在的问题分类

① 数据真实性问题

表现：基础地址数据有的局存在虚假地址。

原因：是为了达到一定的地址任务量，而出现了虚假街道、门牌、单元室的情况。

② 及时性问题

表现：地址无效或系统中找不到或地名不对。

原因：城市化和撤乡并镇的加快，需要增、删、改的地址并没有得到及时维护。

特殊情况：基础地址新旧号并存，由于城市改造，出现新旧号并存的现象。部分地区存在特殊情况问题，中国地址的区域特点强烈，在新疆、东北、内蒙古等地区有许多生产建设兵团；沿海发达地区存在大量的经济技术开发区，有的成为当地认可的独立行政区；随着公路网、铁路网的建设，道路两侧存在大量的无门牌地址。

③ 地址缺失性问题——地址库不全

表现：部分小区户数过少。

原因：部分名址维护人员，只对有报刊收订的住户信息入库，没有进行全小区信息入库。

④ 数据规范性问题——严重的问题

表现：由于数据写法不一，造成重复。如把组织机构放在基础地址中等不规范地址。

原因：在报刊收订的压力下，维护人员放松了地址库入库标准；名址维护人员更换频繁。

3) 地址数据不规范示例

由于写法不一造成数据重复，如在街道层里：

山西省吕梁市孝义市安艺巷 032300

山西省吕梁市孝义市安义巷 032300

山西省吕梁市柳林县陈家湾乡 033300

山西省吕梁市柳林县陈家湾 033300

正确处理方法：一定要规范文字、规范地址称谓，把不规范的部分删去。需要注意的是，组织机构放置到街道层的做法是错误的，如表10-4所示。

表10-4 组织机构放在街道层

行政区划	街道	门牌	邮编	是否正确
黑龙江省大庆市肇源县	薄荷台支局		166543	×
黑龙江省大庆市肇源县	大兴支局		166522	×
黑龙江省大庆市肇源县	肇源县二站支局		166542	×

续 表

行政区划	街道	门牌	邮编	是否正确
辽宁省朝阳市凌源市	凌钢供应楼设备材料科			×
辽宁省朝阳市凌源市	凌源市农业银行张灵芝转			×
辽宁省朝阳市凌源市	凌钢东区凌钢小学			×

正确处理方法：在街道层把组织机构删去，在组织机构库中添加。

同样，将组织机构放置到基础地址门牌层的做法也是错误的，如表 10-5 所示。

表 10-5　组织机构放在基础地址门牌层

行政区划	街道	门牌	邮编	是否正确
北京市大兴区	青云店村	兴建化工厂	102605	×
北京市大兴区	青云店村	政府	102605	×
北京市大兴区	青云店村	大东公司	102605	×

正确处理方法：在门牌层把组织机构删去，在组织机构库中添加。

客观地说，造成目前地址库这些不规范的原因是复杂的，主要有以下几点。

① 报刊系统的上线对地址库的质量产生了较大的影响。

② 由于一直无法对投递维护名址数据进行考核，而地址库的采集工作大部分又是由投递完成的，所以投递采集地址库的质量也是影响因素之一。

③ 缺乏有效的地址书写标准，导致名址中心的人员无法对地址数据的规范性进行判断。

(2) 基础地址库的质量问题涉及的部门以及部门职责

名址库建设维护与应用工作涉及面广，需要多个部门协调配合。统筹管理，明确总负责和牵头单位是做好该项工作的前提。具体工作要求如下。

1) 集团公司邮政业务局是全国名址库建设维护与应用工作的总负责和牵头单位，负责指导、部署、考核各地名址库建设维护与应用工作。

2) 各省(含自治区、直辖市，下同)公司市场部是本省名址库建设维护与应用工作的牵头部门和责任单位。要按照集团公司要求，负责组织落实本省名址库建设维护与应用考核工作。

3) 各地市局市场部是本地名址库建设维护与应用工作的牵头部门和责任单位。要按照省公司要求，负责组织落实本地名址库建设维护与应用考核工作。

4) 集团公司名址中心、各级名址中心的职责按照集团公司《关于建立健全全国邮政名址数据库运行维护体系的指导意见》(中国邮政〔2008〕53 号)要求，负责名址数据日常建设维护工作，重点抓好数据的准确性和规范性，确保数据质量。

中国邮政〔2009〕68 号《关于进一步加强名址库建设维护与应用工作的意见》中明确提出：基础地址库是名址库的基础，规范化是保证数据质量的前提和核心。为进一步提高基础地址的规范性，对相关责任部门要求如下。

1）集团公司名址中心

负责制定全国基础地址规范性要求，并按一定比例对全国基础地址库质量进行抽查。

2）省公司名址中心

按照集团公司基础地址规范性要求，负责本省基础地址数据的质量检查。

3）地市名址中心

落实上级名址中心基础地址规范性工作；负责本地地址库日常维护数据的质量审核；负责街道、小区和建筑物属性的添加维护。

4）地市县投递部门

负责本投递道界内基础地址库门牌和单元室号的日常维护。地址的变更必须在邮编名址维护系统上及时作更新。

5）地市信息技术部门

负责相关技术支撑。

（3）集团公司对基础地址库的考核指标

基础地址库共25分。

1）准确率（10分）

① 考核内容

地址是否真实存在，是否出现重复，包含以下两项指标。

地址准确率（5分）：检查地址是否真实存在，是否重复，调查街道、门牌（0门牌除外）、单元室是否真实存在。

地址覆盖率（5分）：通过分析小区数量以及小区和建筑物内的户数，检查基础地址的覆盖情况。检查区县一级的小区数量，以每个区县内的小区数不得少于5个为标准；检查小区内户数大于20户（含）及建筑物内户数大于10户（含）的小区和建筑物数量。（特例除外）

② 检查方式

通过人工抽查、试信检查等方式对准确率的两项指标进行检查，每月对省公司的一个地市进行抽查。

③ 计算公式

地址准确率＝抽查地址数据中真实存在数据量/抽查地址数据总量

地址覆盖率＝（有5个以上小区的区县数/区县总量）＋［户数大于20户（含）的小区数＋户数大于10户（含）的建筑物数/（总小区数＋总建筑物数）］

④ 指标达标值

地址准确率应达到98％，地址覆盖率应达到95％。

⑤ 分数计算方法

地址准确率达到98％（含），得5分；未达到得0分。地址覆盖率达到95％（含），得5分；未达到得0分。

2）规范率（15分）

① 考核内容

检查地址是否按照规范进行录入、审批、维护，是否出现地址不规范、地址错层等情况。其中规范率占8分，地址未错层情况占7分。（具体规范标准另行通知）

② 检查方式

通过人工检查进行，每月对省公司一个地市进行抽查。

③ 计算公式

规范率＝抽查数据中规范数据量/抽查地址总量

层次正确率＝抽查数据中地址层次正确的数据量/抽查地址总量

④ 指标达标值

规范率应达到 98%；层次正确率应达到 98%。

⑤ 分数计算方法

规范率达到 98%（含），得 8 分；95%（含）至 98%，得 5 分；95%以下得 0 分。层次正确率达到 98%（含），得 7 分；95%（含）至 98%，得 4 分；95%以下得 0 分。

3）小区建筑物属性添加量（加分项）

根据名址系统相关报表以及该地市地址库建设实际情况，统计当月小区建筑物的新增量，并给予适当加分。

（4）为保证基础地址库的质量所需做的工作

1）保证地市至少有一名专职的名址质量检查人员，可以定期对地址库质量进行检查。

2）按照集团公司的要求，协调投递部门，制定完善的维护机制和方法，明确各部门职责。

3）和当地民政部门或公安部门沟通，取得街道、门牌命名的第一手资料。

4）加强考核，责任到人，要将每个指标再细化，分解到部门、落实到个人。

10.2.3　组织机构库的建设和管理

1. 组织机构库概况

集团公司从国家统计局购买了最新的国家经济普查数据，本次购买的数据是统计局从 2005 年开始陆续统计、采集的数据，并且保证每半年更新一次，总量共计 803 余万条，这批数据与原来的数据相比有三个主要特点。

（1）数据属性全，单位之间有从属关系

本次从国家统计局购买的数据分为两类，第一类是“法人单位库”，内容包括法人单位代码、法人单位名称、法定代表人、单位所在地及行政区划、通讯号码、行业类别、登记注册类型、企业资产情况、企业营业收入等 20 个字段；第二类是“产业活动单位”，内容包括产业活动单位代码、产业活动单位名称、产业活动单位负责人、单位所在地及行政区划、通讯号码、行业类别、登记注册类型、企业营业收入、归属法人单位情况等 23 个字段。

（2）采用新的行业类型代码

行业类别是采用 2002 年最新颁布的行业类型代码以替代 1994 年的版本，分类更加合理、细致，更能适应出现的细分行业，便于应用。

（3）具有完整的机构代码

每条数据上都有完整的机构代码，方便了下次维护的排重和属性替换，具有良好的维护性。经检查，该数据单位名称完整、规范、各项属性信息准确、齐全，总体上优于邮政现有的全国组织机构库。但数据中的地址和邮编不规范、不准确的较多，需要维护后才可以使用。

2. 组织机构库维护

（1）当前组织机构库的维护方式

目前组织机构库的维护方式比较单一，主要是通过全国集中组织专项维护来完成的，事实证明，这种方式已不能适应全国组织机构快速变化的需要。

（2）下一步组织机构库维护方式

打造新的维护体系，通过更多部门的介入、更多考核的制衡、更多的新增方式来改善现有全国组织机构库的状况。其原则如下：

• 一定是多个部门共同协作完成；

• 一定是一个闭合的流程；

• 各部门间一定是可以相互考核的。

3. 组织机构库的质量与考核

（1）组织机构库存在的问题

数据存在的问题：

• 数量较少，2008年维护后组织机构库只有600万左右；

• 准确率不高，专项维护过后的全国平均准确率可以达到90%，但经过一段时间不维护，准确率正在逐渐下降。

在维护方式方法上还存在如下问题：

• 考核跟不上；

• 质量检查体系还未形成；

• 参与维护的部门过于单一；

• 维护方式未形成有效的闭环；

• 维护缺乏新增的手段，数据只减不增。

（2）组织机构库的质量问题涉及的部门及部门职责

为建立组织机构库维护长效机制，降低退信率，扩大数据增量，对相关责任部门要求如下。

1）集团公司名址中心

负责对全国组织机构库质量检查工作；负责通过分析、利用业务数据，采用技术手段，补充维护组织机构库。

2）省公司名址中心

按照集团公司组织机构数据准确性要求，负责本省组织机构数据质量检查和数据补充维护。

3）地市名址中心

落实上级名址中心有关组织机构数据准确性工作的要求；地市名址中心负责本地机构库日常维护数据的质量审核；通过网络、报纸杂志、黄页、购买、合作、租赁等多种渠道，对组织机构属性进行维护。

4）地市县投递部门

负责本投递道界内机构地址、机构名称的日常维护。地址、机构名称变更时必须在邮编名址维护系统上进行及时更新。

5）11185呼叫中心

负责对名址中心提交的组织机构数据进行外呼核实。

6）商函制作部门

负责提交其他渠道来源的组织机构数据。

7）地市信息技术部门

负责相关技术支撑。

（3）集团公司对于组织机构库考核的指标

1）准确率(20 分)

① 考核内容

组织机构是否真实存在，是否出现重复，包含以下三项指标：

- 机构准确率(14 分)：检查组织机构是否存在，地址、电话是否正确；
- 非重复率(3 分)：检查由于组织机构写法不一等情况，事实上为同一单位的重复的组织机构信息；
- 属性完整率(3 分)：检查组织机构的行业类型、电话号码是否存在且有效。

② 检查方式

通过人工抽查、电话抽查、试信检查等方式对准确率的三项指标进行检查。

③ 计算公式

机构准确率＝抽查的合格数据量/抽查总量

非重复率＝抽查数据中的非重复数据量/抽查数据总量

属性完整率＝抽查数据中属性准确填写的数据量/抽查数据总量

④ 指标达标值

机构准确率应达到 95%；非重复率应达到 99%；属性完整率应达到 95%。

⑤ 分数计算方法

机构准确率达到 95%(含)，得 14 分；92%(含)至 95%，得 10 分；90%(含)至 92%，得 5 分；90%以下得 0 分。非重复率达到 99%(含)，得 3 分；95%(含)至 99%，得 2 分；95%以下得 0 分。属性完整率达到 95%(含)，得 3 分，92%(含)至 95%，得 2 分，90%(含)至 92%，得 1 分；90%以下得 0 分。

2）规范率(5 分)

① 考核内容

检查组织机构信息是否按照规范进行录入、审批、维护；是否出现简写、别称、重复等情况。

② 检查方式

通过人工抽查的方式进行检查。

③ 计算公式

规范率＝抽查的规范数据量/抽查数据总量

④ 指标达标值

规范率应达到 98%。

⑤ 分数计算方法

规范率达到 98%(含)，得 5 分；95%(含)至 98%，得 3 分；95%以下得 0 分。

3）组织机构新增量(加分项)

每月组织机构新增量不低于目前本地组织机构库总量的 0.5%，统计当月实际新增量，给予适当加分。

(4) 保证组织机构库的质量所做的工作

1）保证地市至少有一名专职的名址质量检查人员，可以定期对组织机构质量进行检查。

2）按照集团公司的要求，明确流程，理顺各部门的职责，结合实际制定详细的维护闭合流程。

3）加强与外部的合作，通过各种渠道增加数据量和属性。

4）加强考核，责任到部门，指标再细化，落实到个人。

10.2.4 个性化名址库的建设与管理

1. 精品库的概念

在名址系统中，除了基础地址库和组织机构库外，我们还拥有共享个人库、精品库和自有库，这三者的关系如图 10-9 所示。

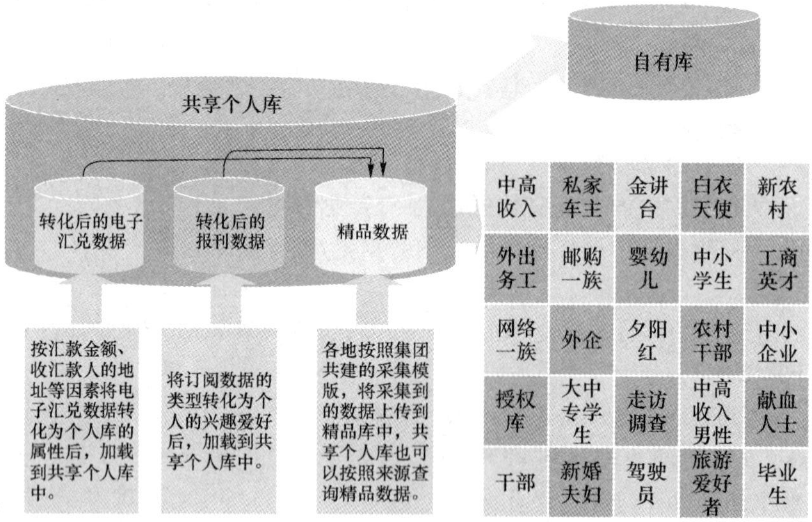

图 10-9 个人库、精品库和自有库关系图

2. 精品库的采集

精品库数据来源包括以下几个方面。

(1) 专项采集(目前有 19 个精品库)

(2) 数据挖掘

- 基础库；
- 邮政业务系统数据(报刊、电子汇兑等)；
- 其他原始数据(车证照、消费账单、通信账单等)。

(3) 一期自有库

3. 精品库的维护

由于精品库的个性化比较强，因此变化情况也比较大，必须进行定期的维护。维护流程如图 10-10 所示。

4. 精品库的使用

精品库主要应用在以下几个方面：

- 用数据作商函营销；
- 为其他邮政业务的营销服务(EMS、思乡月等)；
- 发布标准数据(目前为报刊、电子化支局提供标准地址；组织机构)；
- 为客户提供数据清洗、匹配服务；
- 对外提供数据查询、下载服务。

名址库二期数据使用亮点：

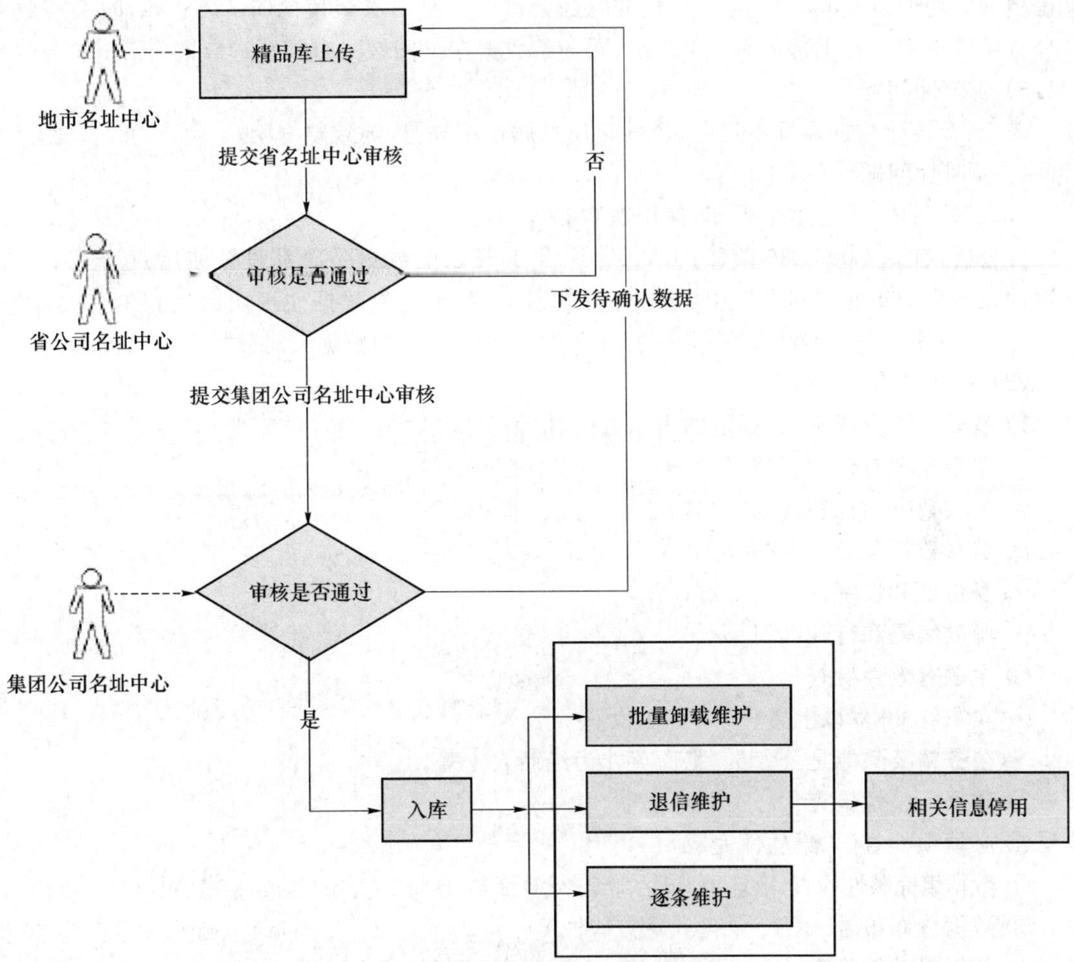

图 10-10　精品库维护流程图

- 更快速、更灵活、更方便；
- 提供按使用频次查询、筛选的功能；
- 利用数据挖掘发现潜在兴趣爱好，支持更广泛的爱好查询；
- 根据数据来源查询、筛选，排重规则更有效、合理；
- 支持国际名址。

5. 精品库的质量与考核

(1) 精品库存在的问题

1) 属性缺失性问题

表现：99 %没有职称，99.517%没有职务。

2) 真实性问题

有不少数据个人年龄出现异常。

表现：个性化数据年龄大于 70 的(夕阳红库除外)，在 100 岁以上的还有不少。个性化库还有年龄在 0 以下的，甚至在－28 岁的都有。

个人数据在违背常理或互相矛盾的两种库中同时存在。

表现：如同一条数据既是公务精英又是金讲台的有 31 213 条，同一条数据既是公务精英又是白衣天使的有 6 003 条，同一条数据既是金讲台又是白衣天使的有 1 710 条，同一条数据在公务精英中有农村干部的有 4 472 条，同一条数据在夕阳红中有邮购一族的有 7 600 条。

3）规范性问题

表现：个性化数据地址不规范、个性化信息属性不规范，导致整合困难。

4）及时性问题

表现：精品库（含基本个人库）使用次数非常不均。

经分析，有 124 006 486 条（约 1.2 亿）约占 85％以上数据一次都没被使用；还有 115 452 条数据在不到一年的时间里使用次数达 30 次以上，甚至有的数据使用次数达到 100 次以上，精品库不精，使用量占精品库数据量的 23.79％，长期不用的数据其时效性会存在问题。

（2）精品库的质量检查

1）有效性检查规则（数据值的表示方式、取值范围）

① 单数据项有效性检查

- 公共数据项检查规则（姓名、地址、电话、单位名称）。

② 关联数据项有效性检查

- 身份证和性别、生日、年龄；
- 邮政编码和行政区划。

③ 主题有效性检查

- 夕阳红 60 岁以上男、55 岁以上女；
- 公务精英只能是公务员、工商英才为经商人士等。

2）数据完整性检查

① 必填项检查（采集软件完成）

② 数据组完整性检查（地址组，包括邮编、行政区划、地址；三农的养殖、种植、农用机械类型）

③ 数据分布报告

3）数据时效性检查

① 新鲜数据（新增、修改、最近被使用）

② 睡眠数据（未使用、未修改）

相关：数据分析→数据评估分析

③ 数据版本管理

4）冗余/相似数据检查

① 冗余数据规则

② 数据相似性规则

③ 单批数据冗余度检查

④ 整合数据冗余度检查

5）相关性检查（互斥性、依赖性）

①“公务精英”不能和“工商英才”之间有重复数据

②“大中专学生库”不能和“夕阳红”有重复数据

（3）精品库的考核涉及的部门以及部门职责

精品库建设应用要突出精品库的精准和数据的增值效应。本着商函部门提需求，名址部门出方案，市场部门抓落实的原则，结合本地实际，有针对性地建设实用的精品库；并通过全国邮政名址信息系统平台对本地上传的精品库自动进行数据存储、清洗、排重，达到整合数据和丰富属性的目的。本地精品库完全归本地管理和使用,未经本地授权,他局无法使用和浏览。为促进各地数据库商函业务的发展,对授权同意他局(跨省)使用本地精品数据库的,除使用局支付每条名址 0.10 元外,集团公司给予每条名址 0.30 元的补贴,费用结算到相关地市。要大力支撑数据库商函产品化发展策略,着力推进"产品+数据"的套餐式营销,做好名址数据打包等支撑工作,尽快做大数据库商函规模。对相关责任部门有如下要求。

1) 各级市场部门

根据业务需求和名址部门提交的方案,抓好精品数据采集的协调、组织、落实工作。

2) 集团公司名址中心

按照需求负责建立全国精品库数据采集与模板上传;负责各省精品库数据质量检查。

3) 省公司名址中心

负责建立本省精品库数据采集方案和模板;负责本省精品库数据质量检查。

4) 地市名址中心

负责建立本地市精品库数据采集方案和模板;负责本地市精品库数据质量检查。

5) 商函制作部门

负责与名址中心、信息技术等部门协调配合,合理利用第三方来源数据。

(4) 集团公司对于精品库的考核指标

1) 下载率(16 分)

- 每月通过稽核名址系统下载量与量收系统的收寄量,检查名址下载制作的情况;
- 下载率=精品库稽核下载量/本省精品库总量;
- 下载率达到 70%,加 6 分;下载率达到 80%,加 10 分;下载率达到 90 %,加 16 分。

2) 退信录入率(14 分)

- 每月通过名址系统检查退信录入情况;
- 退信录入率=精品库退信录入量/稽核下载量;
- 每笔业务退信录入率不得低于 2%;
- 退信录入率不低于 2%,加 14 分;低于 2%,加 6 分;低于 1%,得 0 分(特殊情况除外)。

(5) 保证精品库的质量还需做的工作

- 要有专人负责对精品库的质量把关;
- 将更多的个性化数据以自有库的方式上传到全国系统中,通过整合、分析、挖掘,可以发现数据中隐藏的更多的质量问题,还可以不断扩大数据的使用价值;
- 要按照上述数据分析方法与流程来管理名址数据,发挥出更大的价值;
- 通过多渠道、多专业进行个性化数据的采集;
- 要重视量收稽核的问题,这是真实反映名址使用情况的关键问题;
- 按照集团公司的要求,加强数据安全管理,加强考核,落实到人。

10.3 商函投递系统

10.3.1 邮政商函投递系统简介

商函投递信息系统,是国家局统一组织建设的,依托邮政综合网,实现商函制作、按段排序打印、投递反馈、地址维护等业务功能的信息系统，包括商函制作子系统、商函投递子系统、地址信息维护子系统。

商函制作子系统，是提供给函件局使用的，实现商函客户名址管理、商函客户名址的站段匹配、生成邮件条形码、按段排序制作等功能的子系统。

商函投递子系统，是提供给投递部门使用的，实现商函的投递结果反馈、错误站段的修正、错误地址的修正、统计分析等功能的子系统。

地址信息维护子系统，是提供给名址中心和投递部门使用的，实现邮政基础地址维护、基础地址站段的调整和维护、组织机构信息维护、行地址整理、与全国邮政名址信息系统的数据交换等功能的子系统。

10.3.2 商函投递系统涉及的机构与职责

1. 账单制作中心

(1) 按照省局规定，集中提取用户数据的账单，负责将客户名址按照地市进行切分，发各市函件局。

(2) 负责接收各市函件局已完成匹配到段的账单数据，按照段道进行排序打印制作，按段捆扎，按站专袋封发，袋牌注明“直封账单”字样以及投递站名称。

(3) 对全省统一签约的账单，负责将标有投递站信息的实物邮件加盖邮资后，直封到投递站，没有投递站信息的实物邮件，直封到各市局的分拣环节；对非全省统一签约的账单，实物邮件制作后，不加盖邮资，直封到各市函件局。

2. 函件局

(1) 负责对商函客户名址信息的维护。

(2) 负责及时将有变动的基础地址站段信息从商函投递子系统中提取并导入到商函制作子系统。

(3) 负责将需信息分拣的客户名址信息从商函制作子系统导入到商函投递子系统。

(4) 负责将完成信息分拣的客户名址信息从商函投递子系统导入到商函制作子系统。

(5) 负责将已完成匹配到段的账单数据发送至省账单制作中心。

(6) 负责将邮件信息从商函制作子系统导入到商函投递子系统。

(7) 负责对系统维护后的基础地址及附加属性、行地址、组织机构和退信等数据进行审核、整理。

(8) 负责系统与全国邮政名址信息系统之间的基础地址及附加属性、行地址、组织机构和退信等维护数据的交换。

3. 分拣部门

(1) 负责对没有投递站段信息的实物邮件分拣到站段。

(2) 负责对没有投递段信息的客户名址信息分拣到站。

4. 投递部门

(1) 负责基础地址站段信息的日常维护。

(2) 负责邮件投递结果的信息反馈。

(3) 负责对没有投递段信息的客户名址信息确定段道。

(4) 负责对全国邮政名址信息系统下发的基础地址及附加属性、行地址和组织机构数据的日常维护。

10.3.3 业务处理流程

1. 业务处理基本流程

(1) 函件局将客户提供的名址信息导入到商函制作子系统中,进行匹配。

(2) 函件局将匹配到投递段的客户名址,按段排序,生成邮件信息唯一编码后发送到省账单制作中心,进行邮件打印制作,并按此顺序对邮件实物按段捆扎,直封投递站。

(3) 投递站将投递结果在系统中进行反馈。对无法投递退回邮件以总包方式封发到市函件局“退信处理中心”;对转局和改寄邮件(需注明邮件的详细流向)直接封发到分拣环节,二次分拣到站段,进行投递。

(4) 对未匹配到投递段的客户名址信息,可分为邮件分拣和信息分拣两种处理模式。根据我局具体情况,原则上选择“邮件分拣”模式。

2. 邮件分拣处理模式流程

(1) 函件局对未匹配到投递站的客户名址信息生成邮件信息唯一编码,交账单制作中心进行邮件制作。

(2) 对没有投递站段信息的邮件,由分拣环节对邮件分拣直封到投递站,并在系统中进行反馈。

(3) 分拣环节对无法分拣到投递站的邮件退函件局处理。

3. 信息分拣处理模式流程

(1) 对未匹配到投递站的客户名址信息先不生成邮件信息唯一编码,暂不进行邮件制作。

(2) 分拣环节对未匹配到投递站的客户名址信息标注投递站。

(3) 投递站对匹配到站的客户名址信息和经信息分拣到投递站的客户名址信息标注投递段。

(4) 对经信息分拣标注到投递段的客户名址,生成邮件信息唯一编码,并进行邮件制作。

(5) 对分拣环节无法分拣到投递站的客户名址信息不进行邮件制作。

10.3.4 投递系统的管理与维护

1. 商函制作管理

(1) 周期性业务

1) 对于长期合作客户的业务,必须建立客户名址库。

2) 在制作邮件前,必须更新维护客户名址库。

3) 必须在每个邮件上打印邮件信息唯一编码,以便邮件的跟踪查询、投递情况反馈和投递站段信息修正。

4) 邮件制作量大时可分批制作。

(2) 一次性业务

对于一次性业务,邮件量较大的,进行站段匹配后,按站或按段排序打印制作。对未匹配到投递站段的,按照邮件分拣处理模式流程操作。

(3) 邮件封发

按站或按段制作的邮件直封投递站。

2. 商函投递管理

(1) 挂号函件的处理

1）投递站必须对信息与挂号函件进行站签收。

2）按段封发到投递站的挂号函件，将信息与邮件逐件核对后进行段签收。未按段封发到投递站的挂号函件，对挂号函件进行分段后，将信息与邮件逐件核对后进行段签收。

3）按段打印挂号函件投递清单。

4）将投递结果在系统中进行信息反馈。

（2）平常函件的处理

1）投递站对账单制作中心直封的平常函件必须进行总包签收。

2）未到段的平常邮件，分拣环节直分到段后，封专袋，专袋内附清单标注总件数，袋牌书写“直封账单”字样以及投递站名称。投递站在系统中对站段信息进行反馈。

（3）邮件的转退处理

1）对无法投递的退回邮件，批注原因后，总包退函件局“退信处理中心”，并在系统中作退信处理。

2）对非本站投递的邮件（含转、改邮件），批注原因后，总包退市内分拣局，并在系统中作相应处理。

3）对属本站投递的错分段邮件，要在系统中反馈正确投递段信息。

3. 名址信息维护管理

（1）站段信息库的维护管理

投递站对本站站段信息进行日常变更维护。遇投递站地址划分批量调整时，由函件局进行批量地址变更维护，然后由投递站建立投递段信息。

（2）客户名址库的维护管理

1）函件局在客户每批制作之前，必须先进行客户名址库的更新维护，即从商函投递子系统导出上批业务处理的投递站段修正信息、新增或变更地址信息及其投递站段信息、新增站段变更信息等，并合并到客户名址库。

2）对收件人要求修改地址的，投递站可在系统中进行改址要求记录，函件局定期从商函投递子系统中提取这些数据，反馈给客户。

（3）对全国邮政名址信息系统下发数据的维护与交换管理

1）国家局名址信息中心从全国邮政名址信息系统中提取行地址数据，下发给各地名址信息部门。

2）函件局名址信息部门将国家局名址信息中心下发的行地址数据导入系统。

3）投递站对基础地址、行地址和组织机构信息进行日常维护。

4）函件局定期将变更的基础地址及附加属性数据、基础地址站段数据、组织机构数据、行地址数据从地址信息维护子系统中导出，将退信数据从商函投递子系统导出，对投递站维护后的数据进行审核、整理后，上传到全国邮政名址信息系统。

4. 考核制度

1）各单位要加强对业务处理各环节的监督检查，确保系统安全运行，支撑业务发展。

2）考核指标主要为：行地址及时维护率、客户业务种类上线率、客户名址信息匹配成功率、投递结果反馈率、站段信息反馈率、邮件签收率、全国邮政名址信息系统维护数据入库率等。

思考题

1. 什么是名址库？
2. 名址库由哪些数据库构成？
3. 基础地址库的标准数据结构包括哪些？
4. 组织机构库的维护方式有哪几种？
5. 现在邮政集团有哪些精品库？
6. 精品库的数据来源有哪些？

第11章　商函设备

11.1　商函制作设备

商函制作主要是为客户提供选址、打印、制作、封装、寄递的“一条龙”服务。因此所需的商函制作设备种类繁多，具体可分为以下几类设备。

11.1.1　打印设备

1. 单页纸打印机

功能：单页纸打印机能实现单页纸的单/双面打印功能。目前采用 DocuPrint 180 打印系统。

该打印机打印速度为 180 印/分钟（A4 幅面）或 206 印/分钟（7×10 英寸幅面）。最高分辨率达 600×2 400 dpi。

单页纸打印机主要由以下部分组成。

（1）系统控制模块：增强的 Sun Microsystems 工作站。

（2）输入模块：主纸盒（一号纸盒）容量为 1 100 页 75 克纸张；辅助纸盒（二号纸盒）容量 600 页 75 克纸张；两个大容量纸盒（三号和四号纸盒）每一个纸盒容量均为 2 600 页 75 克纸张。

（3）打印模块：带有激光光栅成像系统（Laser Raster Imaging System）的静电成像引擎。

（4）输出模块：两个大容量堆叠器（标准配置），每一个容量为 2 500 页 75 克纸张。

适用物料规格如下。

（1）60～200 克重量的单页纸张。

（2）用纸幅面为 178×254 mm（可选件）、356×432 mm（包括 A4、A3，JB4）。

（3）可使用透明胶片，不干胶标签纸张，无碳复写纸，预先印制的纸张，安装纸张和其他特殊应用材料。

2. 连续纸打印机

功能：连续纸打印机能实现连续纸的单/双面宽行打印。目前采用 OCE PS470Twin 工业型高速激光连续纸打印机。该打印机支持单机单面打印和双机双面打印。同时还具有多种扩展功能，如双色套色打印、磁码打印等多种打印方式。

该打印机打印速度为 500 页 A4/分钟。适用于可变数据打印，如水、电、煤、通信账单，以及银行、保险等金融业的各种账单打印。如图 11-1 所示。

连续纸打印机主要由以下部分组成。

（1）传送路径模块：输送和驱动连续打印纸。

（2）成像模块：打印机核心部分，主要部件由 LED 发光二极管阵列、显影组件、硒鼓和电极丝组成。

（3）融合模块：将粉末状的碳粉通过加热加压方式，将其固化在纸纤维内。

（4）集纸模块：将打印完毕的连续纸自动堆集整理。

（5）其他：滤网部、抽风系统及电源和控制系统。

图 11-1　设备图示

3. 信封打印机

功能：信封打印机是采用点阵针式或喷墨方式在信封上打印收件人名址、邮政编码等信息的打印设备。目前采用 BUSKYO 信封打印机。

结构：BUSKYO 信封打印机由信封输入站、喷墨平台和收集站三部分组成。

适用邮件规格：符合《信封》(GB/T1416—2003)标准的信封；明信片尺寸为 148 mm×100 mm。

11.1.2　封装设备

1. 封装机

功能：封装机是将一定页数的商函内件(印刷品、报表等)装入信封并封口，形成商业信函的设备。目前使用的必能宝 8、9 系列封装机由美国必能宝公司生产，该机最高时速为 8 000～11 000 封/小时。

结构：必能宝 8、9 系列封装机主要由聚集器、单页纸供件器、折纸器、输送器、切纸器、剔除站以及平台上的五个广告口组成。

适用邮件规格：必能宝 8、9 系列封装机适用《信封》(GB/T1416－2003)标准中的 C5 号、ZL 号、DL 号信封。

2. 杂志包封机

功能：杂志包封机是将成叠杂志用塑料薄膜封装成商函封套的设备。目前使用博斯杂志包封机。

结构：博斯杂志包封机由推进式主函件输入器、博斯轮式输入器、博斯 2000/4000 模块、真空开启器和刀状开启器、剔除站、注地址站等模块组成。

适用邮件规格，产品极限尺寸如下。

长度：最大 400 mm，最小 160 mm；

宽度：最大 300 mm，最小 100 mm；

厚度：最大 35 mm；

密度：最小 80 g/m^2。

薄膜的参数如下。

薄膜的宽度：最大 700 mm，最小 250 mm；

重叠：20 mm；

卷直径：最大 600 mm；

薄膜物料：LDPE，HDPE，PP，PVC。

11.1.3 生产辅助设备

1. 邮资机

功能：能预置邮资，具有使用记录不可更改的计账、按键入、邮政秤或邮政收寄系统送来的数据自动连续调整盖印金额，按照盖印金额在邮件或签条上加盖邮资符志并自动计费功能的独立设备或系统。

1）中小型邮资机

小型邮资机的处理速度不小于 1 600 件/小时；中型邮资机的处理速度不小于 4 000 件/小时。

结构：邮资机主要结构由驱动部分、可卸式资费表头和供信器三大部分组成。驱动部分主要由油墨、供签机构、送信轮和离合器及电机等组成。

适用邮件规格：可在邮资机上直接盖印的信函的信封规格为《信封》(GB/T1416—2003)标准中的 C5 号、ZL 号、DL 号、B6 号信封，封装应符合 YD/T737《信封封装技术要求》规定；

小型邮资机直接盖印的信函厚度应为 0.2～4 mm；

中型邮资机直接盖印的信函厚度应为 0.2～6 mm；

除上述范围外的函件，应使用签条纸，并符合《邮资机签条纸》(YZ/T0038—2001)的规定。

2）大型高速邮资机

功能：大型高速邮资机的基本功能包括预置、结算邮资，使用记录不可更改的记账、按键入或邮政秤送来的数据自动连续调整资费，并在信函上加盖日戳、邮资戳。该设备的处理速度不小于 9 000 件/小时。

结构：大型高速邮资机由供信分离、传送、集堆格口、整机控制、电子表头等部分组成。

适用邮件规格：在邮资机上直接盖印的信函应符合《信封》(GB/T1416—2003)的要求，封装应符合 YD/T737《信封封装技术要求》规定；

大型高速邮资机直接盖印的信函厚度应为 0.20～10 mm 之间。

2. 过戳机

功能：信函过戳机是对进口信函自动加盖日戳戳记的设备。信函过戳机采用胶轮供信方式和摩擦分离机构，在光电自动控制下，完成供信、分离、计数和过戳等一系列动作。

结构：信函过戳机机械结构主要由供信装置、分离装置、加速分离装置和信函过戳装置等组成。信函过戳机主电机是通过发光管和接收管所发生的光电信号转换来启停的。

适用邮件规格：上机函件的厚度应为 0.20～6 mm；上机函件的长、宽应符合《信封》(GB/

T1416—2003)标准中的 C5 号、ZL 号、DL 号、B6 号信封规格尺寸;上机函件的封装应符合 YD/T737《信封封装技术要求》规定。

3. 信把捆扎机

功能:信把捆扎机是一种置于工作台面的小型捆扎机械。

结构:信把捆扎机主要由送带机构、捆扎机构和电器控制部分等组成。

适用邮件规格:上机捆扎邮件应符合《信封》(GB/T1416—2003)标准中的信函、印刷品规定。

4. 折纸机

功能:折纸机是一种对纸张物料进行平行或垂直折页功能的机械,并可在折页过程中进行打孔或压痕、分切等工序。

结构:折纸机主要由电气控制箱、输纸系统、栅栏折页系统、刀式折页系统、纸规系统、压痕打孔系统、收纸系统等部分组成。

适用纸张规格:最大,600 mm×900 mm;最小,220 mm×310 mm;纸张质量为 52～150 g/m^2。

先进的设备需要有先进的管理模式与方法,对于邮政企业来说,设备管理是企业整个经营管理中的一个重要组成部分。它的任务是以良好的设备效率和投资效果来保证企业生产经营目标的实现,取得最佳的经济效果和社会效益。

11.2 邮资机管理

11.2.1 邮资机简介

邮资机,指能预置邮资,具有使用记录不可更改的计账、按键入、邮政秤或邮政收寄系统送来的数据自动连续调整盖印金额,按照盖印金额在邮件或签条上加盖邮资符志并自动计费功能的独立设备或系统。按用途分为邮政自用邮资机和商用邮资机。邮资机打印的邮资凭证称为邮资机戳印。邮资机戳印是一种复合式戳印,通常由日戳、邮资戳两部分组成,近年来有部分国家的邮资机戳印又增加了宣传戳和防伪码。邮资机戳印可以直接打印在邮件上,也可以印在纸签上,然后再贴在邮件上使用。邮资机戳印直接打印在邮件上,通常称为邮资机戳。若先打印在专用的纸签上再粘贴在邮件上,则称为邮资机签条(即邮资标签)。

目前,许多国家邮政部门使用邮资机打印邮资机戳印,邮资机戳印已成为邮资凭证的一种形式。国外邮资机戳印的图形与文字基本是右部为邮资金额戳印,左部为日期戳印。

2000 年以后,伴随着信息化技术的迅速发展,国外开始陆续使用并正在逐步推广增加二维码的邮资机戳印。例如,美国已用二维码邮资机戳印取代以前的有数字式注册许可证号码的邮资机戳印或邮资机签条,而且还能够在平信或航空邮件上打印邮资机戳印;德国也在推广使用带二维码的邮资机戳印;而塞浦路斯邮政则是采用了带一维条形码的邮资机戳印。

国内邮资机戳印的发展情况如下。

1. 我国"邮资已付"日戳及邮资机戳印的主要变化过程

20 世纪 50 年代初期,根据邮政业务发展需要,中国邮政开始在收寄大宗信函和印刷品时使用手工盖印的"邮资已付"戳印作为邮资凭证。盖"邮资已付"邮戳处理大宗邮件可以节省贴邮票时间,有利于提高工作效率和降低成本。

1954年，当时的邮电部对手盖式“邮资已付”邮戳的式样做出规定。邮戳统一规定为八角方形，尺寸为30 mm×30 mm；戳内格式为三格不等距，中格窄，内分左右格，左格大，为日期；右格小，为戳号。

随着自动化技术的发展，20世纪80年代初出现了“邮资已付”邮戳电动盖戳机，对那些外观为信封状、厚度较小的大宗邮件进行机器盖戳，从而进一步提高了工作效率。有的“邮资已付”电动盖戳机上还加装邮政宣传戳或水波纹线。但形状不够规则或厚度较大的邮件仍然只能使用手戳，形成手盖戳与机盖戳并用的局面。

80年代中期，随着邮政业务的发展需要，我国开始从国外少量引进和试用几种型号的邮资机，如美国的“必能宝”、瑞士的“哈斯勒”、法国的“Neopost”等，用邮资机戳印代替邮票作为邮资凭证。

1992年1月，当时的邮电部认真总结了邮资机的使用经验，认为使用“邮资已付”电动盖戳机后虽然减轻了工作人员的劳动强度，提高了邮件处理速度，但从邮政业务管理方面来说，存在着邮政企业较难实施邮资的准确计费和资费收取等问题。特别是有的邮政局所为了完成业务收入指标，违规降低资费收寄邮件；甚至为了本单位的利益，瞒报或截流业务收入，造成大宗邮件邮资“跑、冒、滴、漏”现象，使邮政企业蒙受了经济损失。而邮资机可以在加强资费管理，有效控制邮资的误收、漏收，增加外汇收入，提高处理规格质量和效率，减轻劳动强度等方面发挥良好作用。同时，由于邮件可直接进入邮政部门的分拣环节，加快了邮件处理速度，保证邮件传递时限，最终使用户受益。此外，邮资机既可处理大宗邮件，又可在邮政业务窗口收寄各种邮件，应用十分方便。

近几年来，随着信息技术的发展，邮资机功能逐步改进并完善，既可直接、快速处理厚度小于12 mm的大宗邮件，又可打印出邮资机签条，应用于厚度大、形状复杂的邮件，并可进行资费统计、联网管理，实现远程预置邮资、统计汇兑报表等功能。因此，当时的邮电部决定进一步开展邮资机的推广工作，并开始部署国产邮资机研制工作。上海邮政研究院、浙江省工大普特公司都有自己开发的电子表头的机械式邮资机产品；湖南湘邮科技引进国外技术，拥有自己品牌的数字式邮资机产品，采用喷墨打印方式；北京邮政科学研究设计院则开发了邮资制签机，采用热敏打印方式。

1992年6月，当时的邮电部决定将多种邮资已付日戳合并为两种，即除保留“机要通信”一种外，将中国大陆、中国港澳地区、中国台湾地区、国际四种合并成中法文对照的“邮资已付T·P·”一种。

1992年12月，为了改进日戳盖印质量，提高戳印清晰度，当时的邮电部曾经通知各地试用类似“原子印章”的储墨式日戳(包括邮资已付日戳)。储墨式“邮资已付”日戳添加一次油墨能盖2 000次以上，油墨渗透力较强，戳印也显美观。但是由于成本高，此种日戳没能得到普及。

1995年6月，当时的邮电部决定启用新式邮政日戳戳印。新式日戳规格不变，但取消了戳面的格线和邮政编码，恢复邮政局、所名称(地名)；邮资已付日戳由5个部位改为3个部位，仍为中法文对照和机要通信两种。

1999年1月，国家邮政局宣布停用“邮资已付”邮戳，开始批量引进国外邮资机，用邮资机加盖的资费日戳戳印替代“邮资已付”邮戳。这将有助于提高邮政资费透明度，制止跨界揽收、低资费收寄邮件的行为。并在《关于加强邮资符志管理的通知》中重申邮资机戳印暂不准使用广告宣传戳，并规定不允许利用邮资机标签制作集邮品。

2. 目前国内邮资机的使用情况

据资料介绍，邮资机在国外大多是租给用户使用的，基本属办公型设备，实际使用效率每小时不超过一万件，而且不会长时间连续使用。而我国是邮政企业的员工操作使用邮资机处理营业窗口和大宗函件，大宗函件业务量每个工作日有其不均衡性，通常是白天业务量少，邮件经常集中在下午 4 点以后到达邮局，邮局必须在当天及时进行收寄处理。随着邮政商函业务量的逐年上升，大批量的大宗函件集中处理给邮资机处理邮件带来了很大的压力。数字式邮资机的推广在具有戳印美观清晰、换戳成本低、可以增加防伪等先进性能的同时，也一定程度上带来耗材成本的增加。

3. 带二维码的邮资机戳印

带二维码的邮资机戳印将具有很好的发展前景。

每枚带二维码的邮资凭证，相当于带有自己的特殊"密码"，具有很高的防伪性，每个邮戳对应唯一的机器码，可以杜绝一戳多件而造成的邮资流失。符合邮政部门的各种业务要求，在二维码设计时，不仅可以将用户代码、邮资机编号、打印日期等信息编入，还可对邮件重量、邮资金额等数据进行处理、统计，有利于有效的日常管理，甚至实现联网监管；二维码技术较成熟，软硬件投资不大，对现有的数字式邮资机适当改造即可实现，既可用于邮政营业窗口，又可用于处理大宗邮件，有良好的经济效益，又易于普及应用。所以，带二维码的新型邮资机戳印取代旧式邮资机戳印将是大势所趋。

目前中国邮政已经建立了全国邮资机管理系统，邮资机通过直接连接电子化支局系统，每日将表头信息上传到全国邮资机管理系统和量收管理系统。

全国邮资机管理系统按照邮资机远程管理模式进行设计，实现了邮资机设备管理、业务管理、邮资机收入稽核等功能，可实现对中国邮政所有可联网的邮资机设备进行联网管理，满足了各级邮政管理人员对邮资机设备的管理需要。中国邮政数字邮资戳印稽核中心可以在全国邮资机管理系统的统一管理控制下或直接建立在全国邮资机管理系统内，实现全程邮件信息跟踪与校验、设备认证、防伪检测等功能。

11.2.2　邮资机管理制度

1. 使用单位的职责

(1) 执行国家局、省局、地市局关于邮资机使用管理的规章制度。

(2) 建立邮资机档案，做到每机一档。保存邮资机的日常使用、维护等记录。

(3) 负责邮资机日常的维护及保养工作。

2. 操作使用的基本要求

(1) 邮资机的操作人员必须经过邮资机厂商的专业培训，持有该厂商颁发的培训合格证及省局(或省局指定主管局)颁发的上岗证。其他人员不得操作邮资机。

(2) 邮资机首次使用前应该在电子化支局中注册。

(3) 操作人员每次开机前，必须检查邮资机锁闭装置的安全状况，锁闭装置如有破裂损坏等，应当报本单位邮资机管理人员并由其报上一级主管局相关部门处理。锁闭装置破损的邮资机不得使用，情况查明后，必须重新加锁闭装置后方可使用，并记录在《邮资机使用记录表》上。

邮资机开机自检正常后，打印零资费戳印签条核对和调整当天的日期，并保存在日戳打印簿上。若电子戳印的邮资机日期与实际日期不符，应当由技术人员作相应调整。

(4) 营业员上班开机后必须核对《邮资机使用记录表》的金额与表头的金额是否相符，经核对无误后，应在电子化支局系统中作接班处理，对上一班次邮资机表头数据进行确认，并在《邮资机使用记录表》中登记，核实无误后方可处理新的邮件。

(5) 营业员下班时要在电子化支局系统中作交班处理，对当班邮资机表头数据进行确认，核实无误后，在《邮资机使用记录表》中登记。

(6) 邮资机戳记应当印在邮件的右上角位置，邮资机处理额定厚度以内的邮件必须直接打印戳记，处理额定厚度以上的邮件方可使用邮资机专用签条。

(7) 一般情况每一邮件打印一套戳记或粘贴一个邮资签条，但单一邮件的邮资数额超过邮资机每次打印出邮资的最高限额时，可粘贴两个或两个以上邮资签条。

(8) 在处理大宗邮件时，其操作人员必须对首枚邮件戳印进行检查。

(9) 每处理完一批邮件，操作人员必须按照规定填写《邮资机使用记录表》，并在“经手人”栏内签章。每班工作结束后，应当由负责人认真核对各台机器的《邮资机使用记录表》后，在“班组长”栏内签章，并由操作人员妥善保管。《邮资机使用记录表》应一机一表，并加装封皮。

(10) 发现漏盖邮资的邮件应当查明原因，补盖邮戳。

(11) 发现错打邮资的情况后，应当立即停机，并持错打邮件或签条报告现场负责人，记录在《邮资机使用记录表》上，并将错打签条粘贴在《邮资机使用记录表》背面，在结算当日资费时由财务人员予以剔除。

(12) 现场负责人每日资费剔除金额的权限为100元；使用局每日剔除金额的最高权限为300元；超过300元以上的剔除金额需报上一级主管部门审批。

(13) 邮资机的开机钥匙应当指定专人(支局长)保管，不得遗失或损坏。

(14) 原则上不允许提前制签或在空信封上打印邮资机戳记。如有特殊需求报省局审批。

(15) 处理可享受优惠政策的大宗邮件时，应当逐件按照应收金额打印邮资，其差额经报省局财务部门同意后当月一次核销。

(16) 操作人员处理每批交寄的邮件除填写《邮资机使用记录表》外，还必须按照用户的付费方式填写《邮资机整付整(零)寄交寄邮件总单》，该单需一式三份：一份交用户保存；一份交本部门记账员留存；一份交本局财务备查。并录入电子化支局。

(17) 本部门记账员每日日终将各台邮资机使用邮资与各操作人员填写的《邮资机整付整(零)寄交寄邮件总单》的总金额，与电子化支局每日营业日报表的相关邮资机收入数据进行核对，如不相符则需逐台核对邮资机操作人员填写的《邮资机使用记录表》及《邮资机整付整(零)寄交寄邮件总单》，找出不符之处后，报告现场负责人处理。

(18) 每日由支局财务人员根据支局营业日报表填写《邮资机收入登记表》，经财务负责人审核后上缴收入。

11.2.3 账务处理与邮资稽查

(1) 对邮资机表头的资费管理应视作现金管理，使用局指定专人负责。

(2) 使用局的财务人员必须详细记录本局各台邮资机每次预置邮资的金额，以便检查核对。

(3) 使用局应将用户每笔邮资机交易数据录入电子化支局系统，日终核对电子化支局系统中营业日报表相关邮资机收入数据与邮资机使用记录是否相符(剔除差错金额和优惠金额)。

(4) 使用局的财务负责人要对邮资机资费情况进行不定期、不定台检查，并记录在册。

(5) 邮资机的资费稽查分层次进行，现场负责人每日检查，县局质检人员每周检查，市(地)局每月检查，省局每季抽查。检查记录要存档，保存二年。

思考题

1. 你了解的邮政生产设备有哪些？

2. 如何做好邮政商函设备的维护与管理工作？

第 12 章　法律法规在邮政商函业务中的应用

法制是社会和谐平安的基石。在一定意义上说，市场经济就是法制经济。在对外交往中，法律也是调整国与国之间关系的重要社会规范。作为 21 世纪的邮政人，学习、掌握必要的法律知识，是实现邮政体制改革、业务大发展的需要，也是构建和谐社会，促进稳定团结的需要。

本章将就法律法规在邮政通信经营管理中发挥的作用，尤其是在邮政商函业务中的具体应用进行阐述，内容涉及广告管理、合同管理以及相关业务的法律风险防范等，配合案例分析，全面掌握法律法规在邮政商函业务中的运用。

12.1　邮政通信经营管理中的法律法规

依法发展邮政，是建设社会主义法治国家在邮政行业的具体实践。常言道："没有规矩不成方圆。"法律就是调整人们行为的"规矩"。随着社会的发展，法律的作用越来越重要，与人们生产生活的关系越来越密切。法律法规对邮政通信经营的作用可以归结为以下几个方面。

明示作用。各项与邮政通信经营有关的法律法规明确告知人们什么可以做，什么不可以做，哪些行为是合法的，哪些行为是非法的，哪些行为符合业务规则，哪些行为违反业务规则等。明示作用是实现知法和守法的基本前提。

预防作用。法律法规的存在让人们认识到违反法律或者业务规则所产生的后果或影响是什么，触犯法律或者业务规则应受到的制裁或处罚是什么，等等。在日常工作中，根据法律和业务规则来自觉调解和控制言行，从而有效避免违反业务规则以及违法、犯罪现象的发生，起到有令必行、有禁必止的良好效果。

规范作用。通过法律法规或业务规则的强制执行力来校正工作中所出现的一些偏离标准轨道的错误行为，使之回归到正常的工作轨道。

保障作用。法律法规明确了哪些领域是邮政的专营范围，有效降低社会恶性竞争对邮政的影响，确保人们实现通信自由，保障普遍服务的实现，维护国家信息安全。

邮政业务涉及函件、包裹、快递、发行、集邮、汇兑、储蓄、保险等种类，形形色色、分门别类的服务品种满足了社会各界的不同需求。在法律法规的指导和保障下，邮政各项业务稳步、快速发展，形成了百家争鸣的繁荣景象。

12.1.1　邮政法

1986 年 12 月 2 日第六届全国人民代表大会常务委员会第十八次会议通过的《中华人民共和国邮政法》(以下简称《邮政法》)是指导邮政业务运营及发展的基本法。《邮政法》共八章四十四条，对邮政企业的设置和邮政设施，邮政业务的种类和资费，邮件的寄送，邮件的运输、验关和检疫，损失赔偿及相关的法律责任等作了规定。《邮政法》颁布以来，对促进邮政事业的发展发挥了积极作用。1990 年 11 月 12 日颁布的《中华人民共和国邮政法实施细则》则是《邮政法》的细化与补充。2001 年 7 月 11 日国家信息产业部第七次部务会议通过《邮政用品用具监督管理办法》。《中华人民共和国邮政法》已由中华人民共和国第十一届全国人民代表大会常务委员会第八次会议于 2009 年 4 月 24 日修订通过，修订后的《中华人民共和国邮政法》，自 2009 年 10 月 1 日起施行，其意义在于维护国家利益和用户合法权益，保证邮政通信网的正常运行，加强对邮政用品用具质量的监督管理。

《邮政法》第八条规定，信件和其他具有信件性质的物品的寄递业务由邮政企业专营，但国务院另有规定的除外。原邮电部根据《邮政法实施细则》第四条的授权对邮政专营权内容作了具体规定，其中信函包括书信、各类文件、单据、有价证券、证件等。但外贸系统经营速递业务的企业认为，依据国务院批准的《中华人民共和国国际货物运输代理业管理规定》，信函仅指私人信函，其他如商务文件、提单、信用证、商业发票等不属于信函，并以此为据经营信件的寄递业务，甚至外商投资企业也涉足其中。世界四大快件公司打着经营国际快递业务的名义蜂拥而入，迅速占据了国内快件市场的相当份额。近几年国内的民间快递企业也如雨后春笋一般迅速崛起，给邮政专营权带来了不小的冲击。

邮政专营权所引发的争议只是多年来邮政发展过程中显露出的具有一定社会影响的焦点之一。随着改革的深入、开放的扩大和社会主义市场经济的发展，特别是近年来快递市场的发展，《邮政法》已无法调整新形势下出现的新问题，早已不能适应社会主义市场经济协调发展的形势，特别是我国加入世界贸易组织以来，邮政市场竞争日益加剧，邮政业发展面临新挑战，迫切需要对现行《邮政法》进行修订。在 2007 年 3 月举行的十届全国人大四次会议期间，159 名全国人大代表提出 5 件议案，要求对《邮政法》做出修改。之后国务院法制办很快做出回应，明确通过对现行《邮政法》进行修改，修改的主要内容之一就是明确邮政普遍服务的补偿机制。近年来，《邮政法》的几次修改都引起了业内人士的广泛关注，因为其中的修改条文涉及对我国各类快递企业现有经营业务的规定和新的监管条款、市场准入条件、处罚条款等。新的《邮政法》必将对全社会的用邮带来十分深远的影响和现实意义。

除了全国性的邮政法律法规之外，各地方还根据不同特点和需要，制定了区域性的法规，如上海有《上海市邮政设施管理办法》(2005 年 10 月 24 日市政府第 88 次常务会议通过，自 2005 年 12 月 1 日起施行)；也有行业性的规章，如《国内邮件处理规则》、《国际邮件处理规则》等。上海根据国务院关于整顿和规范市场经济秩序的决定，为进一步整顿邮政经营秩序，规范邮政经营市场，促进邮政核心业务持续健康发展，制定了《上海邮政业务规范经营管理办法》等一系列相关规则。

12.1.2　广告法

近年来，邮政在经营商函广告业务中积累了一定经验，在建立营销队伍、拓展业务市场等方面取得了一定的成效，拥有一批相对稳定的客户群体。随着邮政业务的迅速发展，商业信函(含邮简)、企业明信片、邮送广告等业务遇到的法律纠纷也呈上升趋势。由于目前相关法律法规仍不健全，邮政发展商函广告业务过程中显现出一些现实问题，如邮政企业缺乏自我保护意识、合同制度不健全，缺乏经营服务意识、侵犯客户合法权益，市场竞争秩序不规范、为争夺客户资源开展不正当竞争等。这些现象不仅使邮政企业内部遭受不同程度的损失，也影响社会用户对邮政企业的信任度，不利于邮政广告业务的持续、稳定、健康发展。提高商函广告营销管理及业务人员的法律意识、规范经营已刻不容缓。

在经营商函、广告等印刷品函件业务时，不仅要了解相关的基本法律，还要结合工作实际，紧跟市场发展步伐，熟悉掌握其他相关的行政法规、规章等。本节将介绍一些与邮政商函、广告业务密切相关的法律、法规、规章。

1. 广告管理法律法规概述

(1) 广告管理基本法

1994 年 10 月 27 日公布的《中华人民共和国广告法》(以下简称《广告法》)是我国广告法领域中的基本法律。它是为了规范广告经营活动，促进广告业的健康发展，保护消费者的合法权益，维护社会经济秩序，发挥广告在社会主义市场经济中的积极作用而专门制定的法律。在法律和行政法规的双重引导下，国家工商行政管理局还颁布了众多的部门规章和行政解释。它们构成了我国广告法的专门法律体系。但是，这并不是广告法的全部，我国《民法通则》、《合同法》都是广告法的重要渊源。在《产品质量法》、《反不正当竞争法》、《消费者权益保护法》、《药品管理法》、《食品卫生法》、《烟草专卖法》等法律文件中也有广告法律规范。由此可见，要想更好地解决现实经营中的广告法律纠纷，必须对广告法在我国整个法律体系中的地位有清晰的了解，必须认清各类广告法规之间的关系。

(2) 广告管理行政法规

1987 年 10 月 26 日国务院颁布的《广告管理条例》在《中华人民共和国广告法》(1994 年通过)颁布后仍在实施，它是为了加强广告管理，推动广告事业的发展，有效利用广告媒介为社会主义建设服务而专门制定的条例。

《广告管理条例实施细则》是《广告管理条例》的细化与补充，最新的《广告管理条例实施细则》是根据《广告管理条例》第二十一条的规定，于 2004 年 11 月 23 日由国家工商行政管理总局公布的。

(3) 广告管理具体规章

根据《立法法》的规定，法律体系框架主要分为三层：第一层为法律，由全国人民代表大会通过。第二层为行政法规，行政法规分为国务院行政法规和地方性法规，由国务院通过的是国务院行政法规；由地方人大常委会通过的是地方性法规。第三层为规章，分为国务院部门规章和地方政府规章，由国务院组成部门以部长令形式发布的是国务院部门规章，由地方政府以政府令形式发布的是地方政府规章。

可见，以上介绍的《中华人民共和国广告法》、《广告管理条例》、《广告管理条例实施细则》是在广告经营活动过程中必须遵守的最基本的法律规范。在此基础上，邮政在不同业务领域，也将涉及不同的法律领域，运用到相应的法律、法规及具体的规章。

在邮政商函、广告业务中，法律法规的作用尤其明显。一方面，法律法规能有效降低社会恶性竞争及各类侵权行为对邮政企业的影响，保障普遍服务的实现以及邮政商函业务的健康、有序发展；另一方面，法律法规能校正工作中所出现的一些偏离标准轨道的错误行为，根据法律和业务规则来自觉调解和控制言行，从而有效预防违法、违规现象的发生。在邮政商函业务流程中，广告内容的审核是不可或缺的重要步骤，其意义在于：①确保广告内容符合国家有关法律法规的要求，避免违规广告、非法广告、虚假广告等现象出现；②在商函业务中，内容审核不仅是确保广告合法的前提，同时也是确认印刷品邮资或信函邮资的根本依据。

为了确保内容审核的准确性，加深社会用户对正确使用邮政商函、广告的认识，避免邮政企业在经营活动中承担不必要的法律责任，我们必须了解一些常用的广告管理规章，如《广告语言文字管理暂行规定》、《印刷品广告管理办法》、《化妆品广告管理办法》、《食品广告发布暂行规定》、《医疗广告管理办法》、《药品广告审查标准》、《酒类广告管理办法》、《烟草广告管理暂行办法》、《房地产广告发布暂行规定》等。另外，随着人民物质生活水平的提高，广大消费者的维权意识越来越强。消费者权益保护问题不仅是消费者个人的人身和财产安全问题，它已涉及社会的稳定和经济的稳定、健康、持续发展。《中华人民共和国消费者权益保护法》是与中国老百姓日常生活联系最密切的一部法律，该法自 1993 年 10 月颁布实施以来，在唤醒消费者权益自我保护意识，加快我国市场经济立法进程，促进有中国特色社会主义法制建设等方面发挥了积极作用。在经营邮政商函广告业务过程中，不可避免会遇到广告内容涉及消费者权益的情况。因此，在学习广告管理的有关法律、法规、规章的同时，也要加深对这部法律的认识和了解。

2. 广告宣传禁止内容的基本知识

(1) 普通广告禁止内容

1) 禁止使用中华人民共和国国旗、国徽、国歌做广告；

2) 禁止使用国家机关和国家机关工作人员名义做广告(包括已故或离任的，工商广字〔1995〕第 270 号文)；

3) 禁止使用国家级、最高级、最佳等用语做广告；

4) 禁止妨碍社会安定和危害人身、财产安全，损害社会公共利益的广告；

5) 禁止妨碍公共秩序和违背社会风尚的广告；

6) 禁止有淫秽、迷信、暴力、恐怖、丑恶、荒诞的内容的广告；

7) 禁止含有民族、种族、宗教、性别歧视的内容的广告；

8) 禁止妨碍环境和自然资源保护的广告(1～8 为《广告法》第七条)；

9) 禁止损害未成年人和残疾人身心健康的广告(《广告法》第八条)；

10) 禁止贬低其他生产经营者的产品或服务的广告(《广告法》第十二条)；

11) 禁止以新闻报道的形式发布广告(《广告法》第十三条)；

12) 禁止利用广播、电影、电视、报刊发布烟草广告。禁止在各类等候室、影剧院、会议厅堂、体育比赛场馆等公共场所设置烟草广告(《广告法》第十八条)；

13) 禁止发布损害我国民族尊严的广告(《广告管理条例》第八条)；

14) 禁止有关性生活或改善性功能产品的广告(工商广字〔1989〕第 284 号文和工商广字〔1996〕第 008 号文)；

15) 禁止发布将人民币变相作为奖券使用的广告(工商广字〔1996〕第 102 号文)；

16) 不得含虚假的内容，不得欺骗或误导消费者的广告(《广告法》第四条)。

案例分析

张先生在 2007 年“五一”期间，来到嘉兴市区买东西，在某商场旁，收到工作人员散发的广告宣传单，称该商场某型号空调仅售 2 099 元，还返现金 100 元，并强调此价为全市最低。宣传单底部还用很小的字体注明“本商场保留最终解释权”。张先生听后动心，买了一台。然而过了没几天，他在嘉善某商场发现了同品牌型号空调，售价只有 1 999 元，而且还返现金 50 元，这样一算，他购买的所谓全市最低价空调其实并不是最低。感觉受骗的张先生找到销售商，并与销售商一起证实嘉善商场的确是更优惠。但张先生要求退还多付出的 50 元钱，商家总以“最终解释权”作为借口进行推脱。接到投诉后，工商人员进行调查，证实投诉反映情况属实。根据相关法规，工商机关对销售商进行行政告诫，经调解退还给张先生 50 元。

分析:该广告违反了《广告法》第七条第三项的规定,使用了“最低”用语。另外,商家在商品促销广告中提出种种诱人的、似是而非的优惠条件,待冲着优惠条件去购物的消费者跌入消费陷阱后,仗着隐匿其中的“最终解释权”条款免除其法律责任的行径,无疑侵犯了消费者知悉真情的权利、公平交易的权利、获得赔偿的权利和对商品和服务进行监督的权利,违反了《中华人民共和国消费者权益保护法》。

(2) 特殊广告禁止的内容

1) 药品、医疗器械广告。对药品、医疗器械广告禁止内容包括:

① 含有不科学的表示功效的断言或者保证的;

② 说明治愈率或者有效率的;

③ 与其他药品的功效和安全性比较的;

④ 利用医药科研单位、学术机构、医疗机构或者专家、医生、患者的名义和形象作证明的;

⑤ 法律、行政法规规定禁止的其他内容(1~5 为《广告法》第十四条);

⑥ 麻醉药品、精神药品、毒性药品、放射性药品等特殊药品,不得做广告(《广告法》第 16 条);

⑦ 大众媒体禁止发布处方药广告;

⑧ 未取得药品广告批准文号的不得发布广告(7、8 为《药品管理法》第六十条)。

此外,《广告法》第十五条还明确规定:“药品广告的内容必须以国务院卫生行政部门或者省、自治区、直辖市卫生行政部门批准的说明书为准。国家规定的应当在医生指导下使用治疗性药品广告中,必须注明‘按医生处方购买和使用’”。

案例分析

“参红祛瘀散结胶囊”药品广告曾于 2004~2005 年间多次在某省多家新闻媒体发布。广告中称使用该药品后“大多数肿瘤患者 5~10 天即可见效”,“使早、中期的患者生存率提高 40%”,“它对早、中期患者的有效率高达 98%”,还使用了“赵家安、张建生”等患者和“国际抗癌协会会长乌巴托尔先生”这一专家的名义作证,以及“2003 年 3 月 18 日在京举办的第 27 届世界科研成果报告会上,参红胶囊一举夺得大会最高奖——创新发明奖”等获奖内容。

分析:该广告的上述违法表现典型突出,违反了《广告法》第十四条第一、二、四项和《药品广告审查标准》第六条的规定,并违反了《药品管理法》第六十条第二款的规定。该广告属于处方药广告,不能在大众媒体发布。并且由于该广告中出现了大量不科学的表示功效的断言和保证,最终被工商行政管理部门立案严肃查处。

2) 食品广告禁止内容(《食品广告发布暂行规定》第四、六、七、八、九、十、十一、十三、十四条):

①《食品卫生法》禁止生产经营的以及违反国家食品卫生有关规定生产经营的食品不得发布广告;

② 食品广告不得含有“最新科学”、“最新技术”、“最先进加工工艺”等绝对化的语言或者表示;

③ 食品广告不得出现与药品相混淆的用语,不得直接或者间接地宣传治疗作用,也不得借助宣传某些成分的作用明示或者暗示该食品的治疗作用;

④ 食品广告不得明示或者暗示可以替代母乳,不得使用哺乳期妇女和婴儿的形象;

⑤ 食品广告中不得使用医疗机构、医生的名义或者形象。食品广告中涉及特定功效的,不得利用专家、消费者的名义或者形象作证明;

⑥ 保健食品的广告内容应当以国务院卫生行政部门批准的说明书和标签为准，不得任意扩大范围；

⑦ 保健食品不得与其他保健食品或者药品进行功效对比；

⑧ 普通食品、新资源食品、特殊营养食品广告不得宣传保健功能，也不得借助宣传某些成分的作用明示或者暗示其保健作用；

⑨ 普通食品广告不得宣传该食品含有新资源食品中的成分或者特殊营养成分。

此外，《广告法》第十九条还明确规定："食品、酒类、化妆品广告的内容必须符合卫生许可的事项，并不得使用医疗用语或者易与药品混淆的用语。"

案例分析

"中脉蜂灵胶囊"保健食品广告在某省电台以知识讲座的形式发布，并借助宣传"中脉蜂灵胶囊"中含有的灵芝成分，该保健食品对心绞痛、急性病毒性肝炎、慢性支气管炎等疾病的治疗作用。

分析：该广告违反《广告法》第十九条及《食品广告发布暂行规定》第七条的规定。广告对疾病治疗作用的违法表现典型突出，是国家工商总局等中央 11 个部门联合下发的《虚假违法广告专项整治工作方案》中确定的整治重点。

3）医疗广告禁止内容（《医疗广告管理办法》第七条）：

① 有淫秽、迷信、荒诞语言文字、画面的；

② 贬低他人的；

③ 保证治愈或者隐含保证治愈的；

④ 宣传治愈率、有效率等诊疗效果的；

⑤ 利用患者或者其他医学权威机构、人员和医生的名义、形象或者使用其推荐语进行宣传的；

⑥ 冠以祖传秘方或者名医传授等内容的；

⑦ 单纯以一般通信方式诊疗疾病的；

⑧ 国家卫生行政部门规定的不宜进行广告宣传的诊疗方法；

⑨ 违反其他有关法律、法规的。

案例分析

"某市长安医院"医疗广告在某省通过新闻媒体发布，广告中出现了"并且将小腺管内致病病菌消除，会阴面胀痛、灼烧不适，尿频，尿急，尿痛等各种临床症状消失，达到彻底治疗的目的"等隐含保证治愈的内容。

分析：该广告违反了《医疗广告管理办法》第七条第三项的规定，该医疗广告中宣传隐含保证治愈的违法表现典型突出，属于国家工商总局等中央 11 个部门联合下发的《虚假违法广告专项整治工作方案》中确定的整治重点。

4）农药广告禁止内容（《广告法》第十七条）：

① 使用无毒、无害等表明安全性的绝对化断言的；

② 含有不科学的表示功效的断言或者保证的；

③ 含有违反农药安全使用规程的文字、语言或者画面的；

④ 法律、行政法规规定禁止的其他内容。

5）化妆品广告禁止内容（《化妆品广告管理办法》第八条）：

① 化妆品名称、制法、成分、效用或者性能有虚假夸大的；

② 使用他人名义保证或者以暗示方法使人误解其效用的；

③ 宣传医疗作用或者使用医疗术语的；

④ 有贬低同类产品内容的；

⑤ 使用最新创造、最新发明、纯天然制品、无副作用等绝对化语言的；

⑥ 有涉及化妆品性能或者功能，销量等方面的数据的；

⑦ 违反其他法律、法规规定的。

6）酒类广告禁止内容（《酒类广告管理办法》第七条）：

① 鼓动、倡导、引诱人们饮酒或者宣传无节制饮酒的；

② 饮酒的动作；

③ 未成年人的形象；

④ 表现驾驶车、船、飞机等具有潜在危险的活动的；

⑤ 诸如可以“消除紧张和焦虑”、“增加体力”等不科学的明示或者暗示的；

⑥ 把个人、商业、社会、体育、性生活或者其他方面的成功归因于饮酒的明示或者暗示的；

⑦ 关于酒类商品的各种评优、评奖、评名牌、推荐等评比结果的；

⑧ 不符合社会主义精神文明建设要求，违背社会良好风尚和不科学、不真实的其他内容。

7）房地产广告禁止内容（《房地产广告发布暂行规定》第四、七、十、十三、十四、十六条）：

① 在未经依法取得国有土地使用权的土地上开发建设的；

② 在未经国家征用的集体所有的土地上建设的；

③ 司法机关和行政机关依法裁定、决定查封或者以其他形式限制房地产权利的；

④ 预售房地产，但未取得该项目预售许可证的；

⑤ 权属有争议的；

⑥ 违反国家有关规定建设的；

⑦ 不符合工程质量标准，经验收不合格的；

⑧ 法律、行政法规规定禁止的其他情形；

⑨ 不得含有风水、占卜等封建迷信内容，对项目情况进行的说明、渲染，不得有悖社会良好风尚；

⑩ 表现项目位置，应以从该项目到达某一具体参照物的现有交通干道的实际距离表示，不得以所需时间来表示距离；

⑪ 预售、预租商品房广告，不得涉及装修装饰内容；

⑫ 不得利用其他项目的形象、环境作为本项目的效果；

⑬ 不得出现融资或者变相融资的内容，不得含有升值或者投资回报的承诺。

案例分析

深圳×××实业有限公司使用国家机关的名义发布违法广告。该公司在印刷品广告中，声称×××科技数码园房地产项目是“政府基地”、“政府科技园区”、“政府的科技园区具有政策倾斜、企业入驻率稳定等优势”，使用政府机关名义作宣传；使用“首席”、“巅峰财富”、“绝佳机会”、“绝佳机遇”等绝对化用语；声称×××科技数码园毗邻皇岗口岸，但实际位于福田保税区内，内容虚假；对房地产项目属于工业厂房还是住宅表述不清，误导消费者；使用“年回报率高达8%以上”、“升值在即”、“升值潜力明显”等用语，和以投资案例分析的形式表明升值、投资回报率，含有升值或者投资回报的承诺。

分析：该广告违反了《广告法》第七条第二、三项的规定，违反了《房地产广告发布暂行规定》第三条、第十六条的规定，工商部门鉴于上述违法事实，依法对该公司进行了巨额罚款。

在这里必须强调的是，广告审核不应该仅仅是广告审核员一个人的责任。邮政营销业务人员作为承揽业务的直接经办人，有义务对自己承揽的业务内容进行初步的审核，把好审核第一关。而对于营销管理人员而言，也有责任对每笔业务的可行性、有效性进行确认，把好审核最后一道关。因此，我们必须掌握一定的法律知识，为商函、广告内容的审核设下多重保险，杜绝违法广告出现。

12.2　邮政商函业务的法律纠纷及其风险防范

在商函业务的经营活动中，除了要确保用户提供的广告内容合理、合法外，同时也要注意对用户权益的保护，否则就可能侵犯对方的合法权益，并承担一定的法律责任。近几年，在商函业务开发过程中，就出现不少邮政企业侵权行为，主要侵权类型表现为侵犯隐私权纠纷、知识产权纠纷、肖像权侵权纠纷等。

12.2.1　邮政商函业务中的数据库合法使用

近年来，数据库营销逐渐被引入邮政企业。各类数据库成为邮政商函的宝贵资源，是发展商函业务的有力支撑。建立分类清楚、信息准确、内容翔实的数据库，可以增加邮政商函服务目标的准确性，也可以成为邮政拓展信息业务的增值点。但随着商函数据库营销的广泛应用，也出现一些不尊重客户、侵犯其隐私权的现象，引起社会普遍关注。

1. 邮政商函业务开发存在的数据库使用问题

(1) 不合理使用客户信息资料

在利益驱动下，只看到眼前利益，侵犯客户隐私。具体有以下三种情形。

1) 未经许可而不合理地使用客户信息或超出许可范围滥用客户信息，侵犯了客户的隐私权，如印制粗糙、信息虚假的“垃圾信函”、“骚扰信函”，给广大客户造成了不良影响，也损害了邮政商函的品牌形象。

2) 购买、使用未经客户授权的客户资料。

3) 未经客户许可，对于商函客户带来的数据以不合理的手段擅自截流，并用于商业用途。

(2) 对客户信息资料管理不善

没有充分意识到客户信息是邮政，尤其是邮政商函得以生存和发展的基础，没有将其视为重要资产，在工作过程中管理不善、过失将客户信息泄漏；更有甚者，将客户信息当作商品出售，造成客户隐私的失控，致使第三方了解到客户不愿公开的隐私信息，结果必然涉嫌侵犯客户的隐私权，引起客户与邮政企业的法律纠纷。

(3) 数据库安全防护问题

商函数据库存在受自然灾害或人为有意无意破坏的可能。数据库的安全管理制度尚不健全，管理责任不清，出现问题解决不及时；数据库工作人员安全意识不强，许多管理制度落实不到位，安全隐患较多，容易发生失窃、泄密的情况。

2. 合法建立、使用数据库，降低企业经营风险

(1) 取得客户授权，建立客户信息数据库

国家工商行政管理部门曾发出通知，要求邮寄印刷品广告给消费者个人时，应事先征得对

方同意，未经同意不得邮寄，否则应当承担停止侵害、消除影响、赔礼道歉以及赔偿损失的民事责任。因此，邮政商函在运用客户信息数据库时，应注重取得客户授权。可以通过以下几种方式来取得客户授权。

1）在营业柜台的业务凭单上设置选项，在客户办理相关业务时（如报刊订阅）争取其授权。

2）采取有址无名的投递方式，以调查问卷、明信片等形式征询客户需求并主动征求客户授权，若客户未进行反馈则视为没有授权。

3）在未取得客户授权的情况下，采取有址无名的投递方式向客户寄递印刷品广告，信封上只写明地址和“先生/小姐 收”（不写住户姓名），必要时附上回函卡或信封，并特别说明：“该印刷品只是广告宣传品，如果打扰了您的生活，我们深表歉意，如果您觉得该宣传品及其他相关信息对您的生活有所帮助，您可填写回函卡告知，我们将免费为您提供相关信息服务。”以此方式履行邮政商函的通知义务，让客户直观地认识邮政商函。若客户未进行确认反馈，视为客户没有授权。

通过上述这些方式或类似手段避免个人隐私纠纷风险。

（2）客户信息资料的收集和整理

1）在个人资料的收集过程中，应该充分履行邮政的告知义务，向客户明确告知其具有包括选择权、知情权、修改权等在内的各种权利。

2）采用邮寄信函征求客户授权过程中，一方面要重视采用有奖征答的方式，以调动客户的积极性；另一方面，调查表的设计要重视人性化，避免直接调查客户较敏感的隐私信息。

3）邮政商函对于客户授权的信息应真实记录，不得随意更改，以保证客户信息的客观性和准确性。

4）未经许可擅自以不合理的目的保存或收集个人信息，将会构成对该客户隐私权的侵犯；同时，为防止将来出现法律纠纷，邮政商函部门应妥善保管相关业务受理凭证和记录。

3. 合法使用客户信息

对有授权范围限制协议的客户信息要慎用。客户要求取消授权的，邮政应及时停止涉及该客户的数据库营销活动。客户对邮政及其合作伙伴使用该客户的信息产生异议或对服务质量不满意时，邮政及其合作伙伴应共同协商处理，做出真实、明确的答复，不得互相推诿。受理客户投诉后，在15日内无法确定责任时，邮政应视为该客户取消邮政使用其信息的授权，应及时停止涉及该客户的数据库营销活动。

4. 加强对数据库营销过程中传递信息的审核

对商函广告信息内容进行审核，它必须符合《广告法》及国家有关政策，不得含有国家明令禁止的内容。广告商家必须按规定提供所需的证明文件。邮政方要确保广告信息的真实性，坚决杜绝虚假广告，不得作引人误解的虚假宣传，不能误导和欺诈受众，防止通过邮政商函进行诈骗的行为。

5. 制定科学的内部管理办法

制定科学的数据库作业规定，对数据保密制定严格的措施，如禁止拍照；对存有客户数据的电脑设置单独的工作间并实行封闭作业；不使用未经授权的客户名址信息；对客户带来的数据严格保密，不得擅自截留；指派企业法律顾问进行专业审核和制度把关，确保邮政商函对客户信息的使用符合相关法律规定以及与客户的约定；采取有效措施完善数据库营销的服务流程，明确邮政与合作伙伴的权利、义务及责任，尽可能降低邮政经营的法律风险。

12.2.2 邮政商函业务中的知识产权

知识产权包括著作权、专利权和商标权。著作权又称版权,《中华人民共和国著作权法》(以下简称《著作权法》)规定著作权包括人身权和财产权,其中人身权包括发表权、署名权、修改权和保护作品完整权;财产权包括复制权、发行权、出租权、展览权、表演权、放映权、广播权、信息网络传播权、摄制权、改编权、翻译权、汇编权。

1. 邮政商函业务开发存在的知识产权问题

(1) 邮政企业在商函设计制作中,未经著作权人许可,擅自使用其作品(如绘画、美术作品和摄影作品),导致侵犯著作权法律纠纷,如"拜年卡侵犯丁长禄摄影作品著作权案"等,承担败诉的法律后果,给邮政企业造成名誉和财产损失。

(2) 委托他人绘制美术作品或采用摄影作品用于商函业务的开发,而忽视图稿委托创作合同的签订引发的著作权版权归属纠纷。《著作权法》规定,"受委托创作的作品,著作权的归属由委托人和受托人通过合同约定。合同未作明确约定或没有订立合同的,著作权属于受托人。"因此,邮政企业必须与受托人签订委托合同,明确著作权归邮政企业所有,否则邮政企业无论以何种方式使用该作品,都必须事先取得受托人的同意。

(3) 使用他人摄影作品制作风光明信片,虽然作者提供了作品供邮政企业使用,并口头同意作宣传,但是没签书面许可使用合同,结果事后作者反悔诉称没同意,引发法律诉讼,造成邮政企业诉讼中拿不出作者同意使用的证据,面临败诉的风险。

(4) 使用他人提供的摄影作品,也签订了书面许可使用合同,并支付了使用费,但其发行后,该摄影作品的摄影者把邮政企业告上法庭,要求损害赔偿。事后查明照片提供者不是著作权人,签订的许可使用合同无效,导致邮政企业被迫向真正著作权人支付赔偿调解结案。

2. 相关法律风险防范

邮政企业在邮票、集邮品和广告明信片等设计制作中,使用他人作品应签订著作权许可使用合同(或者版权许可使用合同)。

根据《著作权法》规定,使用他人作品应当同著作权人订立许可使用合同,本法规定可以不经许可的除外。许可使用合同包括下列主要内容:许可使用的权利种类;是专有使用权还是非专有使用权;许可使用的地域范围、期间;付酬标准和办法;违约责任;双方认为需要约定的其他内容。邮政企业工作人员从事业务开发中应注意以下几方面问题。

(1) 应当书面签订合同。

(2) 明确作品使用的范围,如设计邮票、制作首日封、明信片、邮折……集邮品,尽量说全。

(3) 一定要和作品的著作权人签合同,签合同之前首先要确认其是作品的著作权人。

12.2.3 邮政商函业务中广告内容审查

近几年来,全国邮政封片卡业务尤其是中国邮政贺卡业务的高速增长,对提高函件业务的地位、知名度、影响力,确立邮政加快发展函件的信心,提高社会影响力,都具有现实意义和长远意义。各地邮政提高认识,统一思想,站在战略高度,整合营销资源,强力推进贺卡营销工作。但在大力发展业务同时,我们仍要绷紧法律规范这根弦,把好广告内容的审查关,杜绝违法广告的出现。以下为《邮政广告审核管理办法》(国邮〔2003〕232 号)节录的部分内容,作为审查的基本依据。

第六条　邮政广告内容一级审核，主要依据《中华人民共和国广告法》及相关法律、法规规定，从以下几个方面审查把关。

(1) 广告主提供与广告宣传的产品、服务项目相一致的营业执照、生产许可证、卫生许可证、资格证明等复印件，并与原件核对。

(2) 涉及政治、历史事件和重要人物内容的，要有省级以上党委宣传部门的书面同意证明。

(3) 涉及宗教内容和人物的，要有省级以上宗教管理局审核同意证明。

(4) 涉及药品、化妆品、保健品、医疗、医疗器械、食品、烟、酒、农药的广告，要有省级行政监督管理部门出具的广告证明审批表和批准文号。

(5) 广告内容中出现的各种评优、评奖、评比结果均需出具相关的评比证书复印件，并与原件核对。

(6) 广告图稿、文字涉及使用他人享有著作权的作品的，要有著作权人的授权许可，并书面签订著作权许可使用合同；使用博物馆的藏画、文物的，要出具该博物馆授权许可使用证明。

(7) 广告图稿涉及使用他人肖像的，要有肖像权人同意使用的书面证明材料(协议)。

(8) 广告图稿使用中国地图的，要有省级以上测绘部门的书面审核证明。

(9) 学校招生广告，要有学校上级主管部门或教育行政主管部门的书面审核证明。

12.2.4　邮政商函业务中的肖像权

人身权包括公民享有生命健康权、姓名权、肖像权；公民、法人享有名誉权和荣誉权等。《民法通则》第一百条规定："公民享有肖像权，未经本人同意，不得以营利为目的使用公民的肖像。"

1. 邮政商函业务开发存在的肖像权问题

(1) 因没有事先征求本人的书面同意，开发的邮政商函名址库侵犯公民的姓名权。

(2) 擅自使用他人肖像，邮局被控侵权赔偿损失。

2. 相关法律风险防范

在图稿中使用的图片如果涉及人物肖像的，除应当提供摄影作者授权外，还应当提供图片中人物的肖像权授权。

(1) 使用未满 18 周岁人物肖像权的应得到其监护人的授权。

(2) 在业务开发中使用已故人物的肖像，应取得其合法继承人的授权。

12.3　邮政商函业务中的合同管理

12.3.1　合同管理的意义

合同，是指平等主体的自然人、法人、其他组织之间设立、变更、终止民事权利义务关系的协议。可以说，企业经营中的法律风险有许多是在合同立项、订立、履行、存档过程中发生的。因此，在如今的经济交往中，合同管理已显得越来越重要，邮政企业营销管理及业务人员都应牢固树立合同管理意识。规范的合同管理对企业有以下重要作用。

1. 监控、防范经营风险

通过规范的合同管理，加强合同中立项的审查以慎重决策减少不利投资；加强合同订立的管理可以减少合同订立过程中的个人疏漏产生的风险；合同履行中控制可以保障合同利益能够更为及时、安全的实现；合同的备案与存档可以督促有关机构与人员更谨慎执行合同事务，防止风险。否则，同种类型的不同错误会频频发生。

2. 提高管理水平、运营效率

完善、切实可行的合同管理，能够使企业形成一种自然的工作机制，对于业务中出现的与合同有关的问题，有关机构和人员能够依此明确职责，并得到有效指引和解决途径，从而能够形成程序化的制度管理，各负其责，提高企业的管理水平和运营效率。

3. 创造经济效益

企业首要目的就是创造经济利益，一次重大的交易失败、频发的交易失误会造成企业的直接经济损失，甚至一蹶不振；预防了这样的损失，就等于创造了效益。即使没有上述情况，通过合同管理能提高工作效率，也可创造经济效益。

4. 提升企业形象

规范的现代企业均有较为规范的合同管理制度，规范的合同管理无疑使接触企业的人感受到合同管理中体现出的企业管理的规范与秩序，工作的严谨与守信，较高的法律意识和员工素质。同时，也可以提高合同相对人对合同履行的合理预期，提高合同的履约率。

12.3.2　合同管理的实施

1. 制定合同管理具体办法或合同管理实施细则

为了适应社会主义市场经济的要求，加强企业的合同管理，保障企业合法权益，企业应结合自身情况，制定具体的合同管理办法或合同管理实施细则。在办法（细则）中阐明企业中涉及合同管理的人员的职责权限，具体的合同管理制度，合同签订与履行应遵守的有关规定，等等。

企业订立合同应当遵守国家的法律、法规和规章。合同文本应当使用国家规定的标准（示范）文体，结合实际需要填写具体内容；没有标准（示范）文本的合同格式必须遵守国家的法律、法规和规章的规定。合同条款应当明确、具体、完备。

2. 合同管理的职能划分

合同管理不应该是企业内部一个人或几个人的事。企业要想做好合同管理工作，必须充分发挥各部门的作用。只有将各相关部门的职责权限划分清楚，各司其职，各尽其责，才能使合同管理的源头、过程、结尾各个环节环环相扣，形成一条完整的合同管理“链”。这样不仅能保证合同管理的可行性和有效性，也能在发生合同纠纷时便于追溯，确保企业法律风险降到最低。

对于具有一定规模、部门较多的企业来说，合同管理可以采取“部门承办、审核会签、分级负责、归口管理”的原则。在对外签订邮政商函合同的过程中，原则上只有企业最高负责人具备签订合同的主体资格。然而根据目前邮政企业经营的特点，经营部门或营销部门由于独立承接业务，因此也往往独立对外签订合同或合作协议。从法律的角度来说，如果签订合同的一方不具备代表企业的主体资格，合同的订立是无效的。所以，企业内部应当建立签订合同的授权、委托代理制度。由企业最高负责人签发《授权书》，授权相关部门的负责人可以对外签订合同，也可以根据需要进行临时授权。此时，被授权的部门负责人才具备签订合同的主体资格，而部门其他人员则不具备该资格。应急业务需要时，部门负责人可以书面委托本部门有关人员代理签订合同。代理签订合同的签约人应持本部门负责人签发并加盖公章的《委托书》，在委托代理范围内签订合同。

除了确定合同订立的主体资格外，企业可结合自身特点和需求，设立合同职能管理部门、综合管理部门以及合同管理员，按照各自职责履行管理职能。

3. 合同管理权限

下列合同为重大合同，必须经市邮政公司审批后方能对外签订：

(1) 涉外合同；

(2) 对外投资合同；

(3) 融资、借款合同；

(4) 资产转让、变更、抵押和担保合同；

(5) 涉及知识产权、专利权、专利技术的合同；

(6) 标的额在人民币 50 万元以上(不含本数)的其他合同(含经营服务合同)；

(7) 涉及重大合作关系和全局长远发展重大利益的无标的金额的合同。

在遵守上述规定的基础上，企业可以根据自身实际经营情况，设置合同的分级管理权限。例如，标的额在人民币 5 万元(不含本数)以下的格式合同，由企业负责人授权相关部门的负责人对外签订；标的额在人民币 5 万元以上至 15 万元(不含本数)以下的格式合同以及标的额在人民币 15 万元(不含本数)以下的各类非格式合同，实行内部会签制度，经企业负责人批准后对外签订；标的额在人民币 15 万元(含本数)以上的合同，除实行内部会签制度外，必须将合同送省邮政公司有关处室审核，经省邮政公司法律事务和研究室审批同意后方可对外签约。

4. 合同管理基本制度

邮政企业合同管理的基本制度主要有以下几方面。

(1) 授权、委托代理制度

邮政公司授权具有营业执照的直属单位可以对外签订合同，《授权书》由邮政公司法定代表人签发，原则上一年一授，也可以根据需要进行临时授权。

上述单位负责人可以书面委托企业有关人员代理签订合同，负责人签发《委托书》并加盖企业公章，在代理范围内签订合同。

《授权书》和《委托书》由合同综合管理部门统一保管。

(2) 合同会签审核制度

对外签订合同必须按照合同管理的职责分工，履行内部审核会签手续，填写《合同会签审批表》。各会签部门应由部门领导或指定熟悉业务的人员认真进行审核。审核同意的，应由部门主要负责人签署“同意”字样和签名，并承担审核责任。未通过审核的，审核人应向合同承办部门反馈审核意见，退回修改后重申。

(3) 合同专用章使用管理制度

合同专用章由邮政公司统一刻制，授予合同承办单位使用。合同专用章由各单位根据管理需要，可以由合同综合管理部门或各合同承办单位的合同综合管理部门指定专人执掌、保管。合同专用章启用后，合同文本上均不得用其他印鉴代替合同专用章。未经规定程序会签审批的合同，不准加盖合同专用章；未经签约人签字和未加盖合同专用章的合同，不准先予履行。

(4) 合同档案管理制度

合同档案主要包括合同文本、可行性研究报告、立项批复、委托授权书、合同相对方的资信证明以及合同会签审批表等,由各单位合同综合管理部门指定专人负责保管,对合同进行统一编号和登记,建立合同台账。

(5) 合同信息统计制度

各单位应按照以下规定,向本单位合同综合管理部门上报合同签订和履行情况报表(多经企业向实业开发管理处上报):

1) 每月 10 日以前,上报《合同台账》;

2) 每年 7 月 10 日前,上报上半年《合同履行情况统计表》;

3) 每年 1 月 10 日前,上报上年度《合同履行情况统计表》;

4) 企业重大合同由邮政公司法律事务和研究室负责统计。

(6) 合同管理检查制度

各单位应定期对本单位的合同管理工作进行检查,市公司法律事务和研究室负责对各单位合同管理情况进行检查,主要采用重点抽查、合同档案会审和剖析检查等方式。

12.3.3　合同内容及其法律风险防范措施

1. 合同主体明确

(1) 严格审查对方的主体资格和实际履约能力

1) 自然人:必须具有民事权利能力和民事行为能力。

2) 法人:通常指董事长、厂长等企业的总负责人;企业各部门负责人,如业务科的科长,不具有法人资格。

3) 其他组织:如合伙企业,个人合伙等,不具有法人资格的非法人团体,包括企业的分支机构,如办事处、银行的分行等。

(2) 严格审查主体资格的内容

1) 审查对方营业执照及印章的真伪以及营业执照的有效期限。

2) 审查执照上标明的注册资金。

3) 尽可能了解对方的商业信誉。

4) 非法定代表人须持有法人授权委托书才具备主体资格。

2. 合同的形式

(1) 书面形式。指合同书、信件和数据电文(包括电报、电传、传真、电子数据交换和电子邮件)等可以有形地表现所载内容的形式。

(2) 口头形式。面谈、电话交谈等形式。

(3) 其他形式。推定:没有用语言文字等明确的形式表示其意思,通过实施某种行为进行意思表示;默示:从当事人的不作为中可以推断其意思表示。

(4) 法律、行政法规规定应当采用书面形式的,当事人约定采用书面形式的,应当采用书面形式。

3. 合同订立程序

(1) 要约:是希望与他人订立合同的意思表示。

要约必须具备以下两个条件。

1) 内容具体确定

要约必须是特定人的意思表示；要约的内容必须包括足以决定合同内容的主要条款。

2）要约必须表明经受要约人承诺，要约人即受该意思表示约束。

（2）要约邀请：也称要约引诱，是希望他人向自己发出要约的意思表示。

要约与要约邀请的区别在于以下几方面。

1）效力不同：要约对要约人具有约束力；要约邀请对要约人没有在撤回上的限制。

2）要约以订立合同为直接目的，受要约人承诺送达，合同即告成立；要约邀请，只是达到唤起别人向自己做出要约表示或使自己能向别人发出要约的目的。

3）要约必须包含能使合同得以成立的必要条款；要约邀请不要求包含使合同得以成立的必要条款，要约邀请一般只是笼统地宣传自己的业务能力、产品质量、服务态度等。

4）要约一般是针对特定的对象进行的；要约邀请的对象一般是不特定的大众对象。

5）要约一般多采取口头和书面等一般信息传达方式；要约邀请一般是针对不特定多数人的，往往借助电视、广播、报刊等媒介传播。

6）受要约人有承诺权，受要约邀请人没有承诺权。

典型的要约邀请有：价目表的寄送、拍卖公告、招标公告、招股说明书等。

（3）承诺：是受要约人同意要约的意思表示，一经承诺，合同即告成立。承诺必须具备以下四个条件。

1）必须由受要约人做出。

2）必须在合理的期限内向要约人做出。

3）承诺的内容必须与要约的内容相一致。

4）承诺须向要约人做出。受要约人对要约的内容做出实质性变更的，为新要约。

（4）缔约过失：指当事人在订立合同过程中有下列情况之一，给对方造成损失的，应当承担损害赔偿责任。

1）假借订立合同，恶意进行磋商。

2）故意隐瞒与订立合同有关的重要事实或者提供虚假情况。

3）有其他违背诚实信用的行为。

缔约过失责任的形式包括以下几方面。

1）缔约费用，如资料费、通信费。

2）为合同履行准备所支出的费用。

3）恢复原状所支出的费用。

4）其他有关的费用开支。

4. 合同的格式条款

（1）合同的格式条款定义

合同的格式条款是当事人为了重复使用而预先拟定，并在订立合同时未与对方协商的条款，普遍应用于公用事业（水、电、煤气、邮政、通信）、交通运输业、旅游、房产买卖、金融保险业。

（2）格式条款的特点

1）格式条款是由一方预先制定的。

2）格式条款是为不特定相对人订立的。

3）格式条款的内容具有完整性和定型化的特点。

4）相对人在订约中居于随从地位。

（3）合同法中关于格式条款的规定

1）采用格式条款的一方应当遵循公平原则确定当事人之间的权利和义务。采取合理的方式提请对方注意免除或者限制其责任的条款，按照对方的要求，对该条款予以说明。

2）合同中的格式条款具有合同无效、可以变更或可以撤销的情形的，或者提供格式条款一方免除其责任，加重对方责任、排除对方主要权利的，该条款无效。

3）对格式条款的理解发生争议的，应当按照通常的理解予以解释。对格式条款有两种以上解释的，应当做出不利于提供格式条款一方的解释。格式条款和非格式条款不一致的，应当采用非格式条款。

5. 合同的具体内容

（1）当事人的名称或者姓名和住所。

（2）标的。

（3）数量。

（4）质量(无腐烂、变质)。

（5）价款或者报酬(货到付款)。

（6）履行期限，地点和方式。

（7）违约责任。

（8）解决争议的办法。

6. 合同的履行

合同履行的基本原则包括以下几方面。

（1）诚实信用原则。

（2）合同义务确定原则：合同生效后，当事人不得因姓名、名称的变更或者法定代表人、负责人、承办人的变动而不履行合同义务。

7. 合同的生效

（1）合同的生效是指已经成立的合同在当事人之间产生了一定的法律约束力，也就是法律效力。

（2）生效要件

1）缔约人具有相应的民事行为能力。

2）意思表示真实。

3）不违反法律或社会公共利益。

（3）几种特殊情况(过户、抵押物登记)

8. 合同无效及撤销

（1）有下列情形之一的合同无效

1）一方以欺诈、胁迫的手段订立合同，损害国家利益的；

2）恶意串通，损害国家、集体或者第三人利益的；

3）以合法形式掩盖非法目的的；

4）损害社会公共利益的；

5）违反法律、行政法规的强制性规定的。

（2）下列合同，当事人一方有权请求人民法院或者仲裁机构变更或者撤销

1）因重大误解订立的；

2）在订立合同时显失公平的。

一方以欺诈、胁迫的手段或者乘人之危，使对方在违背真实意思的情况下订立的合同，受

损害方有权请求人民法院或者仲裁机构变更或者撤销。

当事人请求变更的，人民法院或者仲裁机构不得撤销。

12.3.4 邮政商函合同的签订

1. 邮政企业签订合同的基本程序

（1）合同承办部门就订立合同的意向与相对方进行商洽，开展可行性研究，商妥合同的主要内容。

（2）审查相对方的主体资格、经营范围、资信情况、委托代理手续和权限、合同意向的真实性以及履约能力等。

（3）合同的谈判及起草合同文本或对相对方起草的合同文本进行修改。

（4）填写《合同会签审批表》，附合同文本，送合同职能管理部门审核会签。

（5）送合同综合管理部门审核会签，并由分管领导或主管领导审批。

（6）通过审批的合同可以与合同的相对方正式签订。

除特殊情况外，自收到送审《合同会签审批表》以及合同文本的次日起，合同职能管理部门审核会签的最长期限不超过 2 个工作日。合同综合管理部门应在 3 个工作日内，将审核意见答复送审单位或送领导审批。

2. 邮政企业签订业务合同过程中应注意的问题

（1）对方主体资格不符合法律规定的，不准与其签订合同；对方主体资格虽合法但资信状况不好，又无可靠担保单位的，不得与其签订合同。

（2）法律、法规规定或企业认为需要公正的合同，应当按照规定办理公证。

（3）签订业务合同应使用本企业的标准合同文本；中国邮政有标准文本的，使用其文本。

（4）采用格式条款签订业务合同的，应遵循公平的原则确定邮政企业和用户之间的权利和义务，并采取合理的方式提请对方注意免除或者限制其责任的条款。

（5）各专业局（公司）负责本专业业务合同的管理，负责制定、修改本专业业务合同的标准文本，并上报邮政公司公众服务处及法律事务和研究室审定。

（6）业务合同有经营资质规定的，由符合资质单位统一对外签订。业务合同属提供多专业综合服务的，其签约主体为各区县局；经常性发生且条款相对固定的业务合同，应由专业局（公司）制定标准合同文本，由区县局签订并履行合同；高成本业务合同或专业大用户业务合同，应由专业局（公司）统一对外签订。

（7）应急业务合同是指对完成业务收入影响重大且时间紧急的合同。签订应急业务合同，应在《合同会签审批表》上标明“紧急”字样，实行“急事急办”，各会签部门应尽可能缩短审查时间，保证业务工作正常开展。

3. 邮政企业合同履行过程中应注意的问题

（1）合同一经签订，应全面履行。履行结束后，合同承办部门应做好合同项目的检查验收，合同的结算和收、付款凭证的审核工作。

（2）合同履行过程中，由于本单位或对方原因，不能继续履行或不能完全履行所订合同的，合同承办部门应当在法律规定的期限内与相对方就补充修订或终止合同进行磋商，以达成共识，将处理意见书面报告本单位主管，并通知财务部门。财务部门应当严格按照合同规定的收、付款方式、期限、金额收回或支付合同款项。不符合规定的合同，计划财务部门不得办理结算。购买类合同，应当在标的物交付验收合格后付款；建设工程合同，应当在保质期满后，付清全部余款；定金和预付款，应当严格按照法律规定执行；违约赔偿，应当在确定违约责任后，按照合同违约条款处理。

4. 邮政企业发生合同纠纷后的处理方法

企业发生合同纠纷，合同承办部门应当在知道纠纷次日起的 2 个工作日内，会同相关合同管理部门研究解决纠纷的办法，并上报市公司法律事务和研究室。

能协商解决的，应订立书面协议。协商不成的，应当在法律规定的期限内，根据合同约定的仲裁机构申请仲裁或向人民法院提起诉讼，并认真做好仲裁或诉讼的准备工作。

12.3.5 邮政商函协议书模板

协议书模板(供参考)

客户单位(以下简称甲方)：

业务受理单位(以下简称乙方)：

甲方乙方经友好协商，就甲方委托乙方制作、寄递信函事宜达成如下协议：

第一条 委托服务项目(打√确认)

1. 按甲方要求设计(　　)、印刷(　　)以下内容；

A. 信封(　　) B. 内件(　　) C. 邮简(　　) D. 明信片(　　) E. 邮资信封(　　)

F. 其他＿＿＿＿＿＿＿＿＿＿＿＿＿＿＿＿＿＿＿＿。

2. 甲方委托乙方打印(　　)、封装(　　)＿＿＿＿＿＿＿＿＿＿＿＿＿＿＿＿等资料。

3. 投递甲方信函。(　　)

4. 使用绿色通道退信服务。(　　)

5. 对回函进计统计分析，形成统计报告。(　　)

6. 其他＿＿＿＿＿＿＿＿＿＿＿＿＿＿＿＿＿＿＿＿＿＿＿＿＿＿。

第二条 服务项目的内容及结算

1. 具体服务项目价目表

收费项目		单价/元	计算单位	数量	小计/元	备注
信息费						
打印费						
封装费						
邮资	本埠					
邮资	外埠					
内件印制费						
其他						
总计/元		人民币：				

2. 甲方所需印制的信封、邮简、明信片必须符合国家标准《信封》(GB/T1416—2003)、《邮简》(YD/TP55—1998)、《明信片》(YZ/T0089.1—2004)的有关规定。

3. 明信片设计方案需经甲方签字认可并报中国邮政集团公司批准后，由中国邮政集团公司统一指定印刷厂家和印刷纸张印制明信片。

4. 乙方向甲方开具相关发票，甲方核实金额无误后＿＿＿＿个工作日内将款项打入乙方指定账户。

开户行：______________________________

账　号：______________________________

5. 因国家政策变化导致邮政资费调整，按国家新的资费政策执行。

第三条　双方的权利和义务

（一）甲方权利和义务

1. 甲方的设计要求符合中国邮政集团公司以及广告行业的法令法规。

2. 甲方应保证提供给乙方的所有相关资料准确、真实及合法，否则因此引起的一切损失和纠纷由甲方承担。

3. 甲方有权要求对乙方的制作进行监督，对乙方的制作进行抽样检查。

4. 未经对方书面许可，甲方不得向第三方提供或披露与乙方业务有关的资料和信息，也不得利用这些信息从事本协议约定以外的业务活动，但法律另有规定的除外。

（二）乙方权利和义务

1. 如甲方利用邮政媒体发布虚假广告或未经工商局审批，乙方有权阻止其发布广告并终止该协议。

2. 乙方负责依照中国邮政集团公司及广告行业的有关法令规定，对甲方的明信片制作方案进行审查，在此过程中，乙方有权要求甲方按有关规定提供必要的资质证明。对于不合法、不合格的制作要求，甲方应做出修改，否则乙方有权拒绝制作。

3. 乙方须严格按照甲方签字样稿之标准制作信封、邮简、明信片成品。

4. 乙方有义务告知甲方当前中国邮政集团资费政策，如遇资费调整，乙方有义务第一时间告知甲方。

5. 乙方有义务事前告知甲方有关信封、邮简、明信片、回函等印刷要求及相关申请手续。

6. 未经对方书面许可，乙方不得向第三方提供或披露与甲方业务有关的资料和信息，也不得利用这些信息从事本协议约定以外的业务活动，但法律另有规定的除外。

第四条　其他事项

1. 本协议相关的签字样稿是本合同的重要组成部分。

2. 未经双方书面确认，任何一方不得变更或修改本协议。

3. 本协议一式二份，甲、乙方各执一份。本协议自双方法人代表或授权代表签字并盖章之日起生效。

4. 本协议终止于服务项目内容已全部完成。

甲方（盖章）：	乙方（盖章）：
法定代表人：	法定代表人：
委托代表人：	委托代表人：
签署日期：	签署日期：

我们所要构建的社会主义和谐社会，是民主法治、公平正义、诚信友爱、充满活力、安定有序、人与自然和谐相处的社会。无论是在工作中还是生活中，这种和谐的状态都需要法律来加以保障和协调。在现代邮政大展宏图的今天，邮政各单位、各类业务的地位以及邮政与市场、与用户之间的利益关系都在发生深刻变革，各种主体的诉求需要充分表达，使我们面临大量新

问题、新矛盾、新情况。因此，要依法开辟和疏通各种渠道，引导各种利益主体以理性、合法的方式表达利益诉求，解决利益矛盾和冲突。作为新时代的邮政人，我们应该树立正确的人生观和价值观，认真学习法律及相关业务知识，加强自我防范能力和心理素质，自觉抵制不良行为，在为社会用户提供优质服务的同时，维护邮政企业利益，保障现代化邮政建设顺利进行。

思考题

1. 邮政商函业务中涉及哪些法律法规？
2. 如何有效规避商函业务中的法律问题？

参考文献

[1] 赵栓亮,邢迎春.邮政业务与管理.北京:中国科学技术出版社,2005.

[2] 张利敏.邮政数据库营销.北京:人民邮电出版社,2012.

[3] 王观錩.邮政商函业务与市场开发.北京:人民邮电出版社,2009.

[4] 王永平,靳艳峰.基于平台的个性定制直邮广告前景初探.邮政研究,2012,1.

[5] 中国邮政集团公司相关资料,2007—2012.

[6] 直邮在线.http://www.cpdm.com.cn.